作者公職生活的重要留影

者獲馬英九總統頒授景星二等勳章
016 年 4 月)

作者擔任行政院秘書長
時於辦公室接受記者訪
問 (1997 年 7 月)

馬英九總統頒贈總統府資政
聘書予作者 (2013 年 6 月)

作者於台灣省主席任內攝於辦公室 (1999 年 8 月)

作者於擔任行政院勞委會主委時攝
於辦公室 (1990 年)

作者主持省政建設座談 (1977 年)

作者陪同謝東閔省主席會見省政記者說明其左手掌被炸傷及醫療之經過 (1976 年 11 月)

作者 (右三) 陪同美國愛荷華州州長雷伊 (Robert Ray, 左 3) 及奧克拉荷馬州州長伯倫 (David Boren, 左 5) 訪問台灣省議會與蔡鴻文議長 (右 5) 合影 (1977 年 10 月)

作者與新聞界代表座談台灣省政 (1977 年)

作者於省新聞處長任內奉派赴美參加美台新關係調整之談判與談判首席代表外交部政務次長楊西崑合影於華府原中華民國駐美大使館 (1979 年 2 月)

作者攝於省新聞處處長辦公室 (1978 年)

臺灣省新聞處長時期

作者在台灣省議會作省新聞處施政報告
(1979 年)

作者於新聞處長任內接待菲華青年返國觀摩
團 (1978 年 5 月)

者於新聞處長任內主持省衛生處記者會
979 年 3 月)

臺灣省新聞處長與省府委員時期

作者於省新聞處長任內陪同謝東閔省主席接待
來訪之美國參議員高華德 (Barry Goldwater)
(1977 年秋); 高華德曾為 1964 年美國共和黨總
統候選人，他長期支持中華民國

作者於省府委員任內陪同林洋港省主席會見來
台訪問之美國阿肯色州州長柯林頓 (Bill Clinton)
(1979 年 9 月); 柯林頓以後曾任美國總統

作者攝於省社會處處長辦公室 (1987 年 2 月)

作者探視仁愛之家的老人 (1982 年元月)

臺灣省政府社會處長時期

作者陪同李登輝省主席探視育幼院兒童 (1982年 1 月)

作者在台中為第一屆全省勞工運動大會比賽鳴槍 (1982 年 5 月)

作者於中區職訓中心巡視全省第 14 屆技能競賽辦理情形 (1983 年 9 月)

作者陪同邱創煥省主席訪問福利機構 (198年 2 月)

作者深入瑞芳煤礦礦坑體會礦工作業之辛勞情形 (1989 年 4 月)

作者於勞委會主委任內陪同南非之非洲民族國大黨 (African National Congress) 主席曼德拉 (Nelson Mandela) 參觀中區職訓中心 (1993 年 7 月)；曼德拉以後曾獲諾貝爾和平獎並擔任南非總統

作者訪視華夏海灣塑膠頭份廠 (1991 年 9 月)

作者訪問菲律賓時該國總統羅慕斯 (Fidel V. Ramos) 特向作者感謝我國引進菲律賓勞工來台工作 (1994 年 8 月)

作者探視北二高龍潭施工所之外籍勞工 (1991 年 5 月)；作者於勞委會主委任內正式開放臺灣引進外勞 (移工)

作者於行政院秘書長任內在行政院院會發言
(1994 年 12 月)

作者於行政院秘書長任內在立法院陪同連
戰院長備詢時與連院長討論有關事宜 (1996
年 2 月)

作者於行政院秘書長任內陪同連戰院長會見
法國新聞社 (AFP, 法新社) 社長米歐特 (Jean
Miot))(1997 年 7 月)

作者於行政院秘書長任內代表行政院會見請
願之勞工 (1995 年 12 月)

作者 (右 4) 於行政院政務委員任內率團赴歐
洲考察公共安全於參觀法國核廢料處理廠時
攝 (1998 年 6 月)

行政院秘書長及政務委員時期

作者就任台灣省政府主席 (1998 年 12 月)

者勘察東西向快速公路平鎮交流道施工進度
998 年 12 月)

作者參觀彰化縣芳苑鄉農特產品展 (1999 年 5 月)

者勘察 921 大地震中興新村受災情形 (1999 年 9
)

作者與美國佛蒙特州州長狄恩 (Howard Dean) 簽
署姊妹州協議 (1999 年 9 月)

作者於國民黨中央社工會主任任內歡迎好人好事代表 (1988 年 1 月)

作者於國民黨中央社工會主任任內開辦青年工商負責人研討會；此係其第一期之結業照，結業學員組成青年工商建研會 (1988 年 7 月)

作者以中央組發會主委身分代表國民黨在美國參加國際民主政黨聯盟 (IDU) 會議並發言，主席台右三為會議主持人英國保守黨主席黑格 (William Hague，後曾任英國外相) (2000 年 8 月)

作者於國民黨中央組發會主委任內在雲林縣宣導黨員總登記 (2000 年 9 月)

作者在廈門於首屆兩岸社區發展論壇發表演講 (2014 年 6 月)

作者首訪中國大陸時會見中國國務院副總理錢其琛 (2001 年 12 月)

作者會見大陸國台辦主任王毅 (2009 年 7 月)；王毅現為中國國務院國務委員兼外交部長

作者率台灣工商聯考察團訪問中國大陸時會見中國全國政協主席俞正聲 (2014 年 10 月)

黨務活動與兩岸交流

趙守博◎著

21世紀台灣的問題與對策

我的國是建言暨國家社會重要問題之我見我思

Taiwan's Problems in the 21st Century
and My Suggested Solutions

自序

使中華民國興旺 讓台灣更好

本書所蒐集的文章，主要可以分為兩大類，第一大類為我於 2009 年元月至 2010 年 12 月擔任總統府國策顧問及於 2011 年元月至 2016 年 5 月受聘為總統府資政期間所提的國是建言。此等建言是我於上述將近七年的時間之內，在總統府由馬英九總統所主持的國策顧問和資政的座談會中所發表或提出的口頭及書面的意見，另也包括我以總統府資政身分針對某些問題直接向馬英九總統所提的建議。第二大類為自 2016 年 6 月至今，我針對重要國家社會問題的評論、看法與建言。

這些建言和評論及看法，都是以政府政策和施政作為、重大的國家社會事件及涉及我國之當前及未來發展的重要問題，做為探討的對象和重點；所牽涉到的具體層面，相當之廣，涵蓋了青年、社會福利、居住正義、都市更新、年金改革、外交及我國之國際參與、兩岸關係、修憲、募兵、企業社會責任、醫療保健、外籍勞工、基本工資、罷工、勞工低薪、高齡社會、少子化、工業安全、貧富差距、新冠肺炎疫情、失業、轉型正義等方面的問題。

我是以一個土生土長在這塊土地已生活七、八十年的台灣人，一個中華民國的國民，和一個長期在中華民國政府服務並擔任政務職務者的身

分、角度和立場，提出了上述的建言和評論及看法的。我做這些建言和評論、看法的動機和出發點，非常之簡單，那就是要「使中華民國興旺，讓台灣更好」。就是基於此一動機，在我的建言與評論中，有時不免會本著「恨鐵不成鋼」的心情與態度，針對某些人和某些事有所針砭和批評，但我要強調，此種批評與針砭都是出自於善意，並且是建設性的。而且，所有的批評和評論，都是就事論事，同時本諸讀書人的知識良心，力求公正超然，不做任何情緒性的攻擊。

本書所蒐集的建言評論，不少已在電子媒體及相關報刊發表。現在將其彙整並集結成書問世，希望能把我個人對社會國家重大問題的看法，更為全面地和較為完整地呈現於大眾之前，我盼望並歡迎所有愛護台灣、捍衛中華民國的各界先進及友好，對本人在書中所提的各種意見及看法，多給予指正。

 2020 年 9 月

作者簡歷

趙守博 教授

學　歷

　　彰化縣鹿港鎮草港國民學校畢業，台中一中初中部及高中部畢業，中央警官學校（現改制為中央警察大學）法學士；美國伊利諾大學 (University of Illinois) 比較法碩士 (Master of Comparative Law) 及法學博士（Doctor of the Science of Law, S.J.D. 或 J.S.D.）

曾　任

　　台灣省政府新聞處處長、省府委員、社會處處長；行政院勞工委員會主任委員；行政院秘書長；行政院政務委員；財團法人 228 事件紀念基金會董事長；台灣省政府主席；總統府國策顧問；和總統府資政等職。以及中國國民黨中央常務委員、中央社會工作會主任、中央組織工作會主任及中央組織發展委員會主任委員；中國廣播公司董事長；世界龍岡（劉關張趙四姓）親義總會主席；中華職業棒球大聯盟會長；台灣工商企業聯合會理事長；財團法人祥和社會發展文教基金會董事長；國際社會福利協會（ICSW）中華民國總會理事長；中華民國水上救生協會理事長；中國童軍總會（台灣）監事會主席；中華民國童軍總會理事長；財團法人中華民

國童軍文教基金會董事長；亞太區童軍委員會主席等職。暨中央警官學校（現中央警察大學）客座副教授及專任教授；國立政治大學外交系及勞工研究所、東海大學政治系及法律系、國立中興大學農產運銷系、國立台灣師範大學工業教育研究所、國立台灣大學國家發展研究所、國立中山大學人力資源管理研究所、國立臺灣海洋大學海洋法律研究所、和廈門大學等校兼任教授；及高雄義守大學管理研究所講座教授。

現　任

　　財團法人博觀致遠文教基金會董事長，國立台灣海洋大學海洋法律研究所榮譽講座教授，亞太區童軍基金管理委員會主席，財團法人台灣科技管理教育基金會董事長，中廣公司新聞網「台灣加油無所不談」節目主持人，台灣工商企業聯合會榮譽理事長，中國國民黨中央評議委員會主席團主席，中華民國童軍總會永久指導委員，暨國立彰化師範大學工業教育與技術學系博士班兼任教授。

著　作

　　《國際私法中親屬關係的準據法之比較研究》（學生書局印行、1976年9月出版、1977年8月再版），《法治與革新》（幼獅文化公司印行、1980年9月初版、1986年11月三版），《Social Policy, Family Welfare and

Community Development》（社會政策・家庭福利與社區發展與）（英文論文集、台灣省政府社會處出版、1986 年 11 月印行），《社會問題與社會福利》（中華日報出版、1990 年 9 月初版），《勞工政策與勞工問題》（中國生產力中心出版、1992 年 6 月一刷、1994 年 7 月第 4 次印行），《贏的人生管理》（正中書局出版、2004 年 1 月初版、 2004 年 3 月初版二刷），《置身事內——我的留美觀感今昔談》（黎明文化事業公司出版，1975 年 10 月初版；正中書局出版、2010 年 8 月增修版四刷），《歐洲日記——三十年十三次歐洲行腳的我見我思》（城邦文化出版、2005 年 11月初版、2005 年 11 月初版三刷），《與青年有約——趙守博與名人對談青年問題》（幼獅文化公司印行、2005 年 12 月初版、2006 年 3 月二版二刷），《四海龍岡親義情》（世界龍岡親義總會出版、2006 年 11 月初版），《童軍筆記——談我對童軍運動的體驗、論述與展望》（中華民國童軍總會出版、2012 年 6 月初版），《任憑風浪急——趙守博人生回顧暨論述、散文自選集》（城邦文化出版、2011 年 4 月初版一刷、2011 年 6 月初版 4.5刷），《現代國際刑法專論——現代國際刑法暨其相關重要國際問題的專題研究與論述》（元照出版公司出版、2019 年 10 月初版、2020 年 5 月增訂二版），以及《世界童軍運動的理論、實際與體驗》（幼獅文化公司印行、2020 年 8 月初版、2020 年 10 月二版）暨相關重要中英文論文百餘篇。

本書是作者基於 30 多年的從政體驗：

對國家社會重大問題的探討與針砭；

對台灣未來發展的分析和期許。

是作者以總統府資政的身分所提的國事意見；

也是作者為使中華民國和台灣更好：

對藍綠總統與政府的國是建言；

對藍綠政府施政的率直評論。

本書也深入分析海峽兩岸和中、美、台三角關係的過去、
現在與未來。

作者於本書就 21 世紀台灣應何去何從，
提出了看法和展望。

目　錄

第 1 篇

後疫情時期台灣面對的問題與挑戰暨 應有的作為與對策

前 言

　　新冠肺炎疫情的全球肆虐，台灣雖然因防疫得當及人民的全力配合而未形成嚴重的民眾健康災難，但此一疫情已對包括台灣在內的全球經濟和社會帶來極大的衝擊，也改變了整個世界人類的生活。所以，後疫情時期的世界必然和疫情全球肆虐之前的世界非常之不同。

　　現在雖然新冠肺炎的疫情，仍在世界若干地區如美國若干州、中南美洲和南亞，造成威脅，還是應嚴加防範。不過，世界政治和經濟中心所在的歐洲、中國大陸、北美大部分和東北亞地區 (包括台灣)，疫情已有所趨緩，很多為防疫和抗疫所採取的嚴格的生活和社會管控及限制措施已經日形鬆綁，人民的經濟和社會生活，也逐漸恢復正常。即使有人擔心很可能會有第二波的疫情，但由於此一疫情事實上早已改變了世界、改變了人類的生活，可以說，整個世界已經進入後疫情時期 (Post-Pandemic Period，有人稱之為後疫情時代 Post-Pandemic Era)，因而也帶來各式各樣新的問題和新的挑戰。我們台灣也不例外。因此，願在這裡探討我們台灣，尤其是

今後四年掌控國家機器、政府資源的蔡英文政府和幫助其推動政務的整個民進黨執政團隊（含其握有過半數席位的立法院），在後疫情時期所必須面對而無法逃避的問題和挑戰，並就個人所見提出該有的因應對策與作為。

縱觀台灣社會的現況，以及新冠肺炎疫情所帶給台灣的衝擊情形，我以為在目前和業已到來的後疫情時期，政府和民眾應在下列幾個面向特別投注心力並有所作為，我也在此針對每一面向提出我所想到的因應對策：

一、 調整經濟發展策略因應世界新的經濟變局

新冠疫情對世界的整體經濟，已帶來非常之大的衝擊。就拿世界第一大經濟體的美國來說，由於新冠疫情的來襲，短短一兩個月之間，其失業人口一度在今年四月暴增至超過 2000 萬人，失業率高達 14.7%，為五十年來之最高，並有在五週內有近 2645 萬人申請失業金的紀錄。而依據世界銀行在六月份所發表的預測，美國在 2020 年的經濟將萎縮 6.1%，歐元區將萎縮 9.1%，日本估也將萎縮 6.1%，整個世界則為萎縮 5.2%。

我們台灣經濟主要是靠外銷貿易的，世界整體經濟及主要經濟體的經濟發展都會萎縮，我們經濟發展勢必受到衝擊和影響。政府對此應該趕快做必要的超前部署，以儘可能降低其帶來的負面衝擊。

國際貨幣基金 (International Monetary Fund, IMF) 於四月底曾發表一個全球性的經濟發展預測，並認為台灣在 2020 年的經濟將呈負 4% 的成長。

我們政府的國家發展委員會（國發會）對此立即發表聲明指出此一預測並未完整掌握我國狀況，嚴重低估台灣經濟成長率，也表示今年我們台灣經濟成長率一定穩居亞洲四小龍之首，超越亞洲的平均值。行政院主計處則指出，台灣在新冠疫情肆虐的情況下，今年仍會有 1.53% 的成長率。這當然很好，希望政府對各種企業的紓困和振興做法，可以真正落實並發揮效果，確實維持我國經濟的正成長。

不過，我們有些服務業、微型產業，在疫情衝擊下，可說一片悽慘，哀鴻遍野：例如，每年平均為我們賺取新台幣 4000 多億元外匯，差不多有 62 萬 3 千多從業人員的觀光和其相關產業，情況就非常之不好。對此種受疫情高度影響衝擊的產業，希望政府從現在開始要不斷地給予關注幫忙，並列為後疫情時期優先加以扶助使其儘快可以恢復元氣走向正常營運獲利之途。

蔡英文總統在她的五二〇連任就職演說中，提到要加強發展六大核心戰略產業，即資訊及數位相關產業、資安產業、生物及醫療科技產業、國防戰略產業、綠電及再生能源產業，和民生及戰備產業。這些產業並非她或民進黨執政團隊的新發明，乃是台灣經多年不斷產業轉型，因應經貿競爭環境和長期經濟建設所衍生出來的具發展優勢和潛力的產業，也可說是自 1970 年代蔣經國於行政院院長任內推動十大建設並隨即創設工業技術研究院和新竹科學園區等以來，台灣歷任政府所努力獲致的產業發展方向與重點。希望蔡英文政府要在相關的政策作為和必要的基礎建設上立即切

實而積極地配合加以落實，不要空喊口號。不過，請也應繼續發展精緻農業及擴大落實「小地主大佃農」之農業經營大規模化的政策，以因應農業人口之繼續老化並提高農業之產值和利潤。

此次新冠肺炎疫情的全球肆虐非常清楚地告訴我們，產業必須多點布局和有良好的品牌口碑及優秀的研發能力，才可以有優良的風險應付能力，也才可以在類似此次疫情來襲的重大外部危機來臨時，仍可繼續有效營運並保有一定的市場。如何輔導我們的產業在此三方面的強化，應該也是政府必須重視並切實做好的後疫情時期的施政重點。

台灣有很好的醫療保健教學、人才和設施，也有很不錯的相關製造產業，精密醫療保健器材產業有極大之發展潛力。在後疫情時期，世界各地幾乎都必須對醫療保健體系進行重建和強化，對醫療保健器材的需求勢必大增，所以，政府和相關產業業者應把握此一機遇，在上述蔡政府的六大核心戰略產業中，將生物及精密醫療科技產業，尤其是精密醫療保健器材之研發、製造和外銷，列為優先、列為重中之重，立即大力去推動。

新冠肺炎疫情也突顯出線上交易、網路通訊、遠距會議和辦公及教學和線上娛樂、及相關電子商務的重要性，亦即網路經濟及「宅經濟」也必然會是今後人類經貿和社會生活中的一個主流，如何因應此一趨勢，積極地為與此有關的產業的發展營造一個良好的環境和提出必要的政策作為，應也是政府與相關業者必須去快速地落實的要務。

還有，台灣經濟與社會活動所需的每一滴石油都要仰賴進口，確保能

源之充足一直是我們必須實事求是去面對和解決的問題。2018 年 11 月「以核養綠」公投案的高票通過,以及台中火力發電廠的多年污染爭議,在在顯示能源是台灣一個很重要的問題,不能只憑意識形態和空想來求解決。所以希望政府與社會有關各界應很務實地找出一個能真正符合台灣經濟與社會之發展需求的能源政策;在努力發展綠能發電的同時,不要一味排斥核能發電。

二、 加強化除社會的對立和撕裂,有效強化社會的 和諧與團結

　　台灣的社會目前存在著嚴重的族群、意見及立場的對立與分裂,乃一不爭的事實。多年政治上藍綠的對抗,由於各種選舉的不斷地辦理和政黨及政客的操弄,已是越來越厲害,而且已造成雙方無法很理性地進行各種必要的溝通和妥協,彼此幾乎沒有什麼互信可言。而過去四年來,蔡英文政府之成立合憲性頗有疑問的不當黨產處理委員會,選擇性、針對性地打壓國民黨和一些相關民間團體,以及連民進黨內部都自稱為東廠的「促進轉型正義委員會」之一些頗具政治性和偏頗性的作為,並沒有使我們的社會更有包容、更走向和解,相反地,卻加劇社會的對立。而蔡英文政府之不顧基本法治原則,強行推動溯及既往的年金改革,也撕裂了我們的社會。另一方面,社群媒體之被不當運用以打擊政治對手、散布具仇恨性的言論及傳播似是而非意在混淆視聽的假消息和經惡意改造變造的訊息,以

及不少台灣的媒體愈來愈「只問立場不問是非」、「只論顏色不論對錯」，更使社會愈來愈充滿著相互排斥、相互謾罵、相互指責，甚至相互仇視的氣氛和現象。

新冠肺炎疫情肆虐期間，我們台灣有千千萬萬的醫療保健和公共衛生從業人員不顧自己生命的危險，日以繼夜地投入防疫抗疫的工作，他們此種犧牲奉獻的服務精神，應加發揚光大，為我們社會的和諧團結，增加助力。不過，我們也必須指出，在疫情肆虐期間出於自保或對疫情不正確認知的原因，也出現了有不少人對受隔離者、確診病患、甚或對只是疑似受感染或可能被感染者本人和他們家屬加以排斥、指責或給予其他不合理、不公平的對待的情事，實在令人感嘆遺憾。

有人說台灣最美麗的風景是人，因為絕大多數居住在我們台灣這塊土地上的人，都是非常之善良友好、守本分、守秩序、講禮貌、講規矩的。這種優良的人民素質，應好好地予以光大發揚，以強化我們社會成員的友好相處彼此包容。在此要強調，政府是應該讓國家社會更和諧、更團結的，而不是在於撕裂族群和製造社會的對立與分裂。希望蔡英文政府以及社會上相關的各界都應有此認知，在後疫情時代，能一起更加努力為我們台灣建立一個真正和諧團結，大家能相互包容、相互體諒、相互尊重的社會。

三、 本著捍衛中華民國和台灣的原則改善兩岸關係及 提升我國國際活動空間

真正關心台灣未來、真正要為台灣二千三百萬人民謀生活之長遠福祉的人，絕不會希望台灣海峽兩岸爆發戰爭、兵戎相見。

　　然而，過去四年來，在蔡英文的民進黨團隊主政之下，海峽兩岸關係日形惡化愈來愈緊張。大陸方面也不斷對台進行文攻武嚇，不斷由一些媒體和人士放出要儘快解決台灣問題，也不排除對台實施武統的說辭。這些都非常不利於海峽兩岸的和平相處，也對兩岸人民的長遠福祉只有消極性、破壞性的影響。

　　在疫情肆虐期間，台灣方面，有不少人包括政府官員，媒體人士和社群媒體的一些網民，更不斷散布反中、蔑中、譏中、仇中、恨中的言論，對於兩岸關係的健全發展而言，並不是一個好現象，且有相當負面的影響。

　　為了避免對誰都沒有好處的戰爭，海峽雙方都應該努力來改善彼此的關係。

　　大陸方面應認清，對台進行武統的重大破壞性及危險性，也應確實認知「九二共識」及「一國兩制」由於香港反送中激烈抗議的影響，在台灣已嚴重地被汙名化，不要死抱著此兩個名辭來作為與台灣展開各種溝通與互動的前提要件；我們台灣方面，蔡英文政府也要信守其以《中華民國憲法》和《臺灣地區與大陸地區人民關係條例》為基礎和大陸互動的承諾，不搞台灣獨立。雙方開誠布公、實事求是地重啟台灣海基與大陸海協兩會的正常溝通和交流，才能有助於雙方人民的福祉。

我們的正式邦交國已僅剩 15 個，美國於 2020 年 3 月，制定實施了一個《台灣友邦國際保護及加強倡議法》（Taiwan Allies International Protection & Enhancement Initiative Act，取法案英文全名每字之第一個字母組合剛好為 TAIPEI Act，所以又稱為 TAIPEI Act，中文也被譯為台北法或台北法案），意在幫助我們鞏固邦交和拓展國際參與空間，我們應善加運用。但我們自己也應多加努力。特別是於推動實質外交工作上要更為加強，要善用國內各種已有良好國際聯繫和關係的非政府組織 (NGO)，多編列預算鼓勵、協助和支持它們多參與各種相關國際活動，為我們台灣提升國際參與度及能見度。不過，我要提醒政府如果不能改善與中共的關係，則我們參與國際活動和鞏固邦交國的努力，中共還是會多方阻撓的。

所以，建議朝野各界特別是主政的蔡英文政府，應本著捍衛中華民國和台灣，也就是遵守中華民國憲法及維護台灣人民福祉的立場與原則，努力去改善與中國大陸的關係並強化我們的國際參與空間。

四、 導正及完善年金改革，並妥慎因應高齡化社會和少子化，暨青年和人民居住正義的問題

蔡英文在 2015 年競選總統時，向國人說她和她的團隊已做好年金改革的應有準備。事實證明不然。她在 2016 年就任之後所推動的年改，實際上是未做必要的事前準備和規劃的，所以是「邊看邊改」。看什麼？看選舉利益需要、看社會甚至於有人說也包括美國人的反應。所以，蔡英文

對於被保險人數最多（超過一千萬）而實際最應該變革的勞保年金因恐可能對她的連任選舉不利，她就不敢真正針對問題去動去改；而當軍人有極大的反彈、甚至據說連美國人也有意見，並且可能立即會動搖軍人對她及民進黨政府的支持和對國家的效忠時，她對軍人的年改就只敢稍做更動，沒有太影響退役軍人的權益。所以，最後的結果是，她「柿子挑軟的吃」，只能針對人數少、手無寸鐵並且她認為是國民黨的死忠支持者的的公教警消人員的退休年金動手。這樣的年改根本談不上是對年金問題的徹底改革，也已造成了很多後遺症。

　　事實上，蔡英文政府於其第一個任期內所作實際只針對公教警消人員年金的改革，根本違反了法治國家所遵循的「法律不溯及既往」和「信賴保護」原則和中華民國憲法所保障的人民財產權。因而，其改革一方面使已退休的公教警消人員完全無法信服，另一方面則使不少已退休的公教警消人員的生活陷入困境，而有愈老生活愈無保障的恐慌和憂慮。也出現了負重大責任的部會首長其退休所得，不及一般低階士官長之退休收入的怪異現象。更嚴重的是，已影響警消人員的新陳代謝，迫使五十多歲的員警和消防人員為了多得一些退休收入，選擇仍然留在警消工作崗位，而出現五十多歲體力漸漸老化的員警消防人員依然在第一線服務，並阻礙了應有的人力的新陳代謝現象。其實，警察及消防的工作充滿著辛勞性和危險性，其因公而傷亡的人數非常之多，比目前承平時期沒有戰爭的軍人在工作上所遭遇之危險，有過之而無不及；為何年改時，就不能給這些為社會

和民眾之生命財產安全而事實上出生入死的警消人員，比照軍人，予以特別的考量呢？

　　勞保老年給付的財務狀況已危機重重，瀕臨破產邊緣。據統計，勞保基金從 2017 年起已連續三年入不敷出，勞保五十年潛藏債務已持續增加至 9.11 兆元，財務破產年限估算為 2026 年。蔡英文政府於第一任期內，顯然基於政治算計和選舉考量，雖然民進黨掌握立法院的過半數，卻沒有積極推動勞工保險的年金改革，而迴避此一相當敏感而不能不改的改革事項。現在蔡英文已進入第二個任期了，面對勞保所面對的破產危機，如果她真的有擔當，真的如她所一再表示要為國家建立一個可長可久的年金制度，並預防國家之財政陷入危機，那麼，她別無選擇必須馬上啟動勞保的年金改革。

　　至於她在第一個任期內所推行的公教警消年改，如果她敢於面對現實、真正體恤退休公教人員的老年生活，也對警消人員的辛勞和危險有真正的認知，則她也必須做若干的修正，例如，對年齡在七十五歲以上之低階退休公教人員在老年給付上作若干的調整，讓他們可以安度晚年，對警消人員之退休應比照軍人之退休，另作調整。

　　台灣已進入高齡社會，人口少子化的現象，也愈來愈嚴重，此一現象衍生了老人的照顧和照護、大學招生日益困難，不少大中小學被迫必須關閉，以及人力資源之新陳代謝受到阻礙等等影響國家社會發展的問題。在後疫情時期，此等問題隨著全球經濟發展的趨緩甚或衰退，只能更增其嚴

重性。希望政府要更為積極有效地去面對。

　　青年低薪而整個國家社會的發展也未能為青年提供一個大展鴻圖的良好環境，因而使多數的青年對未來未能抱有雄心壯志，以及受新冠肺炎疫情之影響而青年求職更為困難，為今日我們台灣所面對的青年問題。執政的蔡英文政府對此一青年問題不能迴避，必須負起責任妥適有效因應。

　　台灣屋齡超過 30 年被列為老舊房屋的總數早已突破 400 萬戶大關，佔全台所有全部具房屋稅籍近 870 萬戶住宅的近百分之五十。這些老舊房屋如果遭逢一次像 2000 年 921 那樣嚴重的大地震的來襲，絕大多數都有倒塌被毀的危險。如以內政部所公布目前台灣平均每戶之人口數為 2.73 人計算，則我們有超過一千萬的民眾生命財產的安全，刻正面臨很大的威脅。這是一個不容忽視的大問題。政府如果不能立即設法加以解決，則沒有資格談什麼人民的居住正義。多年來我一直建議政府應拿出魄力來推動一個全國性的大規模的都市更新，一方面可以為民眾提供安全而較為舒適的居住環境，一方面又能藉全國性都更而帶動國內經濟的繁榮。此時此刻，我更要重申我的此一建言。我認為如果我們現在能夠立即推動一個全國性的都更，正可以藉以刺激國內的景氣而彌補新冠肺炎疫情所帶來的對外出口無可避免的低迷而有助於我們經濟的快速復甦。在此一全國性的都更推出之前，希望各地方政府，尤其六都的市政府，要本於權責以大魄力積極去加速完成轄區內刻正進行中的都更，另一方面也要規劃擴大辦理轄區內的都更，以改善市容，並保障民眾的居住安全。

五、 強化民主與維護和鞏固法治暨修憲和提高行政效率的問題

　　台灣的民主，經過數十年來的努力和不斷的改進已經相當成熟，但民主亦如其他政治制度一樣，也必須隨著時空環境的改變，以及科技和人類思想觀念的進步而不斷力求加強和充實。這些年來，台灣吹起了一股近乎民粹主義的所謂庶民政治風潮，政治的操作趨向感性化、情緒化、偏見化和排他化發展，就民主的健全發展而言，並非是一種好現象；這可以從歐洲一些右派或極右派政黨和美國川普總統之操弄民粹主義而衝擊政治風氣並激化民眾之對立的現象，可以得到印證。政治還是要講人情義理，還是應講文明和包容。另一方面，我們的媒體很多似已失去了原有扮演公正公平的第四權以制衡政治社會發展的功能；在此同時，社群媒體大為流行並經常被利用散布假消息、似是而非的言論以及不少極為偏頗的政治觀點，這些對我們民主政治的健全發展，是不利、是有負面影響的。

　　所以，朝野各界，尤其是社會具公信力和正面影響力的各界領袖，以及執政當局，應共同努力來導正台灣民主政治的發展，千萬不要使我們的民主變成民粹主義化，變成被政客操弄以撕裂、分化國家社會團結的工具。

　　法治為民主健全化的重要基石，也是維持社會正義公平所不可缺的制度。

真正要做到法治，至少要有下列幾個條件：即（一）要有合理可行的立法，（二）執法要做到公平公正，（三）政府要徹底做到依法行政，並落實法治之根本原則，和（四）人民要遵法、守法。

　　民主法治的政治，要建立在立法權之健全行使。如果有某一政黨或幾個政黨一起控制了立法機關，並且隨隨便便立法，對國家社會產生傷害，這就不是真民主、真法治。真民主、真法治的立法首先必須不能違憲，其次所立的法要能符合人民和國家的利益，更不能背離諸如「法律不溯及既往」、「信賴保護」、「罪刑法定主義」及「無罪推定」暨「誠實信用」、「維護公序良俗」等根本的法治精神和原則。只有這樣的情況下所立的法，才能獲得民眾真心的信服和遵守，才能使法治落實。過去這四年來民進黨掌控的立法院，有一些立法就與上述的原則相違背，使人不能不聯想起民進黨當年還在黨外時期及立黨之後還未能控制立法機關的多數時，動輒喜歡用以形容多數的國民黨的話，即「多數暴力」。民進黨在過去四年多的時間裡，其在立法院的表現，實在無法不能不使人認為，是在行使「多數暴力」。為了使我們台灣的法治能愈來愈健全，希望依然控制立法院過半數席位的民進黨要謹慎地行使其立法權。我們也希望司法院大法官會議針對現已繫屬於該會議等待其作違憲與否之解釋的若干釋憲案，應本著忠於憲法、基於法治的精神與原則，並且跳脫某些政黨之利益及某種特殊意識形態的考量，儘速作出正確而合理的解釋。

　　美國最高法院多年來曾分別針對黑白平等、黑白隔離、宗教和表意

自由、人民之緘默權、婦女之墮胎權等與其國家社會發展的有關聯邦及州的法律，作了相當革命性、充滿正義性及極為保障人民之人權和自由的解釋，也大為促進美國國家和其社會的進步與發展。希望我們的大法官會議的大法官們，也能有美國最高法院那些大法官的膽識、魄力、遠見、擔當以及對人權和自由不遺餘力加以維護和充實的堅持。

法治要落實，就是政府以及所有執法者都不能違法、都要守法。更明白地說，政府之任何政策和施政作為都不可以違背憲法、都不可以違背法律、都不能有背根本的法治精神。談到這裡，我就想到了美國一位在其司法史上頗受敬重而於 1916 年到 1936 年擔任美國最高法院大法官的布蘭迪斯 (Justice Louis D. Brandeis) 說過的一段法律名言；這段名言他是這樣說的：「政府是一個無所不在和影響最為深遠的教師，不管是好是壞，它的一言一行都可以深深地影響和教導全體人民。如果，政府本身違法亂紀，那麼人民對於法律也就跟著失去了敬意，每一位國民必然跟著誤認他自己就是法律；其結果，必將造成一個無政府的混亂社會。」

布蘭迪斯這一段話，就政府與法治之關係的說明闡釋，可說鞭辟入裡，一針見血。過去四年來，蔡英文政府和其民進黨執政團隊之顯然違憲地推動溯及既往的年金改革，以及成立一個違背憲法保障人民財產權的規定和集調查、起訴和審判三種權力於一身的不當黨產處理委員會，而且顯已事先預設立場做好結論地百般要將一些民間團體如中華救助總會和青年救國團等列為所謂國民黨的附隨組織等等的作為，就是上述布蘭迪斯大法

官所指的政府不守法的一個例子。據前大法官許玉秀女士最近在媒體投書披露，蔡英文總統於今 (2020) 年三月間曾將一位現任大法官即呂太郎未經事先通知而用隨傳隨到之方式叫到總統官邸當著一些請願人士的面前予以「訓誡」，顯有失應有之憲政分際，實對司法獨立有不良影響，非常不可取。而這位呂太郎大法官竟也忘了自己的大法官特殊身分和司法的獨立性，欣然應召而去，更令人嘆息！我們只能希望未來的四年，民進黨政府切勿重蹈覆轍再有顯有違背法治原則之施政作為，也希望全民共同嚴格監督民進黨政府使其不可有任何違法之舉，以使我們的法治能日趨健全鞏固。

　　談到法治，也不能不談人民對司法的信任度不高的問題。我們的司法，從 1950 年代開始，就不斷地進行改革，如制定冤獄賠償法，實行審檢嚴格分立，廢除違警罰法而另制定施行公共秩序維護法，以至於到目前的推動國民法官參審制，都是從法制面、制度面所進行的變革，都是非常必要的。但要知道，人民對司法之不信任，是由於人民不相信法官能公正審判而來。所以，要改革司法，要贏得人民對司法的信任，就要提高法官和審判的素質。如果司法界不斷出現不食人間煙火不知社會脈動的恐龍法官，不斷有曲法、枉法、玩法甚或收受賄賂而違法審判的法官，則人民還是會不信任司法的。所以，我們希望政府有關當局應加強對法官和檢察官和有關司法人員的教育與考核。司法人員職前教育與訓練非常之重要，當然要不斷加強改善，但面對科技不斷進步、資訊和知識不斷創新和人權思

想不斷普及的人類社會的發展實況，司法人員的知識、想法和觀念當然必須與時俱進不斷提升。所以對於現職司法人員的在職訓練與教育要隨時予以精進加強。現在立法院已通過《國民法官法》，已決定要推動實施國民參與刑事審判的制度，希望要妥慎完善相關規畫與設計，真正做到由於此一制度的實施，可有助於確保司法的公正性，而使人民對司法的信任有所提升。

談到司法公正，不得不也談一談最近引發各界重視的監察委員對司法的不當干預問題。以前一位叫陳師孟的監察委員一開始就表示他當監委就是要針對當年偵辦審判陳水扁貪瀆案的司法人員進行調查甚或彈劾，並聲言要鎖定調查「辦綠不辦藍的司法官」，果然一上任就立案調查於2009年司法節慶祝大會曾演出「諷扁劇」的司法官，還要約詢判決馬英九涉洩密案無罪的法官，此種極有針對性選擇性的言論與舉措，實不能不被認為是濫用監察權的對司法的不當干預，難怪司法院長許宗力認其有傷司法，他最後也自動辭職走路；而另一位叫高涌誠的監委，對早已結案的曲棍球協會侵占公款案的承辦檢察官，進行調查時百般威脅，顯然超越監察權應有之分際，也是對司法的不當干預。這兩位監委都是蔡英文總統所提名並經民進黨佔多數的立法院同意而任職的；其中那位高涌誠委員又被蔡英文總統提名並經民進黨掌控的立法院通過連任，實在可嘆！我們衷心盼望蔡英文總統和其領導的民進黨，能善用其手中的權力，不要再有任何可能傷害國家司法的公正性和獨立性的舉措，以讓人民對司法能有所期待，能加

以信任。

　　蔡英文總統在其連任就職演說中提到要進行修憲。我們要在此強調，修憲必須有助於國家安全、人民福祉。所以，必然會危及國家安全的更動國名、國旗使中華民國在法理上不再存續之類的修憲，萬萬不可行。其他如民進黨一向主張的將五院制度改為三權分立而廢除考試和監察兩院的變革，則應在確保監察制度之獨立、公正，考試制度之公平不受任何干預的前提下去進行。至於朝野已有共識的要將人民行使投票權的年齡降低至18歲一節，當然應在預定進行的修憲中去完成。

　　台灣所應面對與改進的另一個問題，就是應不斷去提高政府之行政效率。談到行政效率之提高，所應注意的層面很多，如應配合科技與社會之進步不斷提升公務人員之素質和改進公務員之服務方法，以及與時俱進地調整各級政府之組織架構等就是。但有一項我認為也極重要，那就是應將我們國家的現行行政區劃，重加考量更動。台灣地方不大，沒有必要設置那麼多的直轄市、縣（省轄市），應可將行政層級全部改為中央及地方二級制，也就是在中央之下，全部改為其直轄的市或都，而且數量也要減少。現行制度下，有直轄市及在省以下的縣和省轄市，因而使同樣是中華民國的國民，有人是由直轄市的市政府治理服務，有人則屬於其編制位階和可用資源都不如直轄市的縣（省轄市）政府所服務和管轄。這是非常不合理的，而且也不符行政效率的原則。所以，我認為應將目前現有的六都和16個縣和省轄市依交通、地理環境、人口分布及歷史關係等因素重新

加以調整合併成不超過十個的大的都或市，而使我們有全國一致性的二級制的行政區畫。

結　語

後疫情時期，如何因應世界和人類生活的大改變，而調整我們的經濟發展策略，強化社會的祥和與進步，改善攸關台灣安危的海峽兩岸關係，妥善導正年金改革並解決高齡社會和少子化以及青年等問題並落實人民的居住正義，暨有效健全法治深化民主並提升政府效能，是台灣所無可迴避的挑戰。我要在此特別提醒蔡英文總統和其所領導的民進黨，2020 年的總統和立委大選，如果不是有大陸習近平的提出所謂一國兩制的台灣方案，如果不是香港有「反送中」的大抗議騷動，如果國民黨的總統候選人的提名過程和提名人沒有那麼多的紛擾與爭議，則她和她的黨能否勝選是很有疑問的；再者，2018 年九合一地方選舉使民進黨成為「全民最大黨：討厭民進黨」，並使民進黨大敗的蔡英文團隊之種種執政的作為與表現，迄今仍然沒有太大的改變，人民隨時會發覺並有所反應的。所以，盼望蔡英文總統和其執政團隊要真正以極謙卑、包容，和實事求是的心胸與態度，面對和因應我們台灣的問題與挑戰。也希望所有全體人民以及現在執政的蔡英文政府要本著「熱愛台灣，使台灣更好並捍衛中華民國」的基本立場一起積極地去面對和解決我們台灣的各種問題，並勇敢地接受各種挑戰，共同為我們社會和國家在後疫情時期開創一個有希望、有創新、有發展的新局面。（撰於 2020 年 7 月）

第 2 篇
台灣海峽兩岸關係應何去何從

幾個海峽雙方必須面對的事實

關係和影響台灣之未來前途最大者，莫過於兩岸關係之發展，這是一個所有台灣人都無法避免的問題。在談兩岸關係未來應何去何從時，我們必須面對下列幾個影響兩岸未來發展的事實：

（一）兩岸目前各自存在著互不承認的政治實體

我們台灣這邊有一個叫中華民國完全控制統治著台、澎、金、馬地區的政府，在國際上參加了如世界貿易組織、國際奧會組織、亞太經濟合作組織 (APEC) 等重要國際組織，受到了十五個國家的正式外交承認且有正式外交關係，並與數十個國家維持實質友好關係，我們的國民受到全世界 165 個國家給予免簽證入境的優待，我們中華民國的護照，其有力性和效用性，在全世界排名第 26；台灣為世界第 22 大經濟體，第 17 大出口國，擁有世界排名第六大的外匯存底。而中國大陸那邊則有一個叫中華人民共和國的國家和政府，為聯合國常任理事國之一，與絕大多數的國家均有正式的外交關係，為世界第二大經濟體，第一大國際貿易出口國，有排名世界第一的外匯存底，為所有重要國際政治、經貿組織的成員。在中華人民

共和國的眼中，中華民國已不存在，台灣是它的一省。但依中華民國的憲法，台灣與大陸均屬中華民國，目前的台灣並不屬於中華人民共和國，也事實上完全不受中華人民共和國的統治和管轄。

（二）併吞台灣、統一台灣，是中國大陸所追求的永不會改變和放棄的終極目標。

（三）台灣的人民不會放棄現行的政治、社會、經濟制度和民主自由的生活，也不接受中國「一國兩制」的構想和做法。

（四）美國對台灣問題具關鍵性的影響力。

美國透過立法對台灣有安全保障的承諾，也堅決反對台海雙方任何一方片面改變海峽兩岸的現狀，或以武力解決台灣的未來。同時，對台灣的未來，由於多年來的實質的軍事與外交的介入，美國也有相當程度地關鍵性的決定影響力，也具有不可排除的參與角色。

談兩岸關係和台灣的未來之發展，應務實地面對上述的四個基本事實，才不會流於空談，也才能真正找出可緩和雙方衝突緊張情勢而有利於雙方人民的解決之道。不過，台海情勢之會變成今天這個樣子，有其要解決兩岸關係和台灣之未來所不能不知的歷史背景。所以，我們應先回顧一下雙方關係之演變過程。

海峽兩岸關係演變之回顧

台灣海峽兩岸之所以形成今
天的態勢，追本溯源，當然是由
於 1949 年中國內戰共產黨在大陸
取得完全的控制權並建立中華人
民共和國的政府，而原來在中國
大陸的中華民國政府被迫搬遷到
台灣的歷史事實所造成。

作者會見大陸國台辦主任王毅 (2010 年 8 月 25 日)；
王毅現為中國國務院國務委員兼外交部長

由於此一史實加上國際因素的影響，以及大陸和台灣方面隨著內外
形勢的變化而在政策上的改變，使兩岸的關係有了可分成下列幾個階段的
演變：

（一）「血洗台灣」、「武力解放台灣」對「反攻大陸」、
「消滅朱毛」的敵對時期 (1949-1978)：

從 1949 年國民政府撤守台灣開始，中國大陸就推出「武力解放台
灣」、「血洗台灣」的口號，企圖用武力來攻佔台灣，實現其完全消滅中
華民國統一全中國的目標。而台灣方面，在蔣中正（中國大陸習慣稱為蔣
介石）領導之下，也整軍經武，打出「反攻大陸」、「消滅朱毛」的旗號，
希望藉由武力奪回大陸，打倒其稱之為朱毛匪幫的中共政權。但由於共
軍在 1949 年 10 月企圖攻佔金門的古寧頭戰役的失敗；以及由於 1950 年 6

月韓戰爆發，美國杜魯門總統下令第七艦隊防守台灣，實施台灣海峽中立化，防止海峽雙方彼此相互的武力攻擊，使雙方真正大規模用武力攻擊對方企圖攻佔對方的軍事衝突並未發生。更由於東西方冷戰的加劇，美國強力支持在台灣的中華民國政府，因此從 1949 到 1971 年，全世界絕大多數的國家在美國的帶領下，都承認在台灣的中華民國政府是全中國（包括中國大陸與台灣）唯一合法的政府，也使中華民國政府保有聯合國和聯合國安理會的席位。

在這一時期之內，兩岸曾於 1958 年 6 月至 10 月爆發激烈的金門砲戰。此後大陸方面實施所謂「單打雙不打」的每二天對金門發動一天砲攻的象徵性的砲戰，一直到 1978 年 12 月 15 日美國宣布承認中共並與大陸建交之日打了最後一次砲攻後，雙方的砲戰才完全停止。

（二）「一國兩制統一中國」對「三民主義統一中國」的關係
緊張趨緩並轉為相互實施政治攻勢時期 (1979-1992)：

1971 年 7 月美國總統尼克森宣布將於 1972 年 2 月訪問中國大陸，改變了美國一向支持中華民國的對華政策。1971 年 10 月中共因此進入了聯合國，取代了中華民國在聯合國及安理會的席位。絕大多數的國家也與大陸建交。在兩岸的外交戰中，中國大陸從此取得了完全的優勢。

1979 年 1 月 1 日，大陸的人大常委會發表告台灣同胞書，主張兩岸接觸談判，也改變了大陸方面一向要以武力統一台灣的政策。且也逐漸推

出「一國兩制統一中國」的對台政策構想與作為。

　　台灣方面，蔣中正於 1975 年 4 月逝世，蔣經國實際繼承其權力，由於國際情勢的改變，台灣在外交上日漸孤立，美國並於 1979 年 1 月 1 日與中國大陸建交，而與在台灣的中華民國斷絕一切正式的外交關係。蔣經國也逐漸改變對中國大陸的政策。雖然他針對中國人大常委會的告台灣同胞書以及美國與中國大陸的建交而於 1979 年初發表對中國大陸「不接觸、不談判、不妥協」的三不政策，但實際上他已放棄其父親對大陸實施武力攻擊的反攻大陸的政策了。接著他於 1981 年 3 月的中國國民黨十二全大會提出了「貫徹以三民主義統一中國案」，明白表示，今後對大陸要進行「政治反攻」而非「武力反攻」了。

　　中國大陸的人大委員長葉劍英針對美國對台售賣軍機，於 1981 年 9 月 30 日發表了「關於台灣回歸祖國實現和平統一的方針政策」的談話，提出了一國兩制的初步構想。以後，實際領導中國大陸的鄧小平在 1982 年之後，多次為「一國兩制」做註解，並大力加以推動。一國兩制從此成了大陸對台灣的基本政策。

　　兩岸的關係，也因而步入了不再武力相向、不再緊張對峙的關係和緩但改為對對方進行政治攻勢的時期。

　　1987 年 11 月，蔣經國總統開放於 1949 年之後由大陸來台的外省人回大陸探親。所謂三不政策也因而實際已名存實亡。

（三）兩岸開始接觸談判時期（1993 年到現在）：

　　1988 年 1 月，蔣經國總統逝世，由副總統李登輝繼位，做完蔣經國未完任期，此一期間的李登輝基本上未更動蔣經國的大陸政策。1990 年 5 月李登輝經國民黨提名競選當選後就任總統，開始推動他自己的政策構想。1990 年 5 月，他中止動員戡亂時期並廢除動員戡亂臨時條款；1990 年 10 月，成立國家統一委員會（國統會）；12 月成立財團法人海峽交流基金會（海基會）推動與大陸方面的交流事宜。1991 年 2 月國統會通過《國家統一綱領》（國統綱領），並於 3 月 14 日由行政院院會通過實施。1992 年 9 月公布實施《台灣地區與大陸地區人民關係條例》（兩岸關係條例），就這樣，台灣這方面，在李登輝的主導下，為海峽兩岸的和平交流，建立了必要的法律和機構機制。

中華民國第一屆國家統一委員會第四十次委員會議暨主任委員、副主任委員聘任委員合影

總統府國家統一委員會的最後一次會議會後合影，作者（2 排右 2）於台灣省主席任內受聘為該會委員（1999 年 4 月）

　　大陸方面，也於此一時期為兩岸的制度化交流創造了條件，並於 1991 年 12 月成立負責代表大陸與台灣互動交流的半官方機構（對外宣稱係民間團體）「海峽兩岸關係協會」（海協會）。台灣的海基會董事長辜振甫與大陸的海協會會長汪道涵於 1993 年 4 月在新加坡舉行兩會的會談，一般稱之為第一次辜汪會談，此為自 1949 年以來雙方首次實際上的官方接觸與會談（但因雙方互不承認對方的政府，故對外稱之為民間的兩會會談）。海峽兩岸的關係從此進入一個雙方有接觸、有協商、有談判、有往

來的時期。截至 2015 年年底為止，海基會與海協會兩會代表台灣和大陸雙方所簽訂關於經貿合作、司法互助、稅務、人民交流、金融、航空、海運、文教等方面的協議、備忘錄或理解等等，已超過三十個。雙方人民的通婚及前往對方求學深造者也愈來愈多。兩岸領導人馬英九與習近平更於 2015 年 11 月在新加坡會面，為 1949 年兩岸分治以來雙方最高領導人的第一次見面會商，為兩岸交流推上了新高峰。不過，2016 年 5 月蔡英文總統就任之後，雙方的兩會交流就幾乎完全停頓。

然而，民間的商貿、旅遊及社會文教的交流活動並未就此而有太大的改變。

早在 1980 年代由於大陸的改革開放，就有台商自行前往大陸投資。到了 1990 年代，台商之往大陸已獲台灣官方之默許。以後由於兩岸關係條例及相關法規之訂定，台商之投資大陸便成了政府所許可同意的事項。根據民進黨執政的行政院在 2020 年 3 月公布的資料，台商到 2019 年年底為止，在大陸投資總額，累計已達 1865.1 億美元，對大陸之經濟，尤其是大陸改革開放初期的經濟建設和發展，實有莫大的貢獻；2019 年兩岸貿易總額為 1492.8 億美元，我們台灣對中國大陸出口 919 億美元，進口 573.8 億美元，出超 345.1 億美元，兩岸貿易占我對外貿易比重為 24.3%，我國對大陸出口占我們台灣出口比重為 27.9%，如果把香港一併計算在

作者參加連戰主席訪問中國大陸的和平之旅在北京會見活動時與中共總書記胡錦濤握手（2004 年 5 月）

內，則我國對中國大陸的出口佔我國出口總額就超過 40% 以上；不管香港併不併入計算，大陸都是我們台灣貨品的最重要的出口地。而根據我方統計，從 2009 年 7 月至 2019 年 12 月大陸方面獲准對台投資金額也已達 22 億 8497 萬美元。在人員交流方面，我們台灣人民到大陸交流、旅遊或從事商務及其他活動者，每年已超過 5 百多萬人次，至 2017 年為止，台灣民眾至大陸旅遊、交流之人數累計已達一億五百多萬人次；2019 年中國大陸人民來台人數達 268.3 萬人次，而至 2019 年年底為止，大陸人民來台人數累計則已達 3151 萬人次。另外，兩岸自 2008 年 12 月開始雙方有航空班機的直航，現在平均每天有 120 班次的直航班機在兩岸載客服務。這些事實告訴我們，兩岸人民經貿、社會、文化和旅遊等方面的交流互動，已經非常地頻繁，實在是任何政治力量所難於限制和抵擋的；也不可能走回頭路，再加以關閉斷絕了。

我之所以不厭其煩、不憚辭費地回顧訴說兩岸關係這七十年來的演變，在於說明時間可以改變一切，也要強調由於兩岸領導人和人民能夠與時俱進地掌握形勢的變局，並從變局中去靈活地找出有利於雙方的相處之道，才能使兩岸從武力相向、兵戎對峙完全不相往來的困局中，已走到了可以坐下來協商會談並使雙方人民可以從事互利互惠的商貿活動和各種交流的和平局面。這是我們探討未來兩岸關係何去何從時，所應特別加以重視的事實。也是雙方必須加以珍視愛惜的事實。

兩岸關係變得這樣雙方人民可以和平地互通有無進行商貿行為互利互惠、可以互至對方求學旅遊、可以相互通婚的局面，我相信，毛澤東、

周恩來和蔣介石、陳辭修（陳誠）他們那些把對方當作死對頭的那一代，一定想都沒想過；我也深信，就連主張一國兩制的鄧小平和提出「三民主義統一中國」的蔣經國那一代的人，一定也沒想到。這說明碰到老問題，新的一代人常常會有新的想法和做法。因此，我們要永遠對新的一代、繼起的新的一代有信心，這也是我們談兩岸關係未來可能發展的方向時，應加以注意的一個要點。

台灣與大陸關係發展的三種可能選項

七十年來，要解決台灣與大陸目前這種分治的局面，說穿了不外只有下列三種選項：

（一）兩岸統一

這是中國大陸方面的終極目標。中國大陸方面現在提出的方案就是一國兩制的和平統一，但如有必要也不排除最終使用武力來求統一之實現。

那麼，台灣人民大多數的想法又如何呢？在台灣，不管哪一方面所做的民調，台灣人民支持統一的人，是愈來愈少。可以說，大多數的台灣人民現在是不會選擇統一的，理由如下：(1) 台灣人民不願意放棄現在所享有的政治、經濟和社會制度，尤其是不願意放棄目前在台灣愈來愈成熟健全的自由、民主及法治的政治生活和制度；(2) 台灣人民大多數目前仍無法接受現行中國大陸的政治、社會和經濟制度，特別是無法接受、適應中國大陸那種以黨治國、共產黨超越一切的黨政體制以及中國大陸黨政

機制實際的運作情形；(3) 台灣人民不能接受中國大陸的「一國兩制」。台灣人民看到香港回歸 20 多年但與中國卻愈來愈離心離德，看到香港人的特首和立法會議議員不能完全直接民選，看到香港人民因反對逃犯條例而爆發了歷經數個月之久而事實上是對抗中國大陸當局的反送中暴亂，而此一暴亂如不是因新冠肺炎疫情的肆虐，可能到現在還會如火如荼地進行著。香港所發生的這一切，使絕大多數的台灣人民對「一國兩制」深具戒心，毫無好感。換言之，台灣人民是不能接受「一國兩制」的。此所以，當 2019 年年初，中共總書記習近平提出一國兩制的台灣方案時，當時正在競選連任的民進黨籍蔡英文總統馬上跳出來嚴詞加以拒絕，並扮演著敢於對抗中國的「辣台妹」角色，使其那時低迷的民調因而一路爬升；而 2019 年整個年所有參與 2020 年元月總統和立法委員大選的候選人幾乎每一個人都公開表態反對「一國兩制」。

台灣人民不接受大陸提出的一國兩制和平統一。那麼中國大陸是不是就採取他們內部鷹派和急統派、強硬派所一貫主張的使用武力來實現統一呢？

這是個極其複雜而且必然涉及到美國的問題。美國一向是反對中國大陸對台灣使用武力的。一方面，美國透過其與中國大陸的重要聯合公報如 1972 年 2 月的上海公報和 1982 年 8 月 17 日的八一七公報，強烈表達其希望台灣問題的和平解決，也逼使中國大陸聲明要盡量尋求和平方法解決台灣問題。另一方面，則透過《台灣關係法》的制定，對台灣給予安全防衛

的承諾。《台灣關係法》開宗明義表示，美國之所以和中國大陸建交是立足於台灣之未來應以和平方法決定的期待之上，美國認為任何以非和平的方法包括杯葛與禁運在內來解決台灣問題，都是對西太平洋之和平與安全的威脅，為美國所嚴重關切；美國將維持足可抵擋任何危及台灣人民之安全、社會或經濟制度之武力或其他強制力之行使的能力。該法接著表示，如有對台灣人民之安全或社會或經濟制度之威脅存在時，美國總統應立即通知國會並採取適當之行動以因應此種危險。此處的所謂「適當之行動」，一般認為包括武裝軍事力量之使用在內。

問題是，美國真的願意為了台灣而與中共武力對抗嗎？

隨著中美關係的不斷惡化和美國對中國大陸的不斷升高戒備和防範，這種意願和可能也愈來愈大。

現在的美國，不問是共和黨或民主黨，不論是立法部門或行政部門，在骨子裡都把中國大陸視為第一號的潛在敵人，也都千方百計要防範中國大陸，也都對中國大陸非常不友好。中國與美國這幾年來有針鋒相對的貿易戰，最近又因新冠肺炎疫情全球肆虐而相互指責而且聲浪愈來愈高，同時在南海互相示威爭鋒，雙方可說處在一種劍拔弩張的態勢。在此一氛圍和背景之下，美國愈來愈把台灣當作可以防制、制衡中國大陸的一個非常有用的籌碼，當然它不會輕易放棄台灣。這也是為什麼，美國國會近年來，不顧中國大陸的強烈反對，相繼通過旨在加強美台關係及支持台灣之國際參與的《台灣旅行法》(Taiwan Travel Act) 和《台北法》（原稱「台灣友邦

國際保護及加強倡議法 ,Taiwan Allies International Protection & Enhancement Initiative Act」，又稱 TAIPEI Act, 台北法），而美國總統川普（中國譯為特朗普）不顧中方的強烈警告與抗議，對此兩法案立即簽署使之生效的原因。因此，如果中國大陸竟然對台灣使用武力，美國必會有所反應，而且會有強烈的反應。兩國之間甚至於整個世界都可能會因而陷入一場慘酷的戰爭之中。美、中雙方，我想都會儘可能去避免此種衝突；而中國大陸為避免與美國一戰，在對台使用武力之前一定要三思而後行，因為如因對台使用武力而與美國一戰，其代價是非常之高的。

再說，如果，中共對台灣真的使用武力，一定會造成兩岸人民生命與財產的損失，而台灣人民受害的程度也一定會比較中國大陸大。如此一來，台灣人民對中國大陸一定會產生敵意及仇恨，台灣人民與大陸之間也必然會劃下一道難於弭平的情感鴻溝。這對大陸有何好處？

所以，不管和統或武統，在當前的情勢下，都不是解決兩岸關係的好選項。

（二）台灣獨立

台灣人民對於未來以及與中國大陸的關係可能有的第二個選項就是台灣獨立。也就是如同台獨基本教義派和強硬派所主張的進行法理上的獨立，切斷與中國的一切政治上的關係，成立一個台灣共和國或台灣民主國，即完全獨立於中國之外的台灣國。

但這是一個充滿危險，幾乎完全不可能實現的選項。

　　理由很簡單，中國絕不會允許一個獨立的台灣國出現。也因此，中國在國際上一直堅持反對台灣獨立，也要求各個國家，尤其是世界上主要的大國如美國、日本等一再公開表明反對台灣獨立的立場。是以，台灣獨立在國際上可說幾乎沒有辦法得到任何一個國家尤其是主要國家的支持、認同與承認，要立足於國際社會實在不可能。

　　而且，就因為如此，一旦中國大陸因台灣獨立而對台灣用武，便師出有名，有了相當的正當性，其他國家如美國等實難有立場來幫助台灣。也因而，台灣獨立充滿著招致中國大陸立即對台用武而無人可給予助力的危險。

　　就是基於此種考量，有所謂台獨黨綱的民進黨雖然已經二度執政，但始終不敢宣布台灣獨立，我相信也不會推動法理上的台灣獨立。

　　所以，蔡英文政府現在也只能抄襲李登輝時代的說法，那就是台灣沒有必要宣布獨立，因為台灣已經獨立，是個獨立的國家，它的國名就叫「中華民國」。

　　今年五月二十日，蔡英文連任就職發表的演說，關於兩岸關係，她就說：「會持續遵循中華民國憲法，與兩岸人民關係條例，來處理兩岸事務。這是我們維持台海和平穩定現狀的一貫立場。」而就在蔡英文就職之前，民進黨有立委提案修改兩岸人民關係條例，要把該條例第一條開宗明義的

「國家統一前」幾個很重要的關鍵字刪除，且已進入一讀，但最後卻自行撤案。很顯然地，蔡英文和她的民進黨執政團隊不會也不敢去進行法理上的台獨。

因此，台灣獨立實難於成為台灣與大陸未來關係的一個選項。

（三）維持現狀

所謂維持現狀，就是在台灣的中華民國不改國號、國旗，不另制訂新憲，另一方面則繼續讓台灣人民維持現在的政治、經濟、社會制度，兩岸則繼續在互利互惠的基礎上交流交往。台灣多年來的各種民調，都顯現絕大多數的台灣人民傾向於維持台灣的政治、經濟與社會制度的現狀。這也是為什麼台灣 2020 年元月的立法委員與總統大選中，儘管藍綠之間在很多方面都針鋒相對，有些主張也是水火不容格格不入，但卻都異口同聲大喊捍衛中華民國的原因。

在此，我要特別提醒中共當局，支持和捍衛中華民國並不就等於支持和認同台獨；絕大多數真心熱愛中華民國的台灣人民，是不支持台灣獨立的。

大陸與台灣應如何看待兩岸的現況及處理「九二共識」

大陸當局對於台灣大多數人民不選擇統一而選擇維持現狀，相信是極為震驚並且也是難於接受的。

不過，下面幾個相關的問題，很值得大陸當局好好去面對並深入加以省思。

（一）何以香港回歸二十多年，香港人民無法與大陸人民建立起親密的同胞情感？何以香港人民還不能對中國大陸的政府和人民形成強烈的認同感？何以會發生長達數個月之久的反送中暴亂事件；大陸方面喜歡說，反送中是由於英美等西方反華勢力所煽動的，那麼，何以英美等西方反華勢力能煽動得了廣大的香港人民？何以「一國兩制」在香港被認為並不成功，尤其不能對台灣產生示範的功能？

（二）何以大多數的台灣人民認為大陸是台灣國防上最大的潛在敵人？何以台灣主政當局，不管藍綠，對大陸還是無法放心，還是存有相當大的戒心？

（三）何以親中的言行，在台灣會愈來愈受到來自四面八方的批判？

　　之所以會有這些問題，主要是由於中國大陸當局不斷在國際上打壓台灣、打壓中華民國，以及中國大陸不斷在台灣海峽擺出軍事的威嚇力所致。

　　大陸相關當局應該瞭解，捍衛中華民國，在台灣已經成為朝野雙方的最大公約數，也應認知，只要台灣還有一個叫中華民國的國號，那就表明台灣至少在文化上、歷史上甚至於地理上是屬於大中國的一部分。這個中華民國的稱呼，可說是連繫台灣與中國大陸的臍帶。長期以來，大陸當局不斷打擊、打壓中華民國，不知大陸相關當局有沒有想過，如此的打擊、

打壓是如何地傷害了台灣人民的感情和心靈，是如何地助長台獨的實質力量？

因此，從大陸的觀點而言，台灣選擇維持現狀，至少還保有了台灣與中國的一些連結，至少使台灣還是由文化上屬於大中華的台灣人所治理，也沒有永遠排除最終兩岸可以達到某種結合或統合或統一的可能，應該說是一個還可以加以容忍的選擇。不要一味加以反對、排斥。

所以，我認為中國大陸當局應該在此一認知的基礎上，耐心而誠心地對台灣人民釋放出善意，減少在國際上對台灣不必要的打壓，與台灣共同營造彼此的互信，並不要再對台灣進行軍事上的威嚇。那麼雙方關係只要能逐步有所改善和強化而維持和平與穩健的互動，則只要水到渠成很多問題都可以迎刃而解。

至於台灣方面，對大陸的一切不可一味抱著偏見和戴著有色眼鏡去看，對於中國大陸之崛起，之成為世界第二大經濟體，不能裝著沒有看到；台灣應實事求是地面對中國大陸在經濟上、科技上的發展和成就，尤不可忽視大陸是台灣外貿的最大出口國和台灣的經貿對中國大陸有相當大的依存性的事實。所以，台灣不可也不必去故意與大陸為敵、去挑釁中國大陸。台灣人可以親美，但不必要仇中；友中對台灣並沒有害處，所以，面對美中兩國，我們必須維持適當的均衡關係，可以親美，但也要友中。唯有如此，方可以和中國大陸建立一個健康的互動關係。

至於「九二共識」，長期以來，大陸方面只強調一中，從不提各表，

甚至還有人說九二共識就是一國兩制；而台灣方面，一般人所認知的是，一中各表的「各表」才是九二共識的精髓，才是共識的要害之處。這種一方說一中，一方卻強調各表，請問哪來的共識？再說「九二共識」在台灣經過幾次選舉的衝擊，早已被汙名化了，一個被污名化的方案、口號、主張，誰還會去相信、去接受呢？

事實上，任何有生命力的政治主張，其名稱常會因主客觀情勢的改變而有所改變和調整的。九二共識原在規範兩岸的關係。兩岸關係的規範當然可以與時俱進地充實改進，其論述也是可以有所調整和改變的。所以，兩岸在目前這個時候，實在沒有必要死抱一個被高度污名化的名詞，來論述說明雙方的關係。因此，雙方因本著求同存異互惠互利有益於兩岸的最終合理發展的原則，重新找出一個雙方均可接受的共識，並且給予一個新的名稱，這樣雙方才可以跳脫一個舊名稱的桎梏，重新出發共同開闢一條新的互動交流模式和途徑。

五月二十一日，中共的全國政協開幕，二十二日其全國人大開議。全國政協主席汪洋對全體政協開幕式的講話，及中國國務院總理李克強對全國人大的政府報告，在涉台部分，都未提及「九二共識」。在中共的政治體制之下，其任何一個可稱之為國家領導人的黨政負責幹部如李克強、汪洋之類的人，在公開場合所做的正式講話或報告，事先都要經由一個撰稿小組準備資料擬好草稿，然後經一再審核，方可使用對外發表。汪洋和李克強此次的不提九二共識，相信絕非偶然，一定是認識到九二共識在台灣已被汙名化的事實。我希望大陸方面能在此一認識上，與台灣各有關方面

共同努力為兩岸之交流找出一個雙方都能接受的新方案。

台灣的國際參與空間問題

在這一次新冠肺炎疫情全球肆虐的期間,台灣非常熱切期待地能夠參與世界衛生大會(World Health Assembly, WHA),和世界各國分享有關抗疫、防疫的資訊和經驗。雖然今年的會議是用視訊方式舉行,但中共方面還是阻止台灣的參加。中共此舉,套用大陸慣用的語言,「大大傷害台灣人民的感情」。我以為,如果,此次大陸方面能主動表示,新冠肺炎疫情涉及全人類的健康與生命的安危,台灣二千三百萬人的生命與健康,它也非常之關心,因此,不反對台灣參加世界衛生大會,惟必須使用「中華台北」(Chinese Taipei)的名稱。假定中共真能這樣子做,不僅會獲得台灣人民的好感,也會得到國際上的好評;而且一方面中共可藉此為它這幾年來反對台灣參加世界衛生大會找到下台階,另一方面在實質上中共也毫無損失,因台灣過去在中共未加反對(事實上是默許)的情況下,也多次用「中華台北」的名義參加了世界衛生大會。

中共方面,喜歡說重視與台灣人民的交流。然在台灣的國際參與方面,中共往往把台灣的政府與人民混在一起。眾所周知,中共是很不喜歡民進黨政府的,但民進黨的政府絕對不能完全等於台灣人民。有些國際的活動和參與,是絕大多數的台灣人民,不問在國民黨或民進黨執政的期間,都非常希望參加而不受不必要的干擾和阻撓的,那就是與政治並沒有必然或非常有關聯的事項,像與人民生活、生命息息相關的事項諸如衛

生、經貿、體育、學術文化、飛航安全等等就是。此類事項的國際會議也好，活動也好，中共如阻撓台灣去參與，往往引起一般民眾對中共的反感、惡感。希望中共能認真瞭解到此一事實，即在國際事務方面，也要知道如何把台灣的人民和台灣的政府，妥適地加以區隔。

在兩岸之間還沒有可直接對話的機制及兩岸人民還無法直接而廣泛地交流的時代，憑著兩岸執政當局的智慧和國際相關機構及國家的協助安排，台灣以「中華台北」的名義加入國際奧會，使兩岸的體育運動選手，可以同時參加國際奧運和各種國際賽事；同樣地，也使兩岸都能共同加入亞太經濟合作組織 (APEC) 及世界貿易組織 (WTO)。對於類似世界衛生大會 (WHA) 之類的國際的活動和會議，難道兩岸不能也一起努力找出可以使台灣亦可參與的模式嗎？大陸方面要知道，世界衛生大會是每年舉辦一次的，中共每拒絕台灣參加一次，台灣人民對中共的反感就加深一次，這對中共有好處嗎？

談到這裡，我不禁想起 2001 年 12 月 18 日我首訪中國大陸時在北京中南海會見當時的中國國務院副總理也是大陸中央對台工作小組副組長（組長為江澤民）錢其琛的一段往事。在與錢其琛的對話中，我曾提到台灣參加聯合國的問題；我說當年東德和西德都是聯合國的會員國，但不妨礙兩德的最終統一，而現在南韓和北韓（大陸稱為朝鮮）也都是聯合國的會員國，它們雙方也在談韓國的統一；如經適當安排，並

作者首訪中國大陸時會見中國副總理錢其琛（2001 年 12 月 18 日）

以德、韓兩國為例，台灣應也可加入聯合國。我之所以向錢其琛提這個問題，是當時台灣島內有相當之高的民意希望台灣重返聯合國。錢其琛並未直接回答我的問題，只是一再強調大陸一個中國的立場。

現在兩岸關係緊繃惡化，台灣根本進不了聯合國。不過，大陸方面應可參考當年兩德和目前兩韓彼此於國際上互動的模式，以較有彈性的思維與做法，面對台灣的國際參與問題。

結 語

為台灣二千三百萬人的幸福設想，也是為中國大陸人民可繼續享有不斷富足安康的日子考慮，兩岸關係的未來，更明白地說，台灣的未來，是不宜也不應訴諸武力戰爭來解決的。和平互動、誠心對話才是正道，才是應走之路。

現在兩岸海協、海基兩會已經沒有正常的互動，這是非常不健康而不應發生的現象。海峽兩岸多年來所辛苦經營累積而成的千絲萬縷的交往關係，和此次新冠肺炎台胞返台接機的爭議，以及台灣因大陸之阻撓而再次無法參與世界衛生大會的事實，在在顯示，兩岸當局是不能沒有任何有效的來往互動的。

在「九二共識」和「一國兩制」已被汙名化的現在，我以為雙方應在接受大陸有一個中華人民共和國的政府，而台灣有一個叫中華民國的政府、有一部受遵守的中華民國憲法、並訂有《台灣地區與大陸地區人民關

係條例》的事實的基礎之上，重新共同尋求有益於雙方人民的努力前進途徑，溝通對話。

　　兩岸關係有相當複雜的歷史背景，更有具關鍵影響力的國際因素，說穿了就是美國因素。如何在中、美、台三角互動關係中，減少對台灣之未來不利的影響，至為重要。我以為我們台灣應走親美友中的路線，使美國這個對台灣之未來可以說也具有相當程度決定性作用的國家，對兩岸關係特別是台灣的未來產生正面的影響功能。

　　我在前面一再強調，兩岸關係的歷史演變歷程告訴我們時間可以改變一切，每一代人有每一代人的智慧，新的一代人有新的一代人的思維方法，也就是繼起的新一代人對各種老問題常能找出新答案。我深信，只要我們在台灣現有發展以及兩岸現在已有的交流互動的基礎上，兩岸雙方加強有效的溝通對話，在社會和文教上不斷強化交流，在經貿上能加強互利互惠的統合，則有一天兩岸的關係，憑著雙方同文同種有共同祖先的基礎，只要相互尊重，一定可以走在一起，找到最終各方皆能接受的發展途徑。（原文於 2020 年 7 月 6 日以「海峽風雲急，兩岸關係何去何從？」為題發表於「風傳媒」電子報，8 月增修）

作者率台灣工商聯考察團訪問大陸時會見中國全國政協主席俞正聲（2014 年 10 月 31 日）

第 3 篇

回顧我參與台、美新關係調整談判之
經過並兼談台灣關係法 40 週年

前 言

1978 年 12 月美國政府宣布將與中華民國斷絕正式的外交關係，並自 1979 年元月起正式和中華人民共和國建立外交關係。這對於長期以來視美國為最主要盟邦並在國防安全上相當依賴美國的中華民國政府及人民而言，是一個極為重大的衝擊。當時台灣正在進行的中央民意代表（國民大會代表及立委）競選活動被迫停止，執政的國民黨並且立即召開臨時中央委員會，同時成立中央革新小組進行黨政的改革以茲回應。美國卡特政府隨後派遣其副國務卿克里斯多福 (Warren Christopher) 率領一個代表團到台灣來向我們政府簡報並就以後雙方關係有所磋商且做安撫。此一代表團抵達台北搭上座車離開台北松山機場時立刻遭到憤怒的民眾包圍和丟雞蛋。足見民眾對於美國卡特政府之對我們背棄相當憤慨。

克里斯多福的代表團與我們政府的磋商並沒有得到具體的結論。不過，我們政府鄭重向其宣布未來台美的關係應該以「政府關係」(Governmentality)，「持續不變」(Continuity)，「事實基礎」(Reality)，「妥

定法律」(Legality) 與「安全保障」(Security) 為基本的原則。

我們政府接著於 1978 年十二月下旬派遣當時的外交部政務次長楊西崑先生為代表到美國首都華盛頓繼續與美國國務院的代表進行談判。我於 1979 年元月中旬突然接獲外交部長蔣彥士先生通知要我立即飛往美國華盛頓去參與楊次長的談判工作。就這樣我在華府停留了一

作者於台灣省政府新聞處長任內與美國駐中華民國最後一任大使安克志 (Leonard S. Unger) 會晤 (1976 年 10 月)

個多月，而《台灣關係法》也在這個時期於美國國會進行立法的討論與審議的工作，並在 1979 年 4 月 10 日完成立法程序由美國總統卡特 (Jimmy Carter) 簽署正式成為法律並溯及自當年 1 月 1 日起生效。

今年為《台灣關係法》生效 40 週年，台灣與美國雙方各有一些類似研討會等的紀念活動。台美新關係的談判與《台灣關係法》的立法息息相關。本文就先來談一談為什麼我會去參加調整台美新關係的談判，雙方談判又談了什麼，並分析《台灣關係法》的主要內容和其影響，也要對台、美、中 (中國大陸) 三方關係的發展，做一番探討。

為什麼我參加台美新關係的調整談判

自從美國總統尼克森 (Richard Nixon) 於 1971 年 7 月突然宣布了一個震驚全世界的消息，即他將於次年應邀訪問中國大陸，接著於 1972 年 2

月訪問中華人民共和國並與大陸共同發表上海公報，同年 10 月我們在聯合國的席位被中共取代之後，美國終將與中華人民共和國（以後簡稱為中、中國、中國大陸、或中共）建立正式外交關係，也必然會與我們中華民國（以後亦簡稱為台灣）斷交，已經成為一個無法避免的發展，只是在何時用何方式來實現，我們台灣實在無法得知。所以，卡特政府之宣布與中國大陸建交雖然使我們震驚但並非意外。

卡特在決定與中共建交之前，事實上已要求國務院和相關人員做一些研究和準備的工作，並有了一些原則性的決定，那就是要透過立法來規範與台灣的新關係。根據於卡特政府擔任美國國務院主管遠東事務的助理國務卿的郝爾布魯克 (Richard Holbrooke) 的回憶，此一透過立法來規範台、美新關係的構想係來自於在艾森豪總統 (Dwight D. Eisenhower) 內閣擔任過司法部長 (Attorney-General，亦有譯為檢察總長) 的布朗內維 (Herbert Brownell) 的建議。卡特政府因鑒於台灣與美國不但長期存有正式外交關係而且雙方還訂有共同防禦協定，如因與中國大陸建交，就把前此與台灣的所有一切關係都廢棄，必然會在美國國內引起很大的反彈，為了平息美國國內可能的反對聲浪並繼續與台灣維持至少還能對台軍售以及與台灣的商業、文化和其他的關係，乃採納前述布朗內維的另立專法的建議，此為國際上沒有先例的一項創舉。

台灣與美國關於調整新關係於華府所進行的談判，就是在此一應另立專法保障的基礎上展開的。代表我方談判的楊西崑次長於 1978 年 12 月

下旬就至華盛頓並住進了原我駐美大
使官邸的雙橡園 (Twin Oaks)。我是在
1979年元月前往華盛頓向楊次長報到
並開始參與和美國方面的談判。

　　為什麼會找我去呢？原來當美國
宣布與台灣斷絕外交關係時，社會大
眾對於與美國關係的未來，甚至於台
灣的未來，都十分關切和憂慮。而所

作者奉派赴美參加美台新關係調整之談判與
談判首席代表外交部政務次長楊西崑合影於
華府原中華民國駐美大使館（1979年2月）

有在那時出面與美國交涉者幾乎清一色都是於1949年以後方始來台的原
籍大陸的官員，並沒有一位在台灣土生土長的人員，因而有不少人，特別
是出生於台灣的黨政人員以及一般有影響力的社會人士和基層民眾在公開
或私下都表示：「台美關係的發展，關係台灣和台灣人民的未來，而在台
灣人口中佔絕大多數差不多至少百分之八十以上的土生土長的台灣人，竟
沒有人去參與談判，實在非常不恰當。」這樣的意見，讓蔣經國總統聽到
了覺得很有道理。因此在外交部長蔣彥士和國民黨中央組工會陳履安主任
的建議下，就決定派我前往參與在華府的談判。我之被推薦主要應係基於
下列的因素：(1) 我為土生土長的台灣人，(2) 我在台灣省政府服務，具地
方色彩（當時我擔任台灣省政府新聞處處長），(3) 我曾留美獲美國法學博
士學位，算是知道美國、瞭解美國，(4) 我年輕，還未滿四十，可以顯現
政府重視年輕人的參與。還有蔣彥士部長和陳履安主任都認識我、瞭解

我。

　　台灣與美國新關係調整的談判，進行了二個多月。美國方面的代表為前面提到的郝爾布魯克與主管台灣、中國大陸及蒙古事務的副助理國務卿蘇利文 (Roger Sullivan, Deputy Assistant Secretary of State for Far East Asia Bureau)，而事實上，郝爾布魯克出現的次數不多，主要還是由蘇利文負責。我方為楊西崑次長、原駐美大使館一等秘書程建人先生 (主要為負責紀錄和整理對國內的報告，他後來曾任行政院新聞局長、外交部長及駐美代表) 和我。談判地點為美國國務院裡面的一間小會議室。談判的重點為雙方今後關係的性質、雙方今後交往的機構和名稱、我方今後在美國所設機構的數量、我方駐美人員今後可享受的權益暨今後台灣的安全保障等問題。

　　由於美方已決定以立法來規範與台灣的關係，所以，國會如何立法也成了我方極為關注並且多方努力設法要美國國會議員儘可能朝對我方有利的方面去充實法案的內容。因而，楊西崑次長及原駐美大使館的相關人員也在國會方面去努力，我也一起參與此一方面的活動。記得那時國內學術界與工商界一些與美國國會議員有交情的朋友，也都到華府參與遊說的工作。當時在美國賓州州立大學 (Pennsylvania State University) 政治系任教在美國有相當名氣的張旭成教授也曾應邀在參議院有關訂定規範台美關係法律的聽證會上作證，我曾到場旁聽，被國內電視拍到了，因此國內有不少人經瞭解後才知道原來我也到美國參與談判的事宜。其實，那時要我參與和美國的談判，象徵的意義很大，也就是要國人瞭解原來也有一位土生土

長的台籍青年到了美國進入國務院和美國政府的代表談判必然影響到台灣和台灣人民未來的台灣與美國的新關係。很可惜，那時相關部門沒有好好向國人宣傳說明。倒是，我還在美國期間，國民黨中央海工會跟我聯繫要我離美前向在美國的留學生、學人和僑胞現身說法說明台美談判的經過和結果，以安定人心。所以，在 1979 年 2 月底，我離美返台前，我曾先後到紐約、舊金山（也到加州大學柏克萊校區）、西雅圖及洛杉磯和當地的學人、留學生及僑胞座談，向他們報告台美關係談判的經過、內容和雙方所達成的重要結論，非常受參加者的重視與歡迎；每一場都爆滿，而且提問相當踴躍熱烈，可見那時大家對台美未來關係之可能改變，非常關心在意。這幾場座談傳到國內，也獲得很好的迴響。

我們與美方在國務院的會談，前後有十多次，我因談判快一半才到，所以，並沒有每次都參與；到了 2 月中旬，我因覺得雙方已談得差不多，乃向蔣彥士部長表示希望能返台，但蔣部長回電說蔣經國總統希望我多留一段期間，因而我在 1979 年二月下旬始回國。

台美華府的談判重點與結論

前面提到，在華府我們與美國談判的最重要的一點就是我們認為雙方未來應屬於官方關係與來往，即我們在台灣所強調的 Governmentality（政府對政府），或美國人喜歡用的 Officiality（官方性質）。這一點，開始時雙方都很堅持：美國方面立場頗堅定，他們表示他們和中共談判建交時就承

諾今後與台灣將無任何官方往來，所有的美國政府機構和人員都將全部從台灣撤出，他們(指美國)不能破壞對中國大陸的承諾；言下之意，那時的卡特政府對於和中國大陸關係正常化非常之重視也希望正常化後他們雙方的關係能快速發展，不想因與台灣的糾葛而受到影響。但我方表示，未來台灣與美國之來往實際的對象還是美國政府、美國官方，而不是任何一個純民間的團體或機構，美方與台灣的任何來往，美國政府也必然會主導、介入、左右，怎能說沒有官方關係呢？談來談去，最後得出一個解決辦法，即各說各話，也就是我們政府可以對國人說台美關係具有政府對政府的官方性質，美方對此不加反駁；反之，如美方在美國表示美國與台灣的關係已非官方性質，我方也不辯正。記得當時在台北還曾流傳一個關於我們與美國就雙方未來關係性質之爭的笑話；那時我們政府堅持我們與美國斷交後的關係應是政府對政府，即英文的 government to government，而美方則堅持未來雙方的關係應是民間性質的人民對人民的關係，也就是英文的 people to people；因此這個笑話就說，我們和美國之爭是「肛門對肛門」（為 government to government 的諧音 ）和「屁股對屁股」（為 people to people 的諧音）之爭。

談判另一個重點，為今後雙方代表機構的名稱問題。美方早在卡特正式宣布與中共正式建交一年多前，國務院就已在此方面做研究準備。負責就此事規劃的是國務院的中華民國科科長費浩偉 (Harvey Feldman)，據他稱他是奉國務院助理國務卿郝爾布魯克之命而做規劃設計的。他以

日本和我們斷交後所設的交流協會（中文名稱為「財團法人交流協會」英譯為 Interchange Association Japan；2017 年 1 月 1 日改名為「公益財團法人日本台灣交流協會」英譯為 Japan-Taiwan Exchange Association）為藍本，設計出一個美國協會 (American Institute)，即後來的美國在台協會 (American Institute in Taiwan)。事實上，當 1977 年 8 月美國國務卿范錫 (Cyrus Vance)到北京會見鄧小平通知他美方將儘速與中共建交實現關係正常化時，范錫特別提到與中共建交之後，美國將在台灣設立一個聯絡辦事處、領事館或類似機構來處理美國與台灣的各種關係。不料，引來鄧小平的激烈反應與反對，鄧並要求中共方面的人員將當年美國總統福特 (Jerry Ford) 與國務卿季辛吉 (Henry Kissinger) 訪問北京當面向他們所作的保證對范錫宣讀一遍，福特的保證是：「一旦與中國建交，將不在台灣有任何官方的代表。」因此前述郝爾布魯克要費浩偉規劃美國在台機構時特別強調機構不能有官方性質。

費浩偉所設計出來的美國協會，實質上等於美國的地下大使館，原來大使館的各種職能都有，只是名稱有所改變而已；協會的經費來自國會通過的撥款，人員則是由外交人員轉任且保留年資，協會是以非營利機構辦理登記，並由一個理事會來主持，不過理事會的成員則由美國國務院任命。費浩偉的此一設計最後被接受使用，所以，有人稱他是美國在台協會的設計師 (architect)。

談判時，對所設機構的名稱雙方曾有一番爭議。最初當美國宣布要

設立一個叫 American Institute in Taiwan 的機構來處理與我們台灣的關係時，美方對外所附的中文翻譯名稱為「美洲在台協會」，我們認為不倫不類，經我們表達不滿之後他們同意中文名稱改為「美國在台協會」。至於我們要設立的機構，美方建議我們似可仿照他們「美國在台協會」的模式提出我們的構想，我們最先提出的名稱為「中華民國在美協會」(Republic of China Institute in America)，但不為美方接受，因美方表示任何中華民國 (Republic of China) 的字眼都不可使用；其間，美方曾建議我們使用「台灣在美協會」(Taiwan Institute in America)，但不為我方所接受，因那時我們政府認為在國際上用台灣有被地方化的意涵且含有台獨之嫌，同時我們也不喜歡用英文的 Institute。最後經過多次協商，我們提出了「北美事務協調委員會」的機構，英文叫 The Coordinating Council for North American Affairs，我們認為中文用委員會，英文用 Council 都相當具有官方的意味。美方接受了。其實在這之前，我們曾提過一個看起來更具官方意味的名稱「北美事務協調局」，英文叫 Coordinating Bureau for North American Affairs，但美國不接受。

在未與美國斷交之前，我們除在華府設有大使館外，另在 14 個城市設有 14 個總領事館和領事館。斷交之後的談判，美國一開始就說中國大陸建交之後僅在舊金山和休士頓設立總領事館。所以，我們台灣最多也只能設二個分支機構，我們當然不接受。經談判爭取，最後美方同意我們在紐約、芝加哥、休士頓、亞特蘭大、洛杉磯、舊金山、西雅圖和檀香山等

八個地方設置分支機構。不過，後來的《台灣關係法》則明文授權美國總統可以允許我們可在原設有總領事館和領事館之處設置分支機構。

另一個談判重點為雙方派駐的人員所能享受的待遇。由於沒有正式的外交關係，台美斷交後雙方派駐對方的人員，自然無法享有完全的外交官特權和禮遇。經談判協商後，雙方同意在稅賦、居留和其他工作所需的便利方面給予準外交官的待遇，這一方面由於涉及對等互惠，談起來比較順利。

有兩個比較重要而敏感的問題，談判中就要更吃力，就是我國在美財產的保障及台灣的國防安全維護問題。我方主張美國與中國大陸建交應不影響我政府在美國所擁有的一切財產權益，而美方則認為依國際法，中國大陸應可對若干我國在美的財產權益特別是所謂外交財產（指大使館及相關辦公處所等之產權）有所主張。美國提出應以 1949 年為界線，凡在1949 年以前以中國大陸資金所購置的外交財產應歸中共，而 1949 年（中共成立政權之年）以後，我方所購置的財產，則為我方所有。我們並不同意。由於有此背景，才會有長期以來作為中華民國駐美大使官邸的雙橡園(Twin Oaks)的賣出又買回的曲折經過。雙橡園自 1937 年起就由中華民國駐美大使館承租作為大使官邸之

台美斷交後作者於台灣省政府委員任內陪同省主席林洋港訪問美國時會見田納西州州長亞歷山大（Lamar Alexander）(1980 年 7月）；亞歷山大以後曾任美國教育部長，現為美國聯邦參議員

用。1947 年當時的駐美大使顧維鈞以美金 45 萬元將其購買，成為中華民國政府的財產。因為擔心其為中共所佔用，所以在卡特宣布要與中共正式建交之後，我方就以象徵性的美金 20 元將其售予對我極為友好的共和黨參議員高華德 (Barry Goldwater) 所主持的自由中國之友協會 (Friends of Free China Association)。在《台灣關係法》訂定而美國與中國大陸建交之風波平息之後，我們政府再以美金 200 萬元將其購回，現在依然是屬於中華民國政府的財產。《台灣關係法》對我們在美國的財產權益則有相當周延的保障；《台灣關係法》規定：美國對台灣沒有外交關係或承認，並不消除、剝奪、修改、拒絕或影響以前或此後台灣依據美國法律所獲得的任何權利及義務（包括因契約、債務關係及財產權益而發生的權利及義務）；為了各項法律目的，包括在美國法院的訴訟在內，美國承認「中華人民共和國」之舉，不應影響台灣統治當局在 1978 年 12 月 31 日之前取得或持有的有體財產或無體財產的所有權，或其他權利和利益，也不影響台灣當局在該日之後所取得的財產。正由於《台灣關係法》的此一規定，卡特於簽署《台灣關係法》時特別聲明他相信他的簽署應不影響日後有關在美之中國外交財產的法律訴訟。事實上，台美斷交對我們在美國的財產權益並無多大影響。

至於對於台灣的安全保障問題，卡特政府並不十分熱衷，但美國國會方面卻十分關切而且極力主張應透過立法來表達堅定立場。談判中，美方的態度認為美方已準備繼續對台軍售而且也告知中國大陸，這已經夠了。我們則認為軍售連同安全保障應有法律規定。

台灣與美國在華府有關調整新關係的談判，依我個人親身的經歷和觀察，美方的主談人員郝爾布魯克和蘇利文有時態度不免有些傲慢，但整體來講，應該可以說是在彼此立場堅定、態度溫和、氣氛還算是友好的情況下完成的，而我方也在美國與中共正式建交他們雙方關係正走入蜜月期並與我國斷交對我非常不利的客觀環境下，適當地維護了我國的基本權益。加上《台灣關係法》的訂定，在美國與中國大陸建交後的台美新關係，實質上已符合前述我政府所提的五項基本原則。

台灣關係法的主要規定與其影響

美國政府在準備與中國大陸建立外交關係之時，就決定以後其與台灣的關係將由特別立法來規範。美國國務院所草擬並送美國國會審議的法案叫《台灣授權法》(Taiwan Enabling Act)，條文不多，主要在規定所設置的機構和該機構的名稱、人員與經費，以及如何繼續維持台美雙方的經貿、文化等關係。這個由美國國務院草擬的《台灣授權法》法案，套一句當年實際負責在國會改寫此一法案使之成為今日的《台灣關係法》的美國眾議員伍爾夫 (Lester Wolff，那時他為眾議院外交委員會亞太小組的主席) 的說法，並未提及對台灣的安全保證，是個很軟弱 (weak) 而缺乏勁道 (muscle) 的法案。

伍爾夫表示他聯合民主黨籍的參議員愛德華甘迺迪 (Edward Kennedy) 和克蘭斯頓 (Alan Cranston) 共同提出一項新的決議案，著重於維持美國對

台灣的安全保證及軍售並強化與台灣的各種關係。經過伍爾夫以及美國兩黨國會議員，特別是參議員們的大力支持，《台灣關係法》終於完成立法，並於 1979 年 4 月 10 日經卡特總統簽署正式成為美國的一項法律。

《台灣關係法》條文不多，只有 18 條，是很特殊的一個法律，它用國內法來規範國際關係，其內容除了將美國在台協會的法律地位、功能、人員等相關事項法制化外，另外給予我國在美國所購置或擁有的財產和其他權益有效的法律保障；也規定我國及我國的法律，在美國的司法和行政部門中均應被視為具有國家和國家法律的地位；同時也要求美國政府應本平等互惠原則給予我國未來駐美單位和機構的人員適當的特權和禮遇。其中下列幾點值得在此提出予以強調：

一、 《台灣關係法》第二條明白表明此一立法係為協助維持西太平洋地區的和平、安全和安定，及繼續維持美國人民及台灣人民間之商務、文化暨其他關係，以增進美國外交政策之推行所必需；

二、 《台灣關係法》第二條又指出美國在與台灣的關係方面的政策如下：

（一） 確保並增進美國人民與台灣之人民和中國大陸的人民之間廣泛、緊密和友好的商業、文化及其他關係；

（二） 認定西太平洋地區的和平與穩定，乃美國之政治、安全和經濟利益所攸關，並為國際所共同關切；

（三） 美國之所以和中華人民共和國關係正常化乃基於台灣之未來應和平解決之期望而來；

（四） 認為任何企圖以非和平方法來決定台灣的前途之舉，包括使用經濟抵制及禁運手段在內，將被視為對西太平洋地區和平及安定的威脅，而為美國所嚴重關切；

（五） 要提供防禦性武器給台灣人民；

（六） 應維持美國的能力，以抵抗任何訴諸武力、或使用其他方式高壓手段，而危及台灣人民安全及社會經濟制度的行動。

因此

三、《台灣關係法》第三條表明：

（一） 為了推行本法第二條所明訂的政策，美國將使台灣能夠獲得數量足以使其維持足夠的自衛能力的防衛物資及技術服務；

（二） 美國總統和國會將依據他們對台灣防衛需要的判斷，遵照法定程序，來決定提供上述防衛物資及服務的種類及數量。對台灣防衛需要的判斷應包括美國軍事當局向總統及國會提供建議時的檢討報告。

（三） 要求美國總統如遇臺灣人民的安全或社會經濟制度遭受威脅，因而危及美國利益時，應迅速通知國會。總統和國會將依憲法程序，決定美國應付上述危險所應採取的適當行動。

這樣的《台灣關係法》，就其內容而言，與我們希望台、美關係要有法律保障、具實質的官方關係性質和來往、繼續對台軍售、並有安全的保證等等特性的要求，相差不遠，對我們台灣而言，可說差強人意，套一句

外交辭令可以說雖不滿意但可以接受。

　　美國卡特政府對於在台灣關係法明文規定軍售與安全承諾一事，最初並不同意，他們生怕激怒了中共，幾經他們與國會的協商，最終還是接受了國會所通過的版本。卡特於 1979 年 4 月 10 日正式簽署台灣關係法使之生效時曾發表一個書面聲明，表示此一法案將使美國人民與台灣人民能夠繼續維持商務、文化和其他關係；不過，他也強調此種關係之繼續維持，是在沒有官方代表及沒有正式外交關係的基礎上進行的。卡特還表明此一《台灣關係法》的精神符合美國和中國大陸關係正常化時雙方所達成的理解，並反映了美國承認中華人民共和國政府為中國唯一合法的政府的事實。卡特這些表態當然是做給中國大陸看的。事實上，當時的卡特總統非常熱衷於與中國大陸發展關係，對《台灣關係法》顯然並不十分重視和在意，他卸任後所發表有關他白宮歲月的專書《白宮日記》（White House Diary）中，在 1979 年 4 月 10 日他簽署《台灣關係法》那天並沒有任何有關此事的記載，更不用說提《台灣關係法》對台灣的安全承諾了。中國大陸對於《台灣關係法》的通過與出現是很不高興、很不以為然的。1979 年 8 月，美國副總統孟代爾 (Walter Mondale) 訪問北京時，鄧小平曾對《台灣關係法》表達不悅，並說此法使蔣經國得意忘形 (cocky)，尾巴都翹起來了。

　　《台灣關係法》之能夠以前述的內容出現，有一個很大的背景原因，即美國國會議員對於卡特事先沒有和他們諮商 (Consultation) 就逕自宣布和

中國大陸建交，深為不滿。但最重要的原因，當然是他們對我們台灣的支
持。此次《台灣關係法》的訂定，是美國共和與民主兩黨的議員共同努力
的結果，除了前面提到的伍爾夫、甘迺迪、克蘭斯頓外，民主黨的史東參
議員 (Richard Stone)、共和黨的赫姆斯 (Jesse Helms) 參議員等也多大力促
使《台灣關係法》的充實和通過。而不少美國國會議員助理的對我們拔刀
相助設法幫忙及提供資訊，也使《台灣關係法》的內容及遣詞用字更能符
合我們的需求。多年來我們一直致力於做好與美國國會議員的關係，也很
積極地爭取國會議員助理對我們台灣的認識、瞭解、好感與支持。我們在
1960 年代開始就有一個美國國會議員助理邀訪計劃，邀請國會議員助理
來台灣進行訪問，並與相關首長會談。我於 1970 年代擔任台灣省政府新
聞處處長和省府委員期間就曾經常自行或陪同當時的謝東閔主席和林洋港
主席接待美國國會議員助理訪問團；記得當時最常陪同這些國會議員助理
訪問團到台灣訪問的，有那時在我們駐美大使館和以後的駐美代表處的國
會組服務的袁健生 (以後曾任駐美代表及國安會秘書長) 和馮寄台 (以後
曾任外交部禮賓司長、駐多明尼加大使和駐日代表) 兩位先生。據瞭解，
這些曾來台訪問的美國國會議員助理中有好幾位在《台灣關係法》草案的
研究和草擬過程中，扮演著相當重要的角色，也以對我們友好關切的態度
與做法儘可能地幫助我們。我真希望此種美國國會議員助理的邀訪工作，
應持續加強推動。

　　《台灣關係法》的訂定，當年立即的效應是一方面安定那時由於台、
美斷交所引發的我們台灣社會一時頗為驚恐與不安的人心，另一方面則是

使台、美雙方多年來所形成的方方面面的緊密關係不至於中斷而可以持續維持與發展。

作者於台灣省主席任內會見來訪之美國在台協會（AIT）處長張戴佑（Darryl Norman Johnson）（1999年1月）

經過四十年來的驗證，《台灣關係法》已成為台美互動關係的定海神針，是雙方關係穩固成長的最有效的保證。

美國是個法治國家，國會所訂定的法律，上至總統下至一般庶民都應遵行。美國政府方面不問哪一個政黨執政，只要《台灣關係法》還在，都應依循這個法律來推動台美關係。即使中國大陸對《台灣關係法》非常不以為然，但它還是沒有能力迫使美國政府或國會修改或廢棄這個法律。其實，當1982年8月17日，雷根（Ronald Reagan）總統領導的美國政府與中國政府共同發表了關於對台軍售問題的《八一七公報》後，曾對我們台灣提了一個「六項保證」（Six Assurances），其中的一個保證就是不會廢棄或修改《台灣關係法》。

事實上，近十年來台美關係已經發展到相當具有官方性質了，美國駐台代表已經很公開地參加我方的所有重要的官方活動，也到了總統府見了我們的總統，不像斷交初期那樣不進我們政府辦公室，也不公開會見我們的高層政府首長。2018年3月6日，美國川普總統簽署美國國會所通過旨在加強台美雙方高層官員互訪的《台灣旅行法》(Taiwan Travel Act)；同年6月12日，美國在台協會耗資2.55億美元在台北內湖所興建的規模

宏偉的新辦公大廈舉行落成啟用典禮時，現任的蔡英文總統與前任馬英九總統都應邀參加，典禮現場還有上貼「立穩根基，共創未來」（Strong Foundation, Bright Future）標語的大型背景。值得一提的是，此一新大廈係外國在台灣所興建的第一個駐館建築。今年 5 月 25 日，台美雙方共同宣布將我們台灣名義上負責對美關係的機構名稱，由原來的「北美事務協調委員會」改稱為「台灣美國事務委員會」(Taiwan Council for U.S. Affairs)，6 月 6 日蔡英文總統與美國在台協會處長酈英傑 (William Brent Christensen) 共同為此新名稱揭牌。這些在在顯示台美關係的不斷強化。

可以預見地是，《台灣關係法》仍將繼續發揮其促使台美關係更穩定發展的功能。

台、美、中三方關係的剖析與展望

就過去、現在和可預見的未來，我們台灣與美國的關係，可以說是相當友好而且極為互利的，我們與美國之間也可以說存在著一種沒有正式條約和正式外交關係保障下的盟邦關係，在國際上屬於特例，這當然是《台灣關係法》所帶來的結果。我們應努力加強與美國的此種特殊關係。

不過，今天談我們與美國今後的關係，也不能不瞭解我們與美國的關係是深受美國與中國大陸的關係所制約的。美國與中國大陸的關係是基於他們雙方所簽定的《上海公報》、《建交公報》與《八一七公報》；此三個公報都與我們台灣有關。《上海公報》的主要內容包括：大陸方面表示

堅決反對任何旨在製造「一中一台」、「一個中國、兩個政府」、「兩個中國」、「台灣獨立」和鼓吹「台灣地位未定論」的活動；美方則認知到（英文為 acknowledge）海峽兩岸都堅持一個中國，台灣是中國的一部分，並對這一立場不提出異議（not to challenge）。在《建交公報》中，美國首次承認「中華人民共和國政府是中國的唯一合法政府」。而《八一七公報》則是美國就其對台軍售問題做出了明確的承諾，最重要的三條包括：向台灣出售的武器在性能和數量上將不超過中美建交後近幾年供應的水平；準備逐步減少它對台灣的武器出售；經過一段時間最終得到解決；中國方面則重申「爭取和平解決台灣問題」，而美國也對此表示「讚賞」。 由於這三個公報，使美國歷任的政府都會經常循中國之要求在適當時候特別是在雙方有高峰接觸時，明白表示美國遵循一中政策及反對台獨。當然美國也會表示台灣問題應和平解決。

從上面的分析可以看出，我們與美國的來往，有一個不能去越過的紅線，即不可搞台灣獨立。

另一方面我們也應談一談我們與中國大陸的關係。自從我們的「海峽交流基金會」與大陸的「海峽兩岸關係協會」於 1993 年 4 月在新加坡展開正式接觸會談以來，雙方的各種互動與交往已變得非常密切頻繁，民間的來往交流更是與日俱增。大陸並且已成為我們台灣的最大貿易伙伴，也是我們最大的貨物出口處，兩岸的經貿也有相當的互補關係。換言之，與大陸維持和平穩定的互利關係，對我們台灣是有利的。而且此種關係的維

持，並不與我們和美國維持目前的實質友好緊密關係有所牴觸。

美國現在與中國大陸正在進行一場打打談談恐怕很難很快就徹底解決的貿易戰，更由於中國的快速崛起，美國顯已把中國當成其第一號的潛在對手，開始處處防範中國。雖然如此，由於他們彼此是對方最大的貿易伙伴，中國大陸也是美國公債最大的持有國；另一方面，美國與中國已分別成為世界最大和第二大的經濟體，也都需要對方的廣大市場。而且雙方都盡量避免發生軍事上的對撞。在他們兩者之間，我們沒有必要去貿然選邊站，更不可去做任何一方的棋子、去做任何一方打擊其對方的馬前卒。

所以，我們可以也應該繼續跟美國友好，繼續把它當做盟邦、友邦並強化彼此的各種關係，但不要在過程和作為中去激怒、挑釁中國大陸。我們還是要設法改善目前不是很好的兩岸關係。不要忘了，如前所述，中國大陸是我們最大的貿易伙伴，也是最主要的輸出國，而且還時時不忘要「統一」我們，把兩岸關係弄得緊緊張張很可能會給大陸製造對我們用武或採取其他類似舉措的藉口，這對我們不但沒有好處，而且非常可能帶來難於收拾的禍害。

在紀念《台灣關係法》40周年的今天，我們固然要肯定這個法律的貢獻，也應繼續強化與美國的各種關係。但我們不能去做美國的附庸、不能去當美國對抗中國的棋子，我們也要真正努力去改善和穩定兩岸的關係。我們必須從台灣二千三百萬人的利益和幸福為考量，而不是從任何意識形態的思維中，去處理我們與美國和中國大陸的關係。

結 語

台、美有關雙方斷交後新關係調整的談判，是個影響台、美雙方關係及台灣前途的重要談判，我能親自參與，可說因緣際會，是我人生中的一個非常難得的經驗。美國與我們斷交並與中國大陸建交，明白告訴我們，在國際關係上，國家利益、國家實力才是最重要的決定因素。我也深深體會到如果台灣在台美斷交之時沒有擁有一個基本上自由民主與法治的政治制度、一個欣欣向榮的經濟和一群熱愛民主自由勤奮進取的人民，則不可能會得到美國國會的普遍支持，而訂定一個史無前例的《台灣關係法》。因而，我們必須在台灣繼續努力鞏固和強化民主自由的政治制度、落實公平正義的社會價值、增進國內各個不同族群與不同政治理念的人民的相互包容與和諧團結，及不斷促進國際貿易的發達和國內經濟的繁榮，才能使我們在國際上繼續獲得更多更大的認同與支持。

我們也必須瞭解，台灣的未來無法避免美國與中國大陸的因素。我們應設法與美國繼續維持友好與合作的關係，但也應努力使台灣海峽兩岸保持互利、穩定而和平的交往，不斷降低雙方衝突的可能。更要設法不必要地捲入中美雙方的紛爭，也不可在他們雙方的爭執或衝突中，隨便選邊站。換言之，我們台灣不能去做中美雙方政治博弈中任何一方的棋子。要永遠記住，如何使台灣二千三百萬的人民免於戰禍，過著自由民主、和諧團結而不虞匱乏的幸福日子，才是我們大家應共同努力打拼的目標。（本文曾發表於 2019 年 8 月 4 日風傳媒電子報）

第 4 篇
新冠肺炎全球肆虐的教訓、
挑戰與因應

前　言

　　一個叫做嚴重特殊傳染性肺炎 (COVID-19) 簡稱為武漢肺炎或新冠肺炎 (Coronavirus) 的傳染疾病，自於 2019 年 12 月初次在中國武漢發現，隨之大規模傳染並迫使武漢於 2020 年 1 月 23 日開始進行封城的隔離措施以來，截至 2020 年 10 月 19 日下午為止，在中國已造成 9 萬多的確診案例及 4 千多人的死亡。雖然疾病最初發生地的中國其疫情似乎已被控制且呈趨緩，武漢也解除封城，中國大部分地區也陸續復工復學，但在世界卻已形成了自 1918 年 1 月至 1920 年 12 月間所爆發造成全球 5 億人感染、1 千 7 百多萬至 5 千萬人死亡的 HIVI 新型流感的疫情（亦被稱為西班牙大流感，因始自該國）之後，可謂空前的最嚴重的全球性傳染病的疫情肆虐。截至 2020 年 10 月 19 日為止，全球已有超過 200 個國家和地區發現疫情，更有 3988 萬 7089 個確診案例，由於此一疾病而死者已高達 111 萬 2470 人，而且疫情在美國若干州、南亞和中南美地區日趨嚴重。根據專家的說法，雖然疫情在歐洲、北美大部分及東北亞已漸形趨緩，並且於此等地區的很多

國家包括我們台灣在內，也已開始解封解禁漸漸恢復正常生活，但就全球而言，疫情肆虐的威脅還在，甚至於有些疫情已趨緩之處還有捲土重來的可能，所以，對於新冠疫情，大家仍應提高警覺，注意防範。美國現在已成為全球疫情肆虐最嚴重之受災區，無論確診數或致死數都躍居世界各國之冠，其新冠肺炎確診案例已達 815 萬 4594 例，死亡人數更有 21 萬 9674 人之多，而且仍呈日趨嚴重之勢。

此一新冠疫情，因發生在全球化非常普及，跨國之人員流動極為便捷快速而又無遠弗屆的現在，故其衝擊影響遠遠超過前述 1918 年的西班牙大流感。這一次的新冠肺炎疫情已迫使歐美多數國家封國、封城，而其他國家如中國、韓國、日本等世界重要經貿國家也有類似的措施。因而，除了對人類存亡形成威脅外，業已造成對全人類的日常生活、工作和各地經濟極大的衝擊和影響。根據世界銀行（World Bank）於 6 月 8 日所發布的「全球經濟展望」（Global Economic Prospects, June 2020）報告預測，2020 年已開發國家國內生產毛額（GDP）將萎縮 7%；新興經濟體將萎縮 2.5%，將是這些經濟體自 1960 年有數據彙整以來首度遭遇這種嚴重的局面。報告表示，世界經濟 2020 年估計將萎縮 5.2%，陷入 80 年來最嚴重的衰退，但因眾多國家慘遭重大經濟損失，這次經濟衰退的嚴重程度，堪稱 150 年來最糟情況。而世界主要經濟體中，美國 2020 年經濟預估將萎縮 6.1%，歐元區將萎縮 9.1%，日本也預估將萎縮 6.1%，只有中國今年仍可成長 1%。

是以，此一疫情到底給了我們人類什麼樣的教訓，暴露了人類存在著

什麼問題，以及給了人類何種的挑戰和其對我們台灣的影響和衝擊，暨如何因應，都非常值得我們加以探討。

新冠肺炎疫情肆虐暴露的問題與帶來的教訓

新冠肺炎從在武漢大規模傳染到形成全世界的大危機，只短短二個多月，可見其傳染速度之快之廣；而不到半年其造成的死亡人數之大，更令人觸目驚心。那麼，此一疫情迄今所暴露的問題和我們又應記取什麼教訓呢？歸納來說，至少有下列幾個：

（一）全世界對突如其來的嚴重傳染疾病疫情，應變的準備非常不足、應變的能力也非常有限

現在的世界因為經貿的發達、經濟的快速發展成長，以及科技的突飛猛進，使大家都陶醉在物質生活享受的追求，也都以為沒有克服不了各式各樣的生活挑戰，也認為再大的疾病都會很快加以控制治療。但這一次的疫情卻赤裸裸地告訴我們，人類還有難於戰勝的疾病，而人類世界對此種疾病之來襲，並沒有做好應有的應變準備，所以像被稱為高度開發的國家如義大利、西班牙、法國、英國、德國等面對疫情之襲擊還是手忙腳亂，該有的醫療設施嚴重不足，就連號稱世界最強最富的美國，不管醫療口罩、呼吸器及其他關鍵性的醫療器材甚至於醫院病床都呈現著極其嚴重的供不應求。所以當疫情往上爬升之時，就顯得局勢有難於控制收拾的危險；而所有的醫護人員更是忙得精疲力竭，有些人甚至有朝不保夕之感。

而歐美國家一向被認為具世界先進地位的醫療保健體系和公共衛生機制，在此次疫情的衝擊、侵襲、進攻之下，不少都顯現面臨崩潰的危機。

可以說，新冠肺炎疫情的肆虐無情地告訴大家，就整個世界而言，對於嚴重傳染疾病疫情的應變和對抗準備，是極其不足而必須趕快進行補救的。而長期以來，自以為相當先進的歐美公共衛生醫療和保健體系，在面對此次重大疫情的襲擊，更顯得非常無力，甚至於有崩解之險。因此，如何在疫情穩定之後，徹底加以翻修強化，應是重中之重急中之急的要務。

（二）世界各國面對疫情危機大多各自為政、各行其是，缺乏團結一致，協同作戰共同抗疫的思維和作為

此次全球性的疫情一開始，似乎各國都沒有意識到其潛在的危險性。所以，當中國武漢發生疫情實施封城之時，由美國帶頭的各國紛紛想方設法忙著派機從武漢撤僑。聯合國也好，世界衛生組織也好，美國以及歐盟主要國家也好，並沒有一方想對中國的抗疫提出有意義的援助，更談不上有哪一方面倡議全世界，至少所有主要國家，應該協同一致全力配合支援中國的抗疫努力，更有甚者，還有人抱著隔岸觀火並間或有幸災樂禍酸言酸語之言論出現。而當義大利奮力在抗疫時，其歐盟盟邦似乎也沒有表現團結一致協助義大利的任何舉措，只任令義大利自行獨力在與病毒奮戰。中國好像是撐過來了。但義大利就曾顯得近乎失控，好在目前似乎已有所好轉。西班牙也曾遭逢同樣的命運。英國、法國、德國乃至於現在疫情最嚴重的美國，也都是各自為政、各行其是。而現在的美國政府，在其總統

川普的帶領之下，顯然為了川普競選連任的需要，更一味攻擊指責中國和世界衛生組織且退出世衛組織，毫無與人合作共同抗疫的表現。這是在全球化加日益普及和多少年來大家都熱衷倡議和高談這個統合、那個統合的現在的世界，一個很讓人失望，也頗具諷刺性的現象。

對於新冠肺炎如此厲害並且大家不知道其蹤影的病毒，一定要有全球性共同的努力，才能壓制它、打敗它。希望大家趕快學到教訓，亡羊補牢，使目前的疫情肆虐早日結束，也早日研發出疫苗有效預防類似疫情的再發生。

（三）人類社會還充斥著自保排他的嚴重種族、地域、文化等的偏見、歧視甚至於仇視的現象和情緒

在這一次全球性疫情肆虐當中，有很多非常感人而表現人性光輝的事蹟，例如成千上萬的醫護和公衛從業人員，冒著自己生命的危險義無反顧地投入抗疫、防疫的工作，以及很多的義工、團體、企業、慈善家和事業主，紛紛出錢、出力、捐獻醫療物資或捐出大量經費以協助防疫抗疫就是。但同時使人覺得痛心、難過、憂慮的是，由於此次疫情的發生，全球各地有不少地方出現了一味自保並嚴重排斥、歧視他人或某些特定族群，以及對他人和某些族群存有偏見甚或仇恨的情緒、思維、表現與作為的情事與現象。在我們這個已經進化到二十一世紀並大談包容、合作以及全球化、和各式各樣的統合的世界，此等情事和現象的發生，實在很令人遺憾。如不妥加因應處理，其後果將是不堪設想。

由於此次的疫情最早發生於中國武漢，所以一開始那些疫情還不嚴重的國家，特別是歐洲和北美的國家，幾乎到處出現視中國人、華人、亞洲人為病毒的代表，並大談什麼「黃禍」的情事。所以，在歐美地區的中國人、華人、亞洲人有不少在大庭廣眾之間或大眾運輸工具之內受到了非常不友好、不禮貌、不理性的對待。而自以為是世界龍頭的美國，其總統川普領導的政府包括川普自己在內，更將此視為打擊中國的大好機會，在言辭上刻意強調肺炎來自中國，甚或在七大工業國家集團的外長會議中堅持要在聯合公報中用「中國病毒」(Chinese Virus) 來取代世界衛生組織所正式使用的「新冠肺炎」(COVID-19) 的名稱，在聯合國安理會美國亦有同樣的表現。川普最近於 6 月間在其於奧克拉荷馬州 (Oklahoma) 競選連任的造勢大會上並語帶譏諷地稱其為「功夫流感」(Kungfu Flu) 且引發了會眾的哄堂大笑。川普自己和他的政府這種充滿種族歧視性的言行，助長了美國中下階層民眾對中國人、華人和亞裔美國人的排斥、歧視甚或仇視。川普等之如此作為實非常令人不齒；我不相信，這樣做會使美國再偉大。

　　聯合國秘書長古特瑞斯（Antonio Guterres）因而警告大家，這場疫情已持續引發仇恨、排外、尋找代罪羔羊和散布恐慌的大海嘯 (a tsunami of hate and xenophobia, scapegoating and scare-mongering)；因此他呼籲全球「傾盡全力」來終結此一新型冠狀肺炎病毒疫情所引發的「仇恨及排外海嘯」，終結網路和街頭的仇恨言論，並指名要教育機構來協助教導他口中「受困且可能處於絕望中」的年輕人，培養他們的「網路素養」（digital literacy）。

　　所以，我們在此次新冠肺炎疫情肆虐世界各地所得到的另一個不可忽視的教訓，也是所不能不重視的一個問題，就是我們世界還有不少人、不少地方仍舊無法跳脫對不同種族、不同國家、不同文化的偏見和歧視，這是很令人遺憾，也必須共同努力加以導正的。否則，我們的下一代碰到了類似的災難還是會互相指責、互相歸咎於他方、互相排斥的。

（四）發展科技重視研究才是人類生存發展和共存共榮的應走之路

　　這一次的新冠肺炎肆虐逼使疫情嚴重的國家必須鎖國、封城而且民眾也必須居家隔離、居家檢疫、居家防疫，如果不是有目前無所不在的網際網路和智慧型手機，那麼自我封鎖的國家或被封閉的城市、地區，就完全無法與外界聯絡通訊了，而在家隔離、檢疫、防疫的民眾也勢必要完全與外界隔絕，更無法獲得所需的食物、食材或醫療藥品。就因為有此種科技帶來的便利，所以，民眾雖然被困在家裡，還是可以透過網路、透過智慧型手機向外界訂購各種生活必需品和食物，也可以透過網路和手機接聽收視各種必要的訊息，瞭解外界的一切動態，並也可觀看電視、網路和手機上的各種育樂表演節目，調劑精神生活，更可以利用網路和手機進行線上學習，使在各級學校上學的學生不致於因為學校關閉而中斷學習；更有不少公司行號及政府機關運用網際網路處理公務，使公私機關的各種業務得以持續進行。換言之，由於這種科技發展的好處，使人類生活的運轉還能

維持一定程度的正常功能，減少疫情對經濟、社會、文教生活等的不利衝擊。

在醫療方面，雖然還沒研發出預防的疫苗和治療的特效藥，但現代醫療所具有的知識、技術和設施，也使不少新冠肺炎染病者得到治療並獲痊癒的結果。如果沒有現在已有的醫療發展水準，恐怕染病者會更多，而致死率也會更高。

因此，各國尤其是經濟大國，今後應加強力道投入增進人類生活幸福和防治疾病的科技發展及研究創新的工作。

新冠肺炎疫情肆虐的影響及因應暨台灣今後應有的努力重點

除了造成前面提到的疾病和死亡之外，此次的新冠肺炎疫情的全球性肆虐，已深深打翻了現行世界人類生活的正常運作程序。由於封國、封城的實施，全世界各主要國家、主要城市之間的航空服務差不多已經減至最低甚或完全中斷。而更由於居家隔離、居家防疫的實施，很多餐飲商店被迫停業，各種集會活動、體育賽事也大多停擺；原定今 (2020) 年夏天在日本東京舉行的國際奧運也延期一年辦理；宗教性的聚會也不得不停辦；很多國家賴以活絡經濟增加國民所得的國內外觀光旅遊產業，也幾乎完全無法營運；有很多工廠不敢開工；而多數國家的學校不是停學就是改用線上教學。可以說，此次的疫情幾乎使每個人的生活都受到影響。

面對如此重大的衝擊，各國所能做的不外就是宣布進入緊急狀態，採取各種緊急措施，一以防疫、抗疫，一以顧生活救經濟。二十國集團 (G20) 國家領袖，在疫情肆虐期間破天荒地以線上視訊會議方式，於三月二十七日的高峰會議中，就決定共同挹注五兆美元以聯合對抗疫情並協助各國度過難關。美國國會更在 3 月 27 日通過史上最大規模的 2.2 兆美元抗疫紓困案，當天美國總統就簽署生效。日本首相安倍晉三亦於 4 月 7 日一方面史無前例地對東京、大阪、福岡等 7 都府縣發布「緊急事態宣言」，另一方面在內閣會議決定實施該國史上最高額度的緊急經濟對策，規模達到 108 兆日元（新台幣 30 兆元）。我們台灣的行政院也在 4 月 2 日通過 1 兆 500 億新台幣的紓困方案，以解救受到疫情最嚴重衝擊的經濟和人民的生活。

那麼，我們台灣，除了現在已採行的各種防疫措施和紓困方案或振興經濟方案外，面對此次疫情的無情而巨大的襲擊，應如何有效因應，使疫情過後，我們的社會、經濟和民眾生活能很快就恢復正常，並且將來還能有更大的應變能力，且可使整個社會更加和諧團結地向前邁進呢？我以為下列幾個面向，值得大家特別加以關注、推動：

（一）強化公共衛生保健體系，發展醫療器材產業

台灣此次在全世界飽受新冠肺炎疫情肆虐之際，整個疫情能夠受到嚴密控制，防疫措施適時而得宜，確診案例只有五百四十多個，死亡人數也僅七人，在國際上廣受讚許，這當然歸功於負責防疫工作的各級相關醫護人員的辛勞及努力。但台灣有很好的醫療教育體制、有不錯的公共衛生

保健體系和一個舉世聞名的全民健康保險，應該是最重要的根本原因之所在。

「前事不忘，後事之師」，2002 年年底至 2003 年秋台灣對抗嚴重急性呼吸道症候群疫情，亦即 SARS 疫情的慘痛經驗與教訓，應該也是此次對抗新冠肺炎疫情得以顯得得心應手的一個很重要的原因之一。所以，我們相關主管當局及醫療學術研究機構，應該有計畫地蒐集此次相關的防疫、抗疫資料並加以整理分析，以供今後的參考。更重要的是，這次的防疫、抗疫雖然基本上是好的，但並非毫無缺失，毫無檢討改進的空間。例如，疫情發生初期的「口罩之亂」；何以在歐美地區疫情已非常嚴重之後，還不準備對機場所有入境旅客進行普遍篩檢而使人產生可能發生社區感染的疑慮；何以一方面要求大家要嚴格居家防疫、保持社交距離，一方面卻任令幾大風景旅遊景點湧進人潮而提高群聚感染的危險？等等都是。前面提到的社區和群聚感染疑慮和問題，雖然迄今並未發生，但總是防疫工作上值得研究檢討的問題。現在疫情已趨緩，有關主管機關應即針對這一次的各項防疫抗疫措施，實事求是地檢討得失，該改進者就應馬上改進，尤其是整個公共衛生保健體系，從人員、措施到設備，還應再加強化精進，以為未來任何時間都可能到來的重大傳染疾病的襲擊，做好必要的準備。

台灣有很好的醫療教育和研究體系、人員和師資，也有很好的製造業基礎，此次的疫情肆虐告訴我們，即使富強如美國，先進如西歐，他們的醫療器材不是嚴重不足，就是非常老舊。所以，我們應可好好發展醫療器材產業，因應世界應可預見的極大需求。

（二）鼓勵發展線上相關產業

在這一次疫情肆虐期間，世界各地的民眾被迫居家防疫、居家隔離，所以，在這一段期間，所有臉書或 Line 等社群網站外國朋友傳來最多的訊息是「Stay home, stay safe」（好好在家，確保平安）。大家都在家裡，之所以能夠維持生活、保持身心平衡，大多數靠著「線上零售」、「線上訂購」、「線上教學」、「遠距辦公」等等，使民眾的生活方式無形之中有了改變，也使線上的交易和服務大行其道。這告訴我們，線上相關產業未來必然是個極具發展前景的產業。希望政府能在注意紓困振興的同時，也能在此一方面提出倡導和激勵措施，為民眾開創另一個創業興業的新天地，也為我們的經濟開展另一個發展面向。

（三）導正在疫情期間所滋生的過於自保、疏離、排他、防他及反中情緒和現象，以求社會之更加和諧和兩岸關係之合理正常化

台灣在此次的防疫、抗疫中，絕大多數的民眾都能做好必要的衛生保健措施，並配合政府的要求，儘量居家防疫，也努力保持社交距離，配戴口罩等等，這些都是好的。但還是有些人過於自保，因而對居家檢疫或隔離者，過於防範、排斥，甚至於還在社群網站毫無理性地指責、批判那些因出國旅遊而被檢查為新冠肺炎確診者；對於從疫情嚴重地區如武漢等地返回而無任何確診者，也有人刻意加以防範、戒備，甚至於有對於傳言中有學生確診而未被封校之學校的學生搭公車也加拒絕的情事，這些都是非

常不對，一方加劇社會成員之間疏離，另一方面使傳統疾病相扶持的美德遭到傷害。

更使人憂慮的是，由於武漢是此次疫情最早發生地，而剛開始中國大陸也是全世界新冠肺炎疫情最為肆虐、最為嚴重的所在，因而我們台灣從政府開始到一般媒體和一般民眾對中國就特別有戒心，這本是無可厚非。然而，有些具特別政治立場的人或媒體，卻藉機大肆散播反中、蔑中甚或抗中、仇中的言論，為兩岸關係注入了非常不健康的因素。而民進黨執政的政府，也在有意無意之間，在防疫、抗疫方面對中國實施差別的待遇。最明顯的例子，就是從中國大陸返回的台胞不問有無確診都要嚴格接受 14 天的隔離措施，但即使到今天為止，我們台灣絕大多數的確診案例都是境外移入，境外來源絕大多數來自歐美，而歐美現也已是非常嚴重的疫區，然從歐美返台的國人，還是不需要全部去受 14 天的嚴格隔離待遇。另外，八月五日教育部宣布所有在台就學的境外生之返台全面解禁，但來自大陸的學生則排除在外。這些很難不使人有政治因素介入的聯想。單從防疫、抗疫的需要來看，就是有待商榷，就是不對的做法。是必須立即加以改正的。

因此，政府當局及相關人士和媒體，以及我們社會應共同努力消弭在這一次的疫情中所產生的社會成員相互排斥、相互疏離、過於自保、互相防範的不健康、有害社會之團結的現象和情緒，讓我們的社會能夠整個回到「守望相助、疾病相扶持」的正常世界。

至於兩岸關係，友好互助總是好過相互排斥仇視的。兩岸政治上的歧異紛擾一時是難於解決的。但兩岸已有非常密切的經貿關係和社會及文教的交流，應加珍惜。是以，我們應在民間的關係上，加強互相培養善意，相互維持互利互惠的感情。經過這一次的疫情，雙方都應拋棄不必要的負面情緒，回歸友善相向的互動關係。

（四）應對因疫情而生計生活受到嚴重影響者繼續加強給予必要的支援、協助

　　在這一次的疫情期間，由於居家檢疫、居家隔離、居家防疫的影響，使許多飲食業者、自營計程車司機、部分工時工作者以及微型企業的員工，和觀光產業從業人員等，或被迫停止營業、無法工作，營業收入大為減少或被迫放無薪假，而生計大受影響甚或生活陷入困境。政府雖有相關紓困措施，但仍嫌不足。對於這些人和業者，政府應該仿照美國、日本等國家的做法，依他們經濟的狀況，繼續加強給予必要的而足以度過難關的現金及其他紓困的補助，以解決他們生活上及經營上仍然存在的燃眉之急。現在政府發行的所謂三倍券，不但不便民，而且是否能真正有效協助上述的民眾和業者，實不無疑問。難怪三倍券的做法一經提出，就引來極大的負面批評。

　　政府已提出了高達1兆500億的經濟紓困方案，希望繼續切實去執行，而且要快速而有效地去推動，使實際上亟需幫忙資助的產業、企業和民眾，能真正獲得及時的應有的支援與協助。

結 語

　　新冠肺炎的全球肆虐，是全球性的一次大災難。此種災難無影無形，誰也無法保證其不會再發生。因此，防疫、抗疫事關人類之存亡，是全人類任誰也不能置身事外的重要工作。

　　我認為，全球應在聯合國主導之下，召開一個類似全球氣候變遷會議的會議，由全球各個國家、相關國際團體和各國有關重要組織及人士參加，共同研商預防對抗類似疫情的政策、措施及方法。全球各主要國家也必須共同致力於防疫、抗疫的研究，並大家一起致力於協助開發中和低度開發國家的公共衛生保健的改善，以預防類似大疫情的再爆發。

　　至於我們台灣，我們還是要肯定並感謝在此次疫情中所有致力於防疫抗疫的醫護人員。然而，我們萬不可因此次防疫抗疫之表現廣受國際稱讚而自滿，應更加精進地強化我們的的公共衛生保健體系，也必須趕快導正於疫情期間所滋生的各種偏差行為及言論，並加強培養社會成員間休戚與共同舟共濟、守望相助疾病相扶持的認知及作為。

　　我們希望此次肆虐全球的新冠肺炎疫情能趕快過去，並盼望人類永不再遭受此種疫情的肆虐侵襲。（撰於 2020 年 9 月，10 月增修）

第 5 篇

從美中關係的遽變談美、中、台三角關係的過去、現在與未來

前 言

台灣與美國的關係以及台灣與中國大陸（以下亦稱中國或中共）的關係，都對台灣的未來和前途有關鍵性的影響。而美國與中國關係的好壞與否也必然會對台灣的經貿、安全及國際處境有所衝擊。所以台灣在中美兩個大國之間，應如何妥善而謹慎地因應，極為重要。因此，美、中、台三角關係之演變，非常值得重視。

最近美中關係的急遽改變，更應加以特別的關注。

美國國務卿龐培歐 (Michael Pompeo，亦有譯為蓬佩奧) 於 2020 年 7 月 13 日發表聲明嚴詞指控中國 (中共) 企圖將南海當成其海上帝國，並首度代表美國表示中國對南海主權的主張絕大多數都是非法的，美國將與和中國在南海有主權爭端的所有國家站在一起，協助他們維護主權。第二天即 7 月 14 日，美國總統川普特別在白宮召開記者會高調宣布他已簽署國會所通過旨在制裁破壞香港民主自治的中、港官員的《香港自治法》(Hong Kong Autonomy Act)，同時也簽署行政命令終止對香港的優惠待遇，以反制北京的強推港版國安法。對於這些舉措，中國當然強烈加以批判，

使中、美兩國原已愈來愈緊張的關係，更形惡化。而另一方面，今年年初起源於中國武漢的新冠肺炎已造成全球肆虐，截至 2020 年 10 月 19 日為止，已使美國成為全球疫情之中心，無論確診數或致死數美國都躍居世界各國之冠，其新冠肺炎確診案例已超過 800 萬例，死亡人數有 21 萬多人，更對美國之經濟帶來極大之衝擊。由於新冠疫情的來襲，美國短短一兩個月之間，其失業人口一度在今年四月暴增至超過 2000 萬人，失業率高達 14.7%，為五十年來之最高，並有在五週內有近 2645 萬人申請失業金的紀錄；根據世界銀行（World Bank）於 6 月 8 日所發布的「全球經濟展望」（Global Economic Prospects, June 2020）報告預測，美國 2020 年因新冠肺炎之影響經濟預估將萎縮 6.1%。美國總統川普的競選連任選情大受影響，因此他將美國之新冠疫情肆虐和經濟因而所受打擊歸咎於中國，動不動就把中國批評甚或痛罵一頓。也常常引起中美雙方的口水戰。最近雙方更互相關閉對方的總領事館。美國國務卿龐培歐也發表了一篇等同對中國進行冷戰之檄文的演講。兩國之關係可說已陷入自建交以來前所未見的可怕低潮。

而我們台灣一向仰賴美國武器的供應與國防上的協助，目前執政的蔡英文政府也愈來愈向美國靠攏；再者，海峽兩岸的海基、海協兩會交往自蔡英文於 2016 年 5 月就任總統之後迄今可說幾乎陷於完全停頓，而從新冠肺炎於今年年初在武漢發生之後，近六、七個月的時間之內，民進黨政府和支持民進黨的媒體就不斷散布反中、仇中、恨中、和蔑中的言論，兩岸的關係更加雪上加霜。然這些都改變不了中國大陸已是台灣最重要的出

口地，和兩岸之間人民已有極為廣泛和深入的密切交往的事實。

　　本文即在於從歷史觀點來探討美、中、台的三角關係，並分析台灣在中、美兩強之間，應有何種的立場和作為，才能為我們台灣爭取最安全可靠的生存發展空間，並確保台灣人民最大的生活福祉。

美、台關係之歷史回顧

　　美國和台灣之間之所以有現在的經濟、貿易、文化和軍事上非常密切的交往互動，起源於 1949 年中國的國共內戰和中國共產黨之在中國大陸成立中華人民共和民國及國民黨領導的國民政府被迫遷移至台灣，和隨之而來的東西方冷戰。台灣和美國的關係可以分為下列幾個階段的演變：

一、　韓戰爆發美國第七艦隊開始防衛台灣，美國並啟動對台軍事、經濟援助

　　1950 年 6 月 25 日韓戰爆發，之前曾發表對華政策白皮書對中國政局抱持觀望態度的美國政府在政策上馬上有了極大的改變，美國總統杜魯門 (Harry Truman) 就於 6 月 27 日下令美國第七艦隊巡弋台灣海峽執行所謂台灣海峽中立化即台海雙方均不可對對方攻擊的政策，實際上是在防衛台灣。1950 年 7 月 31 日，時任盟軍駐日總司令和韓戰盟軍統帥的麥克阿瑟 (Douglas MacArthur) 訪問台灣會見蔣中正 (介石) 總統和晤談，大大地安定了當時台灣在風雨飄搖中人民非常不安與焦慮的情緒。不久，美國開始啟動對台灣的軍事、經濟援助，對台灣提供武器設備並協助部隊的整訓，同

時也恢復對中華民國即台灣的經濟援助。1951 年 4 月美國在台灣成立了美軍顧問團 (Military Assistance & Advisory Group，MAAG，正式名稱為「美國軍事援華顧問團」 U.S. Military Assistance and Advisory Group/Republic of China on Taiwan)，開始對我們國軍推動大規模和很廣泛的軍事援助項目。據統計，台灣自 1951 年至 1965 年 (1966 年美國對台經援完全停止) 間估計自美國獲得 14.8 億美元的經濟援助；而於冷戰期間，即 1949 年至 1970 年代，美國對台灣的軍事援助約有 42.2 億美元。

二、 美國與中華民國維持邦交並協助維護中華民國在聯合國之席位

1949 年 10 月 1 日中華人民共和國在北京正式成立，由於東西方冷戰的關係，以美國為首的西方國家除了英國之外，均未給予外交上的承認；絕大多數的國家以美國為馬首是瞻，都承認在台灣的中華民國為全中國 (包括中國大陸與台灣) 唯一合法的政府，並與中華民國建立外交關係互派使節；另一方面，美國也帶領西方國家阻擋中華人民共和國加入聯合國以取代中華民國的企圖和努力，使中華民國仍保有在聯合國和聯合國安理會的席位而握有否決權。這樣的情勢從 1949 年一直維持到 1971 年才開始有所改變。

在這段期間之內，美國的軍政領導人員不斷來台訪問，幾乎所有的美國副總統、國務卿、國防部長、參謀首長聯合會議主席等高級官員都來過台灣並會見蔣中正總統和我國有關政府首長；美國總統艾森豪 (Dwight

Eisenhower) 並於 1960 年 6 月 18 至 19 日到台訪問，是迄今史上唯一到過台灣和中華民國的美國在任總統。

三、 美國與中華民國簽訂中美共同防禦條約並在台灣成立美軍協防台灣司令部

東西方冷戰期間，在台灣的中華民國與美國之間的關係愈來愈緊密，美國當然也利用台灣作為其圍堵中共的一個很有價值的基地。1954 年 12 月 30 日美國和中華民國簽訂一個很重要的《中美共同防禦條約》（台灣一般在英文稱之為 Sino-American Mutual Defense Treaty，其正式英文名稱為 Mutual Defense Treaty between the United States of America and the Republic of China），簽訂的雙方代表為中華民國外交部長葉公超和美國國務卿杜勒斯 (John Foster Dulles)。此一條約因中共與美國的建交而於 1980 年 1 月 10 日失效。

由於臺灣與美國的簽訂中美共同防禦條約，美國於 1955 年 11 月 1 日在台灣成立美軍協防台灣司令部 (United States Taiwan Defense Command，USTDC) 負責美軍協防台灣的事宜。此一司令部於 1979 年 4 月 26 日因美國與中共建交而撤銷。

中美共同防禦條約的簽訂與美軍協防台灣司令部的成立，顯示台灣與美國於 1950 年代至 1970 年代中期雙方在軍事方面的密切合作與美軍對協防台灣的積極作為，可以說是台灣與美國在軍事合作方面的蜜月期。

四、 尼克森改變對華政策與美台斷交

尼克森（Richard Nixon，中國大陸譯為尼克松）在美國政壇是以反共起家的，在 1950 年代於其擔任美國副總統期間曾多次訪問台灣，在他於 1960 年競選總統失敗之後也數次來台灣。所以，在台灣一般人都認為他是反共健將也是中華民國之友、台灣之友。這樣一個被台灣當做非常反共的朋友的人，於 1969 年就任美國總統之後，對中國政策卻開始有了一百八十度的大轉變，為了聯中（共）抗蘇（聯）及迅速結束越戰，尼克森開始和中共打交道；於 1971 年 7 月 15 日做了一個震驚全世界的宣布，即他將於 1972 年年初訪問中國大陸。

由於尼克森的宣布要訪問中國大陸，導致當年 10 月 24 日，中華民國被迫退出聯合國，中華人民共和國進入聯合國取代了中華民國在聯合國、安理會及所有有關聯合國附屬組織的席位。也使很多西方國家相繼與中華民國斷交，使我們台灣陷入了目前在國際參與上的困境及正式邦交國家的大幅減少。

1972 年 2 月，尼克森訪問中國大陸會見毛澤東並與中共總理周恩來在上海發表上海公報。台灣與美國的正式外交關係陷入極低潮，中共與美國互設具大使館地位和特權的聯絡辦事處。美國與中共之間開始日益緊密的接觸，繼尼克森之後擔任美國總統的福特 (Gerald Ford, Jr.) 也以總統身分於 1975 年 12 月 1 至 5 日訪問中國大陸。1978 年 12 月美國總統卡特 (Jimmy Carter) 宣佈與中共建交。1979 年 1 月美國與中共正式建立外交關係，中華民國與美國也同時斷絕正式外交關係。

五、台灣關係法的制定與美台新關係

美國卡特政府在決定與中共建交的時候，就同時規劃要繼續和台灣維持非官方的文化、經濟、貿易等方面的密切關係，也要透過立法來規範此種新關係。

經過台灣與美國的談判（作者曾奉派代表台灣至華府參與和美國的此一談判，詳見第 3 篇），美國國會的大力支持和介入，最終美國國會通過了一個《台灣關係法》來做為與台灣保持緊密非官方關係的基礎和準據。此一法案由卡特總統簽署於 1979 年 1 月 1 日生效。

《台灣關係法》除了規定要設置一個「美國在台協會」（American in Taiwan Institute，AIT）來處理美國與臺灣的關係外，並表明：

「此一立法係為協助維持西太平洋地區人民間的和平、安全和安定，及繼續維持美國人民及台灣人民間之商務、文化暨其他關係，以增進美國外交政策之推行所必需」；另指出美國在台灣的關係方面政策如下：

(1) 確保並增進美國人民與台灣人民和中國大陸的人民之間廣泛、緊密和友好的商業、文化及其他關係；(2) 認定西太平洋地區的和平與穩定，乃美國之政治、安全和經濟利益攸關，並為國際所共同關切；(3) 美國之所以和中華人民共和國關係正常化乃基於台灣之未來應和平解決之期望而來；(4) 認為任何企圖以非和平方法來決定台灣的前途之舉，包括使用經濟抵制及禁運手段在內，將被視為對西太平洋地區和平及安定的威脅，而為美國所嚴重關切；(5) 要提供防禦性武器給台灣人民；及 (6) 應維持美國

的能力，以抵抗任何訴諸武力、或使用其他方式高壓手段，而危及台灣人民安全及社會經濟制度的行動。因此要求美國總統如遇台灣人民的安全或社會經濟制度遭受威脅，因而危及美國利益時，應迅速通知國會。總統和國會將依憲法程序，決定美國應付上述危險所採取的適當行動。

《台灣關係法》的制定與實施，標誌著台灣與美國的關係的重新調整和進入了一個嶄新的階段。去年 (2019) 為《台灣關係法》生效實施滿四十周年，美國與台灣方面都有相關的慶祝與紀念活動。檢討起來，台美正式外交關係斷絕以來歷經四十年的演變，雙方不論經貿、文化乃至於軍事、政治方面的互動與合作，可說愈來愈頻繁和密切。就拿我本人而言，我於台美斷交之後在政府服務期間，就經常接待和會見很多來自美國的政要，其中最多的為聯邦參眾議員和州長，以及學術文化界人士。

作者於台灣省主席任內與美國佛蒙特州州長狄恩（Howard Dean）簽署姊妹州協議（1999年9月）

目前我們在美國設了一個「台北經濟和文化在美代表處」(Taipei Economic and Cultural Representative Office in the United States)，是我們非官方的大使館，運作情形相當良好，也頗受美方的尊重、配合及禮遇。美國在台灣所設的美國在台協會台北辦事處 (AIT Taipei Office)，在台北政治、文化和經濟圈子裡相當活躍，其處長也很公開地參加了我國各項相關的重要官方活動。美國在台北內湖區建立了一個規模相當之大在美國駐外使館

規模中位列前茅的美國在台協會台北辦事處新辦公大樓建築群；此一大樓建築群於 2018 年 6 月 12 日正式落成啟用，蔡英文總統和馬英九前總統都受邀參加落成典禮並講話。典禮的背景用了一個很有象徵意義的中英文並列的標語：「立

作者參加美國小布希總統就職典禮時攝，左為前駐美代表陳錫蕃，右為前台北市議長陳健治（2001 年 1 月）

穩根基、共創未來」(Strong Foundation, Bright Future」。可見台美之間關係非常密切。

美中（中國大陸）關係的發展與轉變

一、 從大使級談判到毛澤東之釋放訊息到乒乓外交和季辛吉密訪中國

中共與美國雙方在尼克森於 1972 年 2 月訪問中國大陸之前，實際上已隔絕二十多年，彼此之間不僅沒有外交關係，商業、經濟、貿易和文化方面也沒有任何的互動，甚至雙方人民到對方旅遊也是被禁止的。這是由於韓戰、越戰的發生以及東西方冷戰對峙的結果。在這一段期間，中共一直以它所稱的美國帝國主義，也就是其所簡稱的美帝，亦即美國，做為它的頭號敵人，而美國也對中國採取在國際上予以孤立，在軍事部署上加以圍堵的策略。

事實上，在 1949 年間，美國對中共是抱著觀望態度存有要與其接觸

的想法的。當 1949 年 4 月中共攻佔南京之前，以南京為首都的中華民國政府決定要遷至廣州並通知所有駐中華民國的外國大使館一起撤離到廣州。但在連眾所周知協助中共的蘇聯其駐華大使也跟著國民政府撤離至廣州的情況下，美國當時駐華大使司徒雷登 (John Leighton Stuart) 卻依美國國務院之指示仍然留在南京，並企圖和以後攻佔南京的中共當局聯繫接觸，後因未得到中共方面積極的回應，乃於同年 8 月離開中國，美國國務院並訓令他不得路經廣州（當時中華民國政府所在地）或台灣（蔣介石當時已在台灣設辦公室）。這位司徒雷登生於中國並長期在中國傳教和從事教育工作，是中國的燕京大學的創校校長。1946 年 7 月他出任美國駐華大使，仍然擔任燕京大學校長至 1947 年 4 月，其駐華大使任內剛好涵蓋國共之間內戰的時間。司徒雷登可說與中國頗有淵源。

美國政府於 1949 年 8 月 5 日，在中共已幾乎席捲整個中國大陸之際，由國務院發表中美關係的白皮書 (The China White Paper，正式名稱為 "United States Relations with China: With Special Reference to the Period 1944-1949"（中文譯為「美國與中國的關係：特別著重於 1944 年至 1949 年間」），嚴詞批評蔣介石和國民黨，並將大陸之陷共歸咎於中華民國政府並強調與美國無關。同時停止對中華民國的軍經援助。1950 年 1 月 5 日美國總統杜魯門還發表聲明表示美國「不介入台灣海峽爭端」，事實上就是要對那時的國共內戰袖手旁觀，並對新成立的中共政府採取觀望的態度。直至 1950 年 6 月韓戰爆發，美軍與中共部隊在朝鮮半島直接對戰，美國乃改變對中共的政策，並開始圍堵中共。

不過，中共和美國之間並非完全沒有接觸。韓戰之後由於雙方在實際上有些必須透過某種程度的直接互動方能解決的問題，因而從 1955 年 8 月開始，美國與中共進行了大使級的談判，談的是雙方滯留於對方和被對方所扣留或禁止出境的國民的出境返國，以及一些偶發事件的解決或防止其惡化之類的問題。此一大使級的談判，最初在瑞士日內瓦進行，自 1958 年 9 月轉移至波蘭的華沙舉行，至 1971 年終止辦理為止，一共談了 16 年 136 次。其中最有名的談判結果之一，就是促成了在美國第二次世界大戰間參與美國國防部的太空研究和科學顧問工作的中國旅美科學家錢學森的返回中國大陸。錢學森在 1950 年初即被美國執法當局以其涉有參加共產黨外圍組織之嫌而被禁止再參與美國軍事上機密的科研工作，且一度被拘留且被迫和美國移民局進行了長達五年的訴訟，美國方面且因其為著名科學家且曾參與美國軍事機密研究一度禁止其出境。1955 年在中美雙方經過長達數月的大使級日內瓦談判，美國終於同意以錢學森交換於韓戰被中國俘虜的美國飛行員為條件，讓錢學森回到中國。錢學森回國後，參與發展飛彈和核彈的工作，並協助推動太空研究，被中國譽為「兩彈一星元勛」，兩彈一星指的是飛彈、核彈和衛星。

　　到了 1960 年代末期，國際情勢開始有所變化，中共和蘇聯關係交惡甚至還爆發邊境的軍事衝突，蘇聯被中共罵為修正主義者並成了中共宣傳機器所攻擊批判的「蘇修」，與「美帝」並列為中共最大的敵人，且「蘇修」之「罪惡」還超過「美帝」。另一方面，美國為遏止日益擴張的蘇聯，也開始有「聯中制蘇」的戰略思維和部署。中共為對抗「蘇修」，也有「挾

美抗蘇」的想法。

就在這樣的發展之下，中美雙方開始對對方釋放善意並積極尋求與對方做高層的接觸。美國方面，其總統尼克森在公開的演講中不再對中共稱其為「紅色中國」或「中國共產政權」而直呼其正式的國號，且表達不應孤立中國的立場。中國方面，也有一些表態。

毛澤東於 1970 年 12 月 18 日會見被稱為中國老朋友的美國記者斯諾 (Edgar Snow) 時，曾表示歡迎尼克森訪問中國。這位斯諾曾於 1930 年代在中國擔任美國媒體的派駐記者，也在大學裡教書。他曾在 1936 年 6 月至 10 月深入當時中共流亡所在的陝北地區並訪問了毛澤東、朱德、彭德懷、聶榮臻、徐海東等中共領導人，是第一位至陝北中共控制區訪問並把那時在陝北地區的中共和其紅軍介紹給英、美國家的西方記者。後來他把此次訪問的資料彙整成書在 1937 年 7 月以《Red Star Over China》(紅星照耀在中國) 為名在英國出版，1938 年 1 月在美國發行，轟動一時，等於為中共和其紅軍在西方世界做了一次大宣傳。這本書的中譯本以《西行漫記》之名於 1938 年在上海出版，成為當時中國的暢銷書。

毛澤東在 1971 年 2 月和斯諾見面時，他告訴斯諾說美國總統尼克森是壟斷資本主義者的代表人，中國和美國有很多問題，必須和尼克森談；尼克森可隨時坐上飛機來中國，以總統身分來或以觀光客身分來都行；見面時談一談，不一定非談成功不行，吵一架也可以，中國會對尼克森提意見並有所批評，我們中國也會自我批評。斯諾把毛澤東的這些談話，於

1971 年 4 月發表於美國的生活 (Life) 雜誌上。向美國政府傳達中國亟欲和美國高層接觸互動的訊息。

　　1971 年 4 月，更發生了在當時轟動一時的乒乓外交 (Ping-Pong Diplomacy) 事件。1971 年 3 至 4 月間，在日本名古屋舉辦第 31 屆世界桌球錦標賽，中國和美國也組隊參加。比賽第一天，美國隊的一位叫科旺 (Glenn Cowan) 的隊員，誤搭上了中國隊的交通車，當時中國正在進行文化大革命，美國人是中國人心目中的美帝，對這位誤搭上他們交通車的美國人，中國隊一時不知所措，還好曾獲世界桌球冠軍的一位中國隊的隊員莊則棟挺身而出接待並送科旺一幅繡有黃山風景的杭州織錦。這位美國桌球隊員從中國的交通車下來並持有中國隊送的織錦的情景，為記者拍到，一時成了大新聞。第二天科旺回贈莊則棟一件印有和平標記和 "Let It Be" 字樣的運動衫，兩人並擁抱，同樣成為比賽中的大消息。隨後美國隊連絡上中國隊希望也能獲邀到中國進行友誼賽。中國隊立即向北京報告和請示。中國外交部最初決定不予邀請並報獲毛澤東同意。但毛澤東在睡前看到關於在名古屋世界桌球錦標賽所發生的一些事件的參考消息的報導後，馬上改變了主意並要他的秘書即刻通知外交部應邀美國隊來訪。在名古屋的中國隊接到北京的指示後立刻聯絡已經準備返美的美國隊，美國隊也立即向華府報告並獲得同意訪華。此一美國乒乓球隊遂於 1971 年 4 月 10 日到達中國展開為期一周的訪問和友誼賽的活動，並見到了中國總理周恩來。這是 1949 年以來首次有美國的團體經中國政府邀請到中國訪問，成為轟動世界的大事件，也為以後尼克森終於得以訪問中國創造了條件和鋪

路。難怪事後毛澤東曾說小小一個乒乓球推動了一個大地球。這就是國際外交史上非常有名的「乒乓外交」。

在這樣的背景之下，1971 年 7 月 9 日至 11 日，美國國家安全顧問季辛吉 (Henry Kissinger) 經由巴基斯坦總統葉海亞‧汗（Yahya Khan）的居中協助安排，到中國進行秘密訪問與周恩來達成協議邀美國總統尼克森於 1972 年年初訪問中國。從此美國和中國的關係展開了歷史的新頁。

二、尼克森訪問中國與上海公報

1972 年 2 月 21 日至 28 日，美國總統尼克森訪問中國，名義上是由於中國國務院總理周恩來在知悉尼克森有意訪華之後出面邀訪的。尼克森訪中期間曾會見毛澤東，並在北京、杭州和上海從事有關參觀訪問活動。尼克森是史上第一位涉足中國大陸也是首位訪問中華人民共和國的美國在任總統。他的前長官艾森豪於擔任總統期間曾在 1960 年 6 月訪問在台灣的中華民國，成為第一個訪問法理上之中國 (那時美國承認中華民國政府是中國唯一合法的政府) 和台灣的美國在任總統。尼克森是艾森豪八年總統任期內的副總統。

尼克森對於能夠突破中美兩國的外交困局實現其聯中制蘇之夢想而訪問中國頗為得意，曾自稱他的訪問中國一周是「改變世界的一個禮拜」(the week that changed the world)。

尼克森訪問中國的成果是在 1971 年 2 月 28 日在上海與周恩來共同發表「上海公報」，公報的主要內容如下：

「中美兩國的社會制度和對外政策有著本質的區別。但是，雙方同意，各國不論社會制度如何，都應根據尊重各國主權和領土完整、不侵犯別國、不干涉別國內政、平等互利、和平共處的原則來處理國與國之間的關係。國際爭端應在此基礎上予以解決，而不訴諸武力和武力威脅。美國和中華人民共和國準備在他們的相互關係中實行這些原則。

考慮到國際關係的上述這些原則，雙方聲明：

—— 中美兩國關係走向正常化是符合所有國家的利益的；

—— 雙方都希望減少國際軍事衝突的危險；

—— 任何一方都不應該在亞洲 – 太平洋地區謀求霸權，每一方都反對任何其他國家或國家集團建立這種霸權的努力；

—— 任何一方都不準備代表任何第三方進行談判，也不準備同對方達成針對其他國家的協議或諒解。

雙方都認為，任何大國與另一大國進行勾結反對其他國家，或者大國在世界上劃分利益範圍，那都是違背世界各國人民利益的。

雙方回顧了中美兩國之間長期存在的嚴重爭端。中國方面重申自己的立場：台灣問題是阻礙中美兩國關係正常化的關鍵問題；中華人民共和國政府是中國的唯一合法政府；台灣是中國的一個省，早已歸還祖國；解放台灣是中國內政，別國無權干涉；全部美國武裝力量和軍事設施必須從台灣撤走。中國政府堅決反對任何旨在製造"一中一台"、"一個中國、兩個政府"、"兩個中國"、"台灣獨立"和鼓吹"台灣地位未定"的活動。

美國方面聲明：美國認識到 (英文用 acknowledge)，在台灣海峽兩邊的所有中國人都認為只有一個中國，台灣是中國的一部分。美國政府對這一立場不提出異議 (英文用 not to challenge)。它重申它對由中國人自己和平解決台灣問題的關心。考慮到這一前景，它確認從台灣撤出全部美國武裝力量和軍事設施的最終目標。在此期間，它將隨著這個地區緊張局勢的緩和逐步減少它在台美軍設施和武裝力量。

雙方同意，擴大兩國人民之間的瞭解是可取的。為此目的，他們就科學、技術、文化、體育和新聞等方面的具體領域進行了討論，在這些領域中進行人民之間的聯繫和交流將會是互相有利的。雙方各自承諾對進一步發展這種聯繫和交流提供便利。

雙方把雙邊貿易看作是另一個可以帶來互利的領域，並一致認為平等互利的經濟關係是符合兩國人民的利益的。他們同意為逐步發展兩國間的貿易提供便利。

雙方同意，他們將通過不同渠道保持接觸，包括不定期地派遣美國高級代表前來北京，就促進兩國關係正常化進行具體磋商並繼續就共同關心的問題交換意見。

雙方希望，這次訪問的成果將為兩國關係開闢新的前景。雙方相信，兩國關係正常化不僅符合中美兩國人民的利益，而且會對緩和亞洲及世界緊張局勢作出貢獻。」

從公報的內容可以看出，雖然有些部分採用各說各話的方式表述，但

整體看來有幾件事項雙方是同意的：

1. 中美關係將正常化，即建立正常的外交關係；

2. 「台灣問題」希望用和平方式解決；

3. 世界上只有一個一個中國，台灣是中國一部分；

4. 美國最終將撤出在台灣的軍事設施和人員。

這個上海公報也成了中共與美國雙方關係的重要基礎和規範之一。

尼克森訪問中國的另一個結果是在 1973 年 5 月雙方各自在對方設置一個實質上與大使館無異而辦事處負責人也實際享有大使待遇的聯絡辦事處 (Liaison Office)。美國第 41 任總統老布希 (George H.W. Bush，中國大陸譯成老布什，稱老布希係與其也曾任美國總統的兒子喬治布希作區別) 就曾在 1974 年 9 月至 1975 年 12 月擔任美國駐中華人民共和國聯絡辦事處主任 (Chief of the U.S. Liaison Office to the People's Republic of China)。

三、 卡特與中國建交及鄧小平訪美

美國總統尼克森非常可能會在其第二個任期 (1973 年元月至 1977 年元月) 之內和中共正式建交達成雙方關係的正常化，但他因水門醜聞案 (Watergate Scandal，即尼克森之競選連任委員會的人員和其白宮幕僚涉及派人潛入設在華府水門大廈 Watergate 之民主黨全國委員會裝置竊聽器而被發現及尼克森涉有包庇和阻礙司法調查之嫌的弊案) 被迫於 1974 年 8 月 9 日辭去總統職務。所以與中共正式建交之事在尼克森擔任總統期間並未成為事實。其繼任者福特總統 (Gerald Ford) 於 1975 年 12 月 1 日至 4 日

訪問中國大陸並向中國方面表示由於美國國內政治情勢 (指前述水門弊案和尼克森辭職所造成之衝擊) 的需要，與中國關係正常化將推遲至 1976 年 11 月美國總統大選之後循日本模式 (即斷交、廢約) 辦理。不過，1976 年 11 月的總統大選，福特競選失敗，而由民主黨的卡特 (Jimmy Carter) 當選，福特自然無法實現與中國關係正常化的承諾。

卡特於 1977 年 1 月就任美國總統職務後，就積極要完成與中共的關係正常化。1978 年台北時間 12 月 16 日凌晨美國駐中華民國大使安克志 (Leonard S. Unger) 緊急求見蔣經國通知他美國將於 16 日上午 9 時 (台北時間)，美國時間為 12 月 15 日，與中共共同宣布自 1979 年 1 月 1 日起雙方正式建立外交關係。

1979 年 1 月 1 日美國與中共同時發布雙方簽署的建交聯合公報，正式名稱為「中華人民共和國和美利堅合眾國關於建立外交關係的聯合公報 (Joint Communique of the United States of America and the People's Republic of China on the Establishment of Diplomatic Relations，一般稱為中美建交公報)。雙方自此正式建立外交關係。此一公報內容如下：

「中華人民共和國和美利堅合眾國商定自一九七九年一月一日起互相承認並建立外交關係。

美利堅合眾國承認中華人民共和國政府是中國的唯一合法政府。在此範圍內，美國人民將同台灣人民保持文化、商務和其他非官方關係。

中華人民共和國和美利堅合眾國重申上海公報中雙方一致同意的各

項原則，並再次強調：

　　── 雙方都希望減少國際軍事衝突的危險。

　　── 任何一方都不應該在亞洲 － 太平洋地區以及世界上任何地區謀求霸權，每一方都反對任何國家或國家集團建立這種霸權的努力。

　　── 任何一方都不準備代表任何第三方進行談判，也不準備同對方達成針對其他國家的協議或諒解。

　　── 美利堅合眾國政府承認 (英文用 acknowledge，也可譯為「認知」) 中國的立場，即只有一個中國，台灣是中國的一部分。

　　── 雙方認為，中美關係正常化不僅符合中國人民和美國人民的利益，而且有助於亞洲和世界的和平事業。

　　中華人民共和國和美利堅合眾國將於一九七九年三月一日互派大使並建立大使館。」

　　中美正式建交之後，中國的實際領導人國務院副總理鄧小平隨即於當年二月應邀訪美，造成一陣旋風，並為中美兩國的關係展開一個嶄新的階段。

四、雷根時期的中美八一七公報和對台的六大保證

　　1980 年 11 月美國舉行總統大選，尋求連任的卡特為共和黨的雷根 (Ronald Reagan, 中國大陸譯為列根或里根) 所擊敗；卡特因而無法成為第一個於中美正式建交之後訪問中國的美國在任總統，此一紀錄為雷根所

得；雷根及其夫人是於1984年4月26日至5月10日到中國進行「國是訪問」(State Visit) 的。

雷根以反共親台著名，1975 年 4 月，蔣中正總統過世，時任美國加州州長的雷根就自行來台參加蔣中正遺體的奉厝大典。不過，雷根接任總統之後，還是依循尼克森和卡特所訂下的對中共的交往政策。

在其任內，美國與中共發表了一個被雙方視為兩國關係的重要基礎之一的「八一七公報」，其全名為《中美就解決美國向台灣出售武器問題的公報》，是於 1982 年 8 月 17 日簽署的，故稱《八一七公報》。此一公報連同「上海公報」及「建交公報」被稱為中美聯合三公報，也被中國視為中美關係的三大根本基礎和準據。《八一七公報》除了重申「上海公報」及「建交公報」之內中美兩國所表明的雙方關係的重要原則之外，特就美國對台灣出售武器問題，提出一些雙方共同同意的協議，其內容如下：

（一）在中華人民共和國政府和美利堅合眾國政府發表的一九七九年一月一日建立外交關係的聯合公報中，美利堅合眾國承認中華人民共和國政府是中國的唯一合法政府，並承認中國的立場，即只有一個中國，臺灣是中國的一部分。在此範圍內，雙方同意，美國人民將同台灣人民繼續保持文化、商務和其他非官方關係。在此基礎上，中美兩國關係實現了正常化。

（二）美國向台灣出售武器的問題在兩國談判建交的過程中沒有得到解決。雙方的立場不一致，中方聲明在正常化以後將再次提出這個問

題。雙方認識到這一問題將會嚴重妨礙中美關係的發展,因而在趙紫陽總理與雷根總統以及黃華副總理兼外長與黑格(Alexander Haig)國務卿於一九八一年十月會見時以及在此以後,雙方進一步就此進行了討論。

(三)互相尊重主權和領土完整、互不干涉內政是指導中美關係的根本原則。一九七二年二月二十八日的上海公報確認了這些原則。一九七九年一月一日生效的建交公報又重申了這些原則。雙方強調聲明,這些原則仍是指導雙方關係所有方面的原則。

(四)中國政府重申,台灣問題是中國的內政。一九七九年一月一日中國發表的告臺灣同胞書宣佈了爭取和平統一祖國的大政方針。一九八一年九月三十日中國提出的九點方針是按照這一大政方針爭取和平解決臺灣問題的進一步重大努力。

(五)美國政府非常重視它與中國的關係,並重申,它無意侵犯中國的主權和領土完整,無意干涉中國的內政,也無意執行"兩個中國"或"一中一台"政策。美國政府理解並欣賞一九七九年一月一日中國發表的告台灣同胞書和一九八一年九月三十日中國提出的九點方針中所表明的中國爭取和平解決台灣問題的政策。台灣問題上出現的新形勢也為解決中美兩國在美國售台武器問題上的分歧提供了有利的條件。

(六)考慮到雙方的上述聲明,美國政府聲明,它不尋求執行一項長期向

台灣出售武器的政策，它向台灣出售的武器在性能和數量上將不超過中美建交後近幾年供應的水準，它準備逐步減少它對台灣的武器出售，並經過一段時間導致最後的解決。在作這樣的聲明時，美國承認中國關於徹底解決這一問題的一貫立場。

（七）為了使美國售台武器這個歷史遺留的問題，經過一段時間最終得到解決，兩國政府將盡一切努力，採取措施，創造條件，以利於徹底解決這個問題。

（八）中美關係的發展不僅符合兩國人民的利益，而且也有利於世界和平與穩定。雙方決心本著平等互利的原則，加強經濟、文化、教育、科技和其他方面的聯繫，為繼續發展中美兩國政府和人民之間的關係共同作出重大努力。

（九）為了使中美關係健康發展和維護世界和平、反對侵略擴張，兩國政府重申上海公報和建交公報中雙方一致同意的各項原則。雙方將就共同關心的雙邊問題和國際問題保持接觸並進行適當的磋商。」

雷根政府為了安撫我們台灣，特透過美國在台協會在此一公報公布之後，向我們中華民國政府提出了所謂「六大保證」(Six Assurances)，其內容為：

1.　美國未同意對台軍售設定期限；

2.　美國並不尋求為台灣與中華人民共和國之間作調停；

3.　美國也不會施加壓力要求台灣與中華人民共和國談判；

4.　美國對台灣主權的長期立場沒有改變；

5.　美國並無計劃修改《台灣關係法》；及

6.　八一七公報的內容並不表示美國對台軍售之前會徵詢北京意見。

　　從雷根以及其後的歷任美國總統直至現在的川普總統所領導的美國政府仍繼續對台出售武器，並且於川普任內大量增加出售數量和金額來看，八一七公報對美國對台軍售一事似乎沒有發生太大的制約力量。

五、中國之崛起與中美關係之由合作走向對抗

　　中國在 1978 年 12 月在鄧小平領導之下積極推動改革開放之後，經濟發展與建設突飛猛進，人民生活大為改善，對外貿易和交流愈來愈活絡，外匯存底也大幅增加。到了 1990 年代漸漸以大國姿態在國際上出現，中國本身內部也大談「大國崛起」、「和平崛起」之類的言論。

　　中美之間，從雷根以後的老布希 (George H. W .Bush) 以至於歐巴馬 (Barack Obama，中國大陸譯為奧巴馬) 擔任美國總統期間，雙方的關係都保持著一種經貿、文化、軍事等之交流不斷增進，而在國際重大問題上力求合作的狀態。當然彼此之間也有一些分歧，例如人權問題、台灣問題以及南海和貿易問題就有不同的看法。在這段期間之內，兩國元首互訪相當頻繁，而兩國元首更是利用各種國際場合如 APEC(亞太經濟合作組織) 領袖會議和 G20 （即二十國集團）高峰會等會面商談。

　　曾任美國駐中國的聯絡辦事處主任的老布希，於 1989 年 1 月就任美國總統後就於 2 月間訪問中國大陸以示其對與中國關係之重視。1989 年 6 月中國發生鎮壓學生抗議的「六四天安門事件」，中國在國際上受到包括

美國在內的很多重要國家嚴重的抵制和經濟制裁，但老布希還是暗中與中國往來並在很短的時間內解除對中國的經濟制裁。可以說，老布希是對中國相當友善的。難怪他的一個兒子內羅 • 布希 (Neil Bush) 於 2017 年創立「喬治布希美中關係基金會」（George H.W. Bush Foundation for U.S.-China Relations）來促進中美雙方建設性的關係，此一基金會並於 2019 年 6 月將其首座美中關係政治家風範獎（Statesmanship Award）授予在總統任內正式與中國大陸建交的美國前總統卡特。

繼老布希之後擔任美國總統的柯林頓 (Bill Clinton，中國大陸譯為克林頓) 對中國的政策並沒有太大的改變，還是與中國加強雙方的各種交流。中國國家主席江澤民於 1997 年 10 月 26 日至 11 月 3 日應柯林頓之邀到美國進行「國是訪問」，並於 10 月 29 日與柯林頓會面且發表聯合聲明，表示雙方要建立「建設性的戰略伙伴關係」(Constructive Strategic Partnership)。以後胡錦濤繼任中國國家主席在與擔任美國總統的小布希 (George W.Bush) 和歐巴馬互動時雙方也致力於此種戰略伙伴關係的構建和維護。

到了 2012 年 11 月習近平接任中共總書記及於 2013 年 3 月 2 繼任中國國家主席之後，中國由於國力日強，民眾日富，民族自尊心和自信心也愈來愈大，在對外關係上，也開始走上「大國外交」的道路，而要與美國「平起平坐」。2013 年 6 月，新上任不久的中國國家主席習近平應邀至美國在加州棕櫚泉 (Palm Springs) 附近的「陽光之鄉莊園」(Sunnylands) 與美國歐巴馬總統見面會談，進行所謂「莊園外交」。習近平於會談中一再提

及要建立「新型大國關係」以加強雙方
的合作。此次會談沒有發表任何聲明或
公報,不過,雙方表示會談達成了中美
合作的總體共識。而另一方面,美國方
面也開始意識到中國對其「世界老大」
地位的威脅,並於歐巴馬總統任內推動
重回亞太的策略 (Strategic Rebalancing to

作者會見來台訪問之美國阿肯色州州長
柯林頓 (Bill Clinton)(1985 年秋);柯
林頓以後曾任美國總統

Asia, 亦被稱為 Rebalance towards Asia-Pacific),在軍事和外交上也相應作了
必要的部署。顯然意在針對和制衡中國。

　　不過,大體上,在 1990 年代至 2016 年間,中美還是處在一種在國際
重要問題上相互配合的合作關係。所以,老布希發動波斯灣戰爭時,中國
在安理會表決時棄權未加杯葛;1993 年 2 月 22 日,中國也和美國一致在
聯合國安理會支持設置審理前南斯拉夫內戰有關國際犯罪案件的前南斯拉
夫國際刑事法庭;2001 年 9 月 11 日發生美國遭到恐怖攻擊的「911 恐攻事
件」,美國隨之發動一連串反恐措施,中國也加以配合支持;2001 年 11
月中國在美國支持下加入世界貿易組織;2015 年 12 月中美更聯手促成巴
黎氣候變遷協定的簽訂,習近平與美國總統歐巴馬更於 2016 年 9 月 3 日在
杭州所辦理的 G20 峰會中舉行中美聯合批准巴黎氣候變遷協定的儀式。

　　然而隨著中國經貿實力的擴增和其科學技術的飛躍進步,並且大力
推行「一帶一路」,使美國深感不安。所以,美國朝野開始出現抵制、
制衡和對抗中國的思維及言論。在 2016 年總統大選期間,共和黨籍的候

選人川普（Donald John Trump，中國大陸譯為特朗普）並以大肆批評中國對美貿易存有巨額順差大賺美國人錢、搶走美國人大量就業機會，必須加以改正；以及指責中國對美國進行網攻竊取美國機密和盜竊美國智慧財產權，應該嚴加制止等為其政見，引發了不小的反中、防中情緒。2016年11月川普擊敗民主黨候選人希拉蕊 (Hillary Clinton) 而當選總統並於2017年1月就任。從此，中美關係走進了一個對抗表面化的階段。

川普時期的中、美、台關係

一、美台關係的新發展

（一）美國總統當選人川普與蔡英文總統的通電話

2016年12月2日美國東部時間上午10時6分（台北時間為2日晚上11時6分），蔡英文總統從台北透過越洋電話向川普祝賀其當選美國總統，歷時10多分鐘，兩人也針對有關台美經濟、政治及安全關係暨亞洲情勢交換意見。時間不長而且又是越洋電話，當然無法深談。惟此次蔡英文與川普之通上電話，乃台美關係史上之創舉，象徵意義頗大，表示新當選的川普對台美關係可能另有想法和做法。

川蔡通話在美國、中國大陸和台灣都引起了有關各界的重視和各種不同的反應和解讀。中國大陸方面透過其外交部表示此一通話無法改變國際上早已形成的「一個中國」格局，大陸方面自然十分不悅並顯然循有關管道要求那時還是美國總統的歐巴馬的白宮澄清說明，美國白宮乃對新聞界

表示美國關於台海兩岸關係的政策未變。

蔡英文自己當然十分興奮，並表示以後有機會還會再與川普通話。

美國方面對於川普此舉，有人讚賞，但也有人批評認恐將觸怒中共而破壞一個在美國很多人認為最重要的國際關係──即美國和中國大陸的關係。

而川普自己對於外界批評，則表現一副蠻不在乎無所謂的態度，他先是在自己的推特 (Tweet) 的推文推出下列的文字：「台灣的總統今天打電話給我，恭喜我贏得總統職位，謝謝妳！」。接著他又在稍後的推文說：「很有趣，為何美國對台灣賣出數十億美元的武器，我就不能接受一通 (來自台灣領導人) 賀喜的電話！」亦即對於指他不該與蔡英文通話的批評，不以為然。

川普擔任總統三年多來，並沒有如蔡英文之所願再與她通電話。不過，他主政下的美國政府對台灣的一些政策作為，顯然對台灣越來越友善。

（二）對台軍售

川普就任美國總統以後，美方多次宣布對台軍售，顯示已朝「常態化」發展。根據統計，過去三年多來，川普政府對台軍售共達 126.54 億美元，約合新台幣 3800 億元。

根據蔡英文上任以來的歷次軍購資料顯示，從 2017 年開始，美國對台軍售 14.2 億美元，約新台幣 433 億元。內容方面，包括 50 枚高速反輻

射飛彈 (HARM)、56 枚聯合空對地距外飛彈 (JASSM)、46 枚 MK48 魚雷、16 枚標準二型（SM-2）飛彈及備份組段及技術支援。在 2018 年時，美國對台軍售 3.3 億美元，約新台幣 101 億元，這包括 F-16 戰隼戰鬥機、F-5 戰鬥機、C-130 運輸機、IDF 經國號戰機等戰機系統備件與航空系統。接著，2019 年時，美國對台軍售共 107.24 億美元，約新台幣 3217.2 億元。出售的武器包括戰車、防空飛彈、重機槍、F-16 V 型戰機以及重型魚雷等。

2020 年 5 月美國又宣布批准對台軍售，金額為 1.8 億美元（約台幣 54 億元）。

如此大量對台軍售，一方面是基於美國自己的國內經濟發展需要，另一方面恐也是要拉攏台灣積極投入美國意在對付中共崛起的「印太戰略」(Indo-Pacific Strategy) 之內，是把台灣當做「棋子」運用，我們不能不慎。換言之，我們向美國購買武器以增強我們自己的防禦力量，那是不得不的選擇，因為全世界目前也只有美國肯賣武器給我們。但我們在購買武器時要注意不能被美國可能提出的種種對我們顯然不利的條件所制約。當然，我們也必須積極去加強關鍵性武器裝備自製的能力，以提升國防的自主性。

(三) 美國最近的友台法案

美國國會自 2018 年以來，相繼制訂了幾個意在加強與台灣的關係，也顯然係針對中國大陸的法案，川普也都立即加以簽署使之生效。

第一個此類的法案為《台灣旅行法》(Taiwan Travel Act)，該法於 2018

年 1 月和 2 月分別經眾議院和參議院通過，並經川普總統於 3 月 16 日簽署生效。此法為繼《台灣關係法》之後第一個在強化台美關係的法律，旨在提升台灣與美國之間的政府高層人員的交流互訪，以深化雙方的關係，具體目的是允許美國所有層級的官員包括內閣層級的閣員、國家安全官員、軍官和其他行政部門的官員可以前來台灣與對應人員會面，以打破台美斷交以來雙方官員之交往層級不可太高且具敏感性職位之外交和國防高層官員不能見面的限制。中國大陸方面對此法之實施當然嚴加批評。

2020 年 8 月 5 至 12 日，美國衛生與公共服務部部長 (Secretary of Health & Human Services) 阿札爾（Alex Azar II，或譯為艾薩）率團訪台，除與我國衛生福利部部長陳時中及相關官員就加強美台在新冠肺炎防疫抗疫方面的合作之外，也會見了蔡英文總統；並見證台美《醫衛合作瞭解備忘錄》的簽署，且在台灣大學公共衛生學院發表公開演講，至台北賓館弔祭李登輝前總統，還參觀了口罩工廠。他是繼柯林頓總統的交通部長 (Secretary of Transportation) 斯雷特（Rodney E. Slater）於 2000 年 6 月，及歐巴馬總統的環保署署長 (Administrator of the Environmental Protection Agency) 麥卡錫（Gina McCarthy）於 2014 年 4 月訪台之後，第一個訪問台灣的美國部長級官員；也是川普和蔡英文總統就任以來，及上述《台灣旅行法》通過實施之後，訪問台灣的第一位美國內閣部長。他的訪台又正值美國新冠肺炎疫情仍頗嚴重，美國川普總統不斷將美國之疫情歸咎於中國而美中關係又日形惡化之際，台美雙方都高調處理他的訪問並一再強調其重要性。顯然，美國的川普政府要藉此向世人宣示其對美台關係的重視，也是

在對中共挑戰，不在乎中共的態度及可能的反應。

也是 2018 年所通過的另一個友台法案為《亞洲再保證倡議法》(Asia Reassurance Initiative Act of 2018)，於 2018 年 12 月 31 日經川普總統簽署生效，此法旨在於為美國制定於印太地區的長期戰略願景，強化美國在印太地區的主導地位，並向區域內的盟邦和戰略伙伴 (包括台灣在內) 展現美國推動印太戰略的決心。關於美台關係部分，此法重申支持美國與台灣間政治、經濟及安全方面的合作，實現美國對台的承諾，反對改變台海現況，支持海峽兩岸都能接受的和平解決問題的方案，對台實施軍售，派遣高層官員訪台，並把台灣納入美國應予肯定和交往的伙伴之列。

2020 年 3 月，又出現了一個相當重要的法案，即《台灣友邦國際保護及加強倡議法》（Taiwan Allies International Protection & Enhancement Initiative Act，取法案英文全名每字之第一個字母組合剛好為 TAIPEI Act，所以又稱為 TAIPEI Act，中文也被譯為台北法或台北法案），此法於 2020 年 3 月 26 由川普簽署生效。這個法的立法目的是要美國政府幫助台灣鞏固現有正式外交關係和強化台灣的國際參與。

另美國眾議院於 2019 年 5 月 7 日全院無異議通過一個《台灣保證法》（Taiwan Assurance Act）草案，以促使美國對台軍售的常態化，並重申《台灣關係法》中美國對台灣之承諾，此法案仍有待參眾兩院跨黨派之審議，刻正在立法程序中；同時，美國參眾兩院跨黨派的議員也於 2020 年 6 月 26 日分別在參眾兩院提出一個叫《台灣獎學金法案》（Taiwan Fellowship

Act），以對美國聯邦政府官員提供為期二年的獎學金到台灣學習中文，並在政府機關見習和深入瞭解台灣和印太區域的政經情勢，俾強化美國官員的專業知識和對台灣的認同，並顯示美國對台灣的堅定承諾；惟此法案仍有待完成立法程序。

二、美中的對抗關係

2017 年元月川普就任美國總統以來，雖然他與中國國家主席習近平曾進行互訪，兩人在多次各種有關不同國際場合也特別安排會見並商談，他並曾稱習近平是他的好友，甚至當面稱讚習近平是中國少見的偉大領導人。然而由於他上任之後抱持「美國第一」(America First) 和「讓美國再次偉大」(Make America Great Again) 的執政理念和做法，並和被他認為對美國大量出超大賺美國錢的中國重啟貿易談判從而開啟對中國的貿易戰爭，以及中國的在新疆辦理再教育營事件和香港的發生反送中抗議事件，南海的爭端，和武漢爆發新冠肺炎所引發的美國新冠肺炎疫情肆虐並對美國經濟造成極大打擊，暨美國一直認為中國利用網攻竊取美國各種機密，以及中國的制定港版國安法等等一系列事件的發生與激盪，使美國近年來瀰漫著反中、防中的氛圍，美國的立法和行政部門不斷採取對中國不友善甚或制裁性的措施，中國因而也有強烈反擊，致使中美之間現在已呈現一種相互對抗的新冷戰情勢，兩國之間的關係可說惡化到前所未見的境界。有幾個重大發展層面特別值得加以分析探討：

（一）美中貿易戰

美國總統川普在 2016 年競選期間就一直大嚷中國和美國之間存在著極大的貿易逆差，他要加以改正。2018 年 3 月川普簽署一份備忘錄，宣稱「中國偷竊美國智慧財產權和商業機密」，並對中國進口商品加徵約 60 億美元的關稅，且設置一些貿易壁壘，旨在迫使中國改變一些美國所指稱的導致擴大雙方貿易逆差和強迫技術移轉至中國的所謂「不公平貿易行為」，因而開啟了中美兩國之間的貿易戰。此後雙方為到底兩國存在多少貿易逆差而爭吵不休 (美國認為美國對中國的貿易逆差為 4200 億美元，中方則認為只有 1500 億美元)，也展開一系列談談停停、停停談談的貿易談判，並互增對方商品進口關稅和其他諸如禁止華為 5G 等等打貿易戰的做法。在此一貿易戰的談判中，中國不時指責美國出爾反爾咄咄逼人，美國則認為中國缺乏誠信，雙方針鋒相對。到了 2020 年元月雙方終於簽署了第一階段協議。但是否啟動第二階段的談判因受新冠肺炎疫情和美國選情的影響，現在看來並不樂觀。而且兩國的貿易戰爭並沒有趨緩之勢。但這歷經二年多的貿易戰已使雙方的互信幾乎蕩然無存，貿易和其他方面的合作關係也大受極為負面的衝擊。

（二）台灣問題和新疆再教育營、香港反送中事件暨港版國安法的衝擊

台灣問題一直是中美關係中一個極具關鍵性和敏感性的問題。在川普未上台之前曾與蔡英文通了電話，接著如前所述，川普又簽署了國會所通過的《台灣旅行法》、《亞洲保證倡議法》和《台北法》等法案，使中共十分不悅，認為美國嚴重違反「一中原則」和干涉中國內政。

香港於 2019 年發生大規模反送中抗議暴亂事件，中國認為美國是主

要的幕後主使者之一。美國國會於2019年11月通過《香港人權與民主法》（Hong Kong Human Rights and Democracy Act），川普於11月27日簽署生效。該法旨在制裁「負責侵犯香港人權的中國及香港官員」及要求美國國務院和其他美國政府機構每年進行一次審查，以確定香港政治地位的變化是否有理由改變美國與香港的特殊貿易關係。11月28日，中國外交部副部長樂玉成召見美國駐中國大使布蘭斯塔德（Terry Edward Branstad），就美國總統川普簽署《香港人權與民主法》提出嚴正交涉與強烈抗議，敦促美方糾正錯誤，改弦更張，不得將該法案付諸實施，立即停止插手香港事務、干涉中國內政，以免給中美關係和兩國重要領域合作造成更大損害。另有中國媒體報導稱，中國政府考慮將參與制定《香港人權與民主法》的美國議員列入不准入境包括中國內地、香港和澳門的黑名單。12月2日，中國外交部發言人華春瑩在例行記者會上表示，鑑於美方不顧中方堅決反對，將《香港人權與民主法》簽署成法，中國政府決定自即日起暫停審批美國軍艦機赴香港休整的申請，同時對美國國家民主基金會、美國國際事務民主協會、美國國際共和研究所、人權觀察、自由之家等在香港反送中抗議暴亂事件中「表現惡劣」的非政府組織實施制裁。

2020年6月，中國為了制止香港暴亂和防止香港獨立，制定通過了港版國安法，立刻引起美國的強烈反應，認其違反中國對香港所承諾的「一國兩制」。如本文一開始所述，川普乃於今（2020）年7月14日高調宣布他已簽署目的在制裁破壞香港民主自治的中、港官員的《香港自治法》並終止美國對香港的貿易優惠待遇。次日，即7月15日，中國外交

部發表聲明，稱「美國法案惡意詆毀香港國家安全立法，威脅對中國實施制裁，嚴重違反國際法和國際關係基本準則，是對香港事務和中國內政的粗暴干涉」，中國政府對此堅決反對，並予以強烈譴責。中國亦將做出必要反應，對美國相關人員和實體實施制裁。中國外交部副部長鄭澤光也召見美國駐中國大使布蘭斯塔德，提出嚴正交涉。

中國為了在新疆維穩，於新疆設立不少「職業技能教育培訓中心」以教授學員學習國家通用語言文字（即漢文、漢語）、法律知識、職業技能以及去極端化。此種中心又被稱為再教育營，在 2016 年之後大量設置，至 2017 年達到高峰。美國和一些西方國家認此等中心乃係對維吾爾族人的一種洗腦，是一種集中營。美國國會因而於 2020 年 5 月通過《維吾爾人權政策法案》（Uyghur Human Rights Policy Act of 2020），川普並於 6 月 17 日簽署令其生效。此法的內容在要求美國政府相關部門就新疆維吾爾人的人權狀況包括新疆再教育營的關押人數、政府監控程度以及有無強迫勞動等事項定期向國會報告，並要於國務院設置新職位處理新疆問題，同時授權美國政府對涉嫌違反新疆維吾爾人人權的企業單位和中國官員進行制裁。中國政府對此強烈抗議，認為美國粗暴干涉其內政，扭曲和抹黑中國對新疆的政策及人權狀況。毫無疑問地，這種發展對中美關係的惡化又增強了力道。

上面的這些事件，自然大大傷害中美兩國的關係。

（三）美國之介入南海爭議

南海爭議 (Territorial disputes in the South China Sea) 或稱南海爭端是指南中國海周邊的幾個國家因為對於該海域的部分島嶼的主權歸屬、海域劃分和相關海洋權利的聲索產生重疊從而發生的衝突與爭端。涉及該爭端的國家及地區有中華民國、中華人民共和國、汶萊、馬來西亞、印尼、菲律賓和越南。南中國海領土爭端包括南沙群島 (Spratly Islands)、西沙群島 (Paracel Islands) 和中沙群島 (Macclesfield Bank) 的主權糾紛、北部灣海上邊界問題以及其他地區的爭議。後來有關位於印尼和馬來西亞附近的納土納群島 (Natuna Islands) 的主權歸屬問題也被歸類進該爭端範圍中。各個國家出於自身利益，希望掌控自己所主張擁有主權的島嶼的實際控制權，其中包括島嶼附近的專屬經濟區和捕撈地帶。由於南中國海可能有蘊藏十分豐富的油氣，當事國之間的爭奪非常強烈。其他一些爭奪該地區主權的理由有該地區航運通道的重要性和所具的高戰略價值。

美國並非此一爭議的當事國或一般所謂的聲索國（Claimant state, 即相關權利主張國），但出自於其欲維護其海上霸權之目的及制衡中國的擴張，近年來頻頻以維持公海海上航行自由為藉口，派遣艦隊在南海海域出沒，也硬在此一爭端中插上一腳並說三道四；中國則以維護南海島嶼主權為名多次派軍艦於南海巡弋，雙方軍艦並曾有近距離之相互示威監視。最近美國政府，如本文之序言所述，並極高調地聲明美國認為中國對南海的主權主張絕大多數是違法的。這也形成中美雙方分歧與衝突的升高。

（四）新冠肺炎疫情肆虐與美國總統大選

起源於中國武漢的新冠肺炎，自今(2020)年春天以來一直在美國肆虐，已使美國成為世界最為嚴重的受災區，迄至 10 月 19 日為止，美國的新冠肺炎確診數已超過八百萬例，死亡人數也超過二十一萬人，而且在南部和西南部及西部若干州的疫情正方興未艾。美國不少人已將此疫情之未受有效控制歸咎於川普的處置失當並已嚴重影響其連任之選情，川普為推卸責任也一直全力將美國之疫情嚴峻怪罪中國，認為中國之隱匿疫情及未及早告知美國致使美國之疫情有失控之危險，因而不斷批評攻擊中國。中國當然反唇相譏。這無疑使雙方的緊張關係火上加油。

　　今年為美國總統大選年，中國近年來之崛起，已使美國不少人特別是保守派的人士深感受到威脅，而雙方之貿易摩擦，和新冠肺炎之疫情在美國之迄未能受到有效控制，使美國社會瀰漫著相當不小的反中情緒。因而反中、防中在這一次大選中已成為爭取選票的一大訴求之一。川普和他的副總統及相關閣員更是大打「反中牌」，最近幾乎火力全開地批評中國，不僅批評中國的隱瞞疫情、人權紀錄、香港和新疆的措施，貿易逆差，竊取美國軍事和科技機密，企圖干預美國大選等等，更大罵中國共產黨及中國的政治、社會和經濟制度。例如，美國國務卿龐培歐於 7 月 23 日特別選在紀念開啟中美來往的尼克森總統之加州尼克森圖書館（The Richard Nixon Presidential Library and Museum），發表以《共產中國與自由世界的未來》（Communist China and the Free World's Future）為題之關於美國的中國政策的演講，大肆批評中國。龐畢歐在演講中表示：「習近平誠心信奉一套已經破產的極權主義意識形態」，「中國人民解放軍不是一支正常的

軍隊,它的宗旨不是保護中國人民,而是維繫中國共產黨的絕對統治、擴張中國帝國。」又指出:「今天的中國對內越來越專制,對外對自由的敵視也越來越猛烈。」他並呼籲「盟國和中國人民與美國合作,改變中共的行為,「因為北京的行為威脅到我們的人民和我們的繁榮。」這一篇演講可說是美國對中國進行冷戰的檄文。值得注意的是,上述龐培歐的演講以及近一年來美國高級官員在演講或一些公開場合中,對中國都不稱其正式國號或以中國稱之,而稱其為共產中國或中國共產黨(中共),而且刻意把中共與中國人民分開,可說充滿了冷戰意味。

　　7月22日美國政府突然以中國駐美國休斯頓 (Houston) 總領事館「從事間諜活動」為由下令關閉該館,川普並表示可能還有中國的駐美領館會被關閉。中國以牙還牙也於7月24日宣布關閉美國駐中國成都的總領事館。

　　川普三年多來的所作所為,顯現他是一個極端現實、自大、自戀而不講原則一心追求他自以為是的「美國第一」「讓美國再次偉大」的政客。曾擔任他的白宮國家安全顧問的波頓(John Bolton)最近在其出版的書名叫《事發的房間:白宮回憶錄》(The Room Where It Happened: A White House Memoir)的回憶錄中指出川普總統「唯一在乎的事情就是連任,哪怕這代表危及國家安全或削弱國家」、「很難確定川普做出的任何重大決定,背後沒有出於連任的算計。」川普和他的副總統彭斯 (Michael Richard "Mike" Pence) 及閣員們對中國的重砲攻擊以及美國對中國所採強硬措施,

很大的原因是出自於他競選連任的考量。現在川普因為新冠肺炎疫情處理不力，經濟情勢不好以及黑白種族問題所帶來的社會動亂，選情非常不妙，各種民調都顯示他在選民支持度已落於民主黨候選人拜登 (Joe Biden) 之後。為了搶救選情，他非常可能會繼續對中國採取強硬態度升高與中國的對抗，以轉移美國選民的注意力，並顯示他對抗中國夠硬夠狠。所以，在 11 月美國總統選舉投票之前，美中關係還是充滿變數，隨時都有可能會升高衝突而使關係更為惡化。而如果 11 月川普當選連任，美中兩國的關係，即使不再升高衝突也難會馬上有所改善。

八月下旬，美國民主黨舉行全國代表大會正式提名前副總統拜登為該黨總統候選人。同時也通過該黨的 2020 年黨綱；其中，民主黨雖多次對中國表示強硬態度，但也指出不會通過「自我傷害式的單邊關稅戰或新冷戰陷阱」來實現對中政策戰略；惟過去該黨黨綱常提及的「恪守一中政策和台灣關係法」，這次則只剩下「恪守台灣關係法」，不再提「一中政策」，顯係在反映目前美國國內強烈的反中情緒。不過要強調的是，即使拜登當選美國總統，一個拜登總統領導的美國政府在處理中美關係上也許會較為理性、穩健、可預測而不那麼情緒化，但中美兩國關係經過這三年多的折騰，要完全回到川普當總統之前的狀態，是相當之困難，可說幾乎不可能。

結 語

美中關係目前之惡化緊張，最主要原因之一是中國的崛起。川普曾

於 2019 年 4 月間告訴與中國正式建交的美國前總統卡特他之所以對中國強硬、遏制，是擔心中國很多方面會超越美國(ahead of us, 這裡的 us 我們，指的是美國）。因而，國際間不少人擔憂中美之間會陷入所謂的「修昔底德陷阱」（Thucydides's Trap），即指一個新興新崛起的大國必然要挑戰現存的大國，而現存的大國也會強烈回應，而無可避免地會因而走入戰爭。當然，依現在的情勢來看，中美雙方都儘可能在避免真正走上戰爭之路。然而雙方的關係恐將永遠無法回到 2017 年以前那種兩國盡最大可能追求合作並強化相互交流的情況了。

展望未來，中美之間必然會愈來愈在各種不同的層面和議題上針鋒相對，然由於兩者屬於世界的最大的兩個經濟體，都亟需對方的市場，也無法不與對方進行商貿的交流往來。所以，兩國還是無法完全相互切割，而世界重大問題的解決，也亟需這兩個大國的共同參與及合作。因而，兩國儘管會鬥爭、對抗，有冷戰，然還不至於會完全撕破臉去打個你死我活。

針對美國國務卿龐培歐前述的批判及美國一連串極不友善的措施，中國外交部長王毅於 2020 年 8 月 5 日，特別以接受新華社訪問的方式，發表有關當前中美關係的中國立場與政策。他表示，中美合作從來都不是一方給另一方的恩賜，也不是一方對另一方的剝奪，中美雙方從合作中都獲得了巨大收益，不存在誰吃虧、誰佔誰便宜的問題。王毅說，當前，美國國內一部分政治勢力出於對中國的偏見和仇視，利用手中掌握的權力，編造各種謊言惡意抹黑中國，製造各種藉口阻撓中美之間的正常往來。中方

不會讓這樣的陰謀得逞，並堅決反對人為製造所謂「新冷戰」。如果誰要在 21 世紀的今天挑起所謂「新冷戰」，必將被釘在歷史的恥辱柱上。他強調，中國不是當年的蘇聯，也不想也不會稱霸做第二個美國，將持續走和平發展道路；隨時可與美國重啟對話機制，任何問題都可以談。

　　他表示中國「是一個負責任、有擔當的大國，願意堂堂正正地與美方開展坦率有效的溝通」，「準備以冷靜和理智來面對美方的衝動和焦躁」。他說美國尋求將中國打造成對手是嚴重的戰略誤判，是把自身戰略資源投入到錯誤的方向。中國始終願本着不衝突不對抗、相互尊重、合作共贏精神，與美方共同構建一個協調、合作、穩定的中美關係。王毅接著表明中國認為中美關係應建立在下列四個框架之內：（1）要明確底線，避免對抗；中國從來無意也不會干涉美國的大選和內政，美國也應該丟掉按自己的需要改造中國的幻想，停止對中國內部事務的干涉，停止對中國正當權益的打壓。（2）要暢通渠道，坦誠對話。（3）要拒絕脫鉤，保持合作，他指出中美利益已深度交融，強行脫鉤將使兩國關係受到長遠衝擊，危及國際產業鏈安全和各國利益。（4）要放棄零和，共擔責任，即中美雙方應當共同履行大國責任，在聯合國等多邊機制中開展必要協調合作，致力於世界的和平與穩定。可以看出，面對美國的多方攻擊和挑戰，中國目前是採取「不隨著美國起舞，也不容美國胡來」的相當克制與謹慎的「軟中帶硬，硬中有軟」的策略和做法的。八月底，王毅訪歐又再度重申此一基本立場，他在法國表示：「中美不是權力之爭，中方從來不想跟任何人打新冷戰」，

並指出中國隨時都願意跟美國對話談判雙方共同關切的問題。在此種狀況之下，中美雙方應該還不致於不顧一切地對幹衝撞到底。換言之，雙方還不可能鬧到斷絕邦交而美國又與台灣建交的地步。

處在中美兩大之間，台灣需要美國國防上的支援和在國際上的協助，而中國又與台灣的外貿有極密切的關係。我們也要知道，儘管美國與中國顯已走入冷戰時期，但今天的中國已不是 1950 至 1970 年代東西方冷戰時期的中國，而美國在世界上的影響力也今非昔比了。同時，我們也要從美、中、台長期的三角關係互動中認清一個對我們台灣可說是相當殘酷的事實，那就是美國為了它本身的國家利益，是會對中共讓步而改變對台灣的承諾的，不管承諾的表達有多堅定；美國的為求與中共改善關係而片面廢棄與我們台灣所簽訂的《中美共同防禦條約》就是一個例子。所以，我們與美國交往還是要非常小心，要隨時提防不要被美國人所出賣，我們也千萬要注意不可淪為中美兩國任何一方用以打擊另一方的馬前卒。再說，台灣與中國迄今還共享一個有「中華」和 China 字眼的中英文國號；台灣百分之九十七的人民其祖先來自中國，雙方使用同樣的姓氏；台灣與中國之間有共同的文化背景，使用共同的語文；沒有必要成為敵人，但有千百個理由應成為親友。所以，台灣現階段因國際現實和國共內戰所造成的歷史事實，當然要走親美的外交路線，但也要同時儘可能和中國大陸維持和平、友善和穩定的互動關係，才能有助於台灣人民的最大福祉。（原於 2020 年 7 月 4 日對台灣省企業人力資源發展學會會員大會演講，2020 年 9 月增修；並發表於 2020 年 9 月 13 日風傳媒電子報，2020 年 10 月又增修）

第 6 篇

從台灣世界大學排名之落後於中、港、新、韓談我們國際競爭力之隱憂

前 言

在國際上頗有公信力並具盛名的英國泰晤士高等教育雜誌 (Times Higher Education，THE) 的世界大學排名評比 (World University Rankings) 於今（2020）年 6 月間又公布了其調查評審結果。其排名評比是以下列指標為主要依據：經濟活動與創新研究收入，教職員的國際化程度，學生的國際化程度，教學與學生學習品質，授予博士學位人數，大學本科的師生比，年度研究經費，大學部和研究所的學生比，指標研究的國際學界聲望，年度研究收入，及學術論文發表之數量及質量。

在世界排名第一百大之內的大學，中國有三所 為清華大學和北京大學和中國科技大學；香港有香港大學等三所，新加坡有二所，韓國也有二所，我台灣則一所也沒有。如果增加為世界排名在 110 名之內，則中國增加為五所，韓國變為三所，台灣同樣一所也沒有。我們最好的台灣大學，位列第 120 名。

大學教育關係一個國家的高級國家社會建設人才的培育，學術與科技的研究發展和青年的素質以及人力資源的培養，與國家社會之未來發展和

國家之競爭力之強弱息息相關。我們的大學之世界排名不如中國大陸及同樣列為亞洲四小龍的香港，新加坡和韓國，實在是一個不能小看的現象，也顯現我們台灣的國際競爭力存在著隱憂。

各國大學的世界排名

2020 年的泰晤士高等教育的世界大學排名，與過去幾年相較，沒有太大的變化。2019 年的世界大學前十大依次為牛津大學、劍橋大學（兩者皆在英國）、加州理工學院、史丹福大學、麻省理工學院、哈佛大學、普林斯頓大學（以上均為美國學府）、倫敦帝國學院 (Imperial College London)、美國的芝加哥大學和瑞士聯邦理工學院 (Swiss Federal Institute of Technology, Zurich)。2020 年的世界大學前十大則由英美兩國的學府包辦，在上述 2019 年的前十大名單中，瑞士聯邦理工學院被擠到第 12 名，而美國的耶魯大學則擠進前十大之列。

值得我們注意的是，2020 年世界大學排名在 50 名之內的學府，中國有排名第 23 的清華大學和排名第 24 的北京大學；香港有排名第 35 的香港大學 (The University of Hong Kong) 和排名第 47 的香港科技大學 (Hong Kong University of Science and Technology)；新加坡則有排名第 25 的新加坡國立大學 (National University of Singapore) 和排名第 48 的南洋理工大學 (Nanyang Technological University，Singapore)，我們台灣則榜上無名。換言之，世界大學排名在五十名之內的華人地區的大學，已佔了六所學校，可惜的是，台灣不在其內。但也說明，華人地區已有大學擠進了世界前五十

大之內，對華人而言，應是一項很可引以為榮的成就。

　　至於世界大學的一百大，亞洲地區一共有 12 所大學列名，它們分別是中國的清華大學 (23，指排名，以此類推)、北京大學 (24) 和中國科學技術大學 (80)；新加坡的新加坡國立大學 (25) 和南洋理工大學 (48)；日本的東京大學 (36) 和京都大學 (65)；韓國的首爾國立大學 (Seoul National University, 64) 和成均館大學 (Sungkyunkwan University,89)；香港的香港大學 (35)、香港科技大學 (47) 及香港中文大學 (The Chinese University of Hong Kong, 57)。香港可說是彈丸之地，土地面積僅有 1106.42 平方公里，為台灣的百分之三，人口為 748 萬 2500 人，約為台灣的三分之一，而且只是中國的行政特區，並非國家，卻能在高等教育有如此之好的表現，其大學，有三所排在世界一百大，排名且不低，而我們台灣在世界大學排名一百大者，卻是掛零，非常值得吾人反省與深思。而與我們同屬亞洲四小龍的新加坡及韓國卻都各有二所大學位列世界大學排名之第一百大之內。

　　如果算到世界大學排名在 150 名之內，也就是一百五十大，則中國就有清華大學 (23)、北京大學 (24)、中國科學技術大學 (80)、浙江大學 (107)、復旦大學 (109) 和南京大學 (144) 等六所；新加坡有前述的二所；韓國則增為首爾國立大學 (64)、成均館大學 (89)、韓國高等科技學院 (Korea Advanced Institute of Science and Technology，KAIST，110) 和浦項科技大學 (Pohang University of Science and Technology，146) 等四所；香港則增為香港大學 (35)、香港科技大學 (47)、香港中文大學 (57) 和香港城市大學 (City University of Hong Kong，126) 等四所。而我們台灣卻只有一所，那就是在

台灣首屈一指的國立台灣大學，排名世界第 120。

　　假定算到世界大學第 200 大，也就是列為世界前 200 名的大學，則中國又增加排名 157 的上海交通大學，總共有七所；韓國又增加了排名 129 的高麗大學 (Korea University) 和排名 197 的延世大學 (Yonsei University, Seoul) 共有六所；香港又增加排名 171 的香港理工大學 (The Hong Kong Polytechnic University) 計有五所。而我們台灣則還是只有台灣大學一所列名在內。這種現象，難道不應令我們這個一天到晚叫嚷著要提升國際競爭力的國家，心生警惕嗎？

亞洲地區的大學排名

　　英國泰晤士高等教育雜誌，也有一個亞洲大學的排名，其排在前十名之內的亞洲大學依序如下：清華大學 (1，數字代表排名序，以後以此類推)，北京大學 (2)，新加坡國立大學 (3)，香港大學 (4)，香港理工大學 (5)，新加坡南洋理工大學 (6)，東京大學 (7)，香港中文大學 (8)，韓國首爾國立大學 (9)，中國科學技術大學 (10) 與韓國成均館大學並列第十。其中華人地區的大學有 8 所，但我們台灣一所也沒有列名，中國大陸則有 3 所列名前十大，而且在 2019 年排名第六的北京大學在 2020 年躍升為第二，2019 年未在十強之列的中國科學技術大學，2020 年就擠進了前十名，這意味著中國大陸高等教育的急起直追，不斷在追求進步，實在值得吾人注意和深思。

　　亞洲大學的前二十五強，各國 (含港澳地區) 列名的大學數如下：中

國有七所，韓國也有七所，香港有五所，新加坡和日本各有二所，我們台灣只有一所，即台灣大學排名第 21。

如再擴大計算到亞洲大學的 50 強，則各國 (含港澳地區) 排名在五十強之列的大學數如下：中國還是最多計有 13 所，其次為韓國有 9 所；香港與日本和我們台灣同樣各有 3 所，台灣的三所為台灣大學 (21)，台北醫學大學 (35) 和國立清華大學 (46)；新加坡、印度、沙烏地阿拉伯、阿拉伯聯合大公國、澳門和以色列各有二所。澳門那麼小的地方竟有二所大學列在亞洲大學的五十強，而我們台灣卻僅僅只有三所。

至於亞洲各國 (含港澳地區) 排名在亞洲一百強大學的名單之內的大學數則如下述：中國居第一，有 23 所；其次為日本，有 14 所；再其次為韓國，有 12 所；接著為印度，有 7 所；再下去為台灣和香港，各有 6 所；以色列和伊朗各有 5 所；土耳其有 4 所；沙烏地阿拉伯有 3 所；澳門和新加坡各有 2 所。我們台灣排名在亞洲百強大學之列的 6 所學校，為：台灣大學 (21)、台北醫學大學 (35)、國立清華大學 (46)、國立台灣科技大學 (80)、中國醫藥大學 (89) 和國立交通大學 (89)。

從上面的敘述可以看出，我們台灣儘管有 140 所的大學和學院，卻在世界一百強大學中榜上無名，而在 20 年前其大學教育普遍水準被認為並不如我們台灣的中國、香港卻分別有 3 所擠進了世界一百強的名單之內，名次且不低；中國大學列在世界一百強名單的為清華大學 (23，數字指其世界排名，以下類推)、北京大學 (24) 和中國科學技術大學 (80)；香港則有香港大學 (35)、香港科技大學 (47) 和香港中文大學 (57)；新加坡有二所

列在世界百強之列，即新加坡國立大學 (25) 和新加坡南洋理工大學 (48)；和我們同被視為亞洲四小龍而國人喜歡拿它來和我們比的韓國也有兩所大學列在世界一百強的名單，就是韓國首爾國立大學 (64) 和成均館大學 (89)。我們台灣最好的台灣大學僅列在第 120 名，台灣今 (2020) 年也只有三所大學排名在世界 400 強之列，一為台灣大學，另一為清華大學，再一為台北醫學大學。

而在亞洲地區，我們大學的排名成績也不是很好；與同為亞洲四小龍的香港、新加坡及韓國相比，我們是落後的，更遠不如中國大陸。

台灣的教改及其後遺症

從上面的分析，我們自然要問為何我們的高等教育與人相比，卻會落人之後呢？

先從香港來說，前面提到，香港面積僅有台灣的百分之三，人口約為台灣的三分之一，有 33 所大學院校，卻有三所大學名列世界百強，有三所列為亞洲十強大學。何故？因為香港政府集中資源對於若干有水準的大學的師資、設備與研究特別給予加強，而且心無旁騖地去推動。至於新加坡，其面積只有 704 平方公里，大約為我們新北市面積的三分之一，人口有 570 萬人，有 13 所的大學，而卻能有兩所列在亞洲十強和世界百強之內的大學，即新加坡國立大學 (世界排名 25，亞洲排名第 3) 和南洋理工大學 (世界排名 48，亞洲排名第 6)。原因無他，就是他們國家集中全力不斷加強和提升這兩所大學的師資、設備及研發，而且舉國一致同心協力予

以推動。

　　反觀我們台灣，卻在人家正在大力培養世界級大學的同時，進行一個事後證明後遺症頗大的教育改革。

　　台灣在李登輝總統主政時期所推動由留美的中研院院長李遠哲負責規劃而由同樣留美的教育部長吳京推動落實的教育改革，歷經二十五、六年之後，可說產生了很多使我們教育，特別是中高等教育逐漸失掉國際競爭力，也使國家建設的一些必要的技術人才難於獲得。李遠哲等主導的教改，用了很多漂亮的口號，像民主啦、多元啦、平等啦、普及啦等等，但卻使我們的教育走了樣，傳統受尊重的教師，地位一天不如一天；教師教學認真程度和學生讀書風氣，也是越來越走下坡。

　　標榜「教授治校」、「大學自治」、「大學民主」的大學教改，出現了公立大學校內行政職務經由選舉產生的制度，絕大多數大學其新任校長之產生和連任也必須經由學校全體專任教職員投票決定的過程與機制；此種改革，舉世所罕見，表面看起來很民主，但經實施以來也造成了將社會之惡質選舉文化帶進校園，使原本應專心致力於教學與研究的相當純淨的大學校園，受到嚴重的污染，教師教職員中出現拉幫結派的情事；而有意連任校長職務者，更不敢大刀闊斧地進行必要的改革和應有的創新行為，而必須處處去拉攏、安撫，於是在公立大學之中，有人說變成了「校長政治化」、「教授派系化」、「職員騎牆化」的現象。另一方面，又設了一些包括學生評鑑教師之類的制度，也使若干教師不敢在教學上嚴格要求學生，只能得過且過，因而學生上課中打瞌睡、吃東西、玩手機者比比皆是。

這樣的大學，怎能不斷追求卓越，不斷有所創新呢？

其次，在教改之下，廣設大學，把全國的三專、五專都變成了科技大學，一般大學，結果是造成了許許多多師資素質有問題、學生程度完全不符合大學生應有水準的大學，而使本來在培育國家中下階層技術人力相當有表現有貢獻的高職、三專和五專，在全國廣設科技大學的時代潮流衝擊下，高職走上輔導升學不注重技術培訓，而三專五專則全心致力於要變為科技大學而不再重視技能的培育傳授，使我們國家出現了嚴重缺乏中低階層的技術人力的現象。一方面影響了國家的經濟建設，另一方面則製造出很多低水準沒有任何競爭力的大學及空有大學文憑卻幾乎一無所長的大學畢業生。台灣的世界大學排名不好並落在香港、新加坡、韓國和中國之後，不是沒有原因的。

台灣這一、二十年來，因大談民主，所以就大談普及主義、平均主義，甚至於出現反菁英的現象，所以我們就無法像新加坡、香港和韓國一樣，重點去開創有國際競爭力的大學了。此種平均主義並帶有反菁英現象的思維，也出現在我們的教改之內。

台灣的教改還有不少的後遺症；諸如減少中小學生的語文和數學的學習的時數，降低了學生的水準，大學入學的學測和指考使高中教學實際上成了二年半，以及對社經地位較差之學生不公平，暨十二年國教有反菁英和降低學生水準的傾向，和教師得不到應有之尊重等等都是。因非本文探討之重點，故不加細述。但這些改變，從長遠看也是會對我們台灣的國際

競爭力有負面影響的。

　　總之，教改所已造成或將來一定會帶來的後遺症，對台灣要在國際上有強勁的競爭力的目標，是非常不利的。政府及我們的社會都應認真加以面對，並且速謀導正之道。

台灣的國際競爭力及與其他亞洲四小龍之比較

　　國際上有兩個評比各國經濟競爭力而其評比結果頗具公信力在台灣也廣被引用的機構，一為瑞士洛桑國際管理學院 (International Institute for Management Development, 簡稱 IMD)，另一也是位在瑞士的世界經濟論壇 (World Economic Forum ,WEF)。 IMD 每年上半年會發表一個世界競爭力年鑑 (World Competitiveness Yearbook)，以經濟表現、政府效能、企業效能和基礎建設為四大評比項目，就全世界 63 個經濟體進行評比。WEF 則於每年下半年公布一個全球競爭力報告 (Global Competitiveness Report)，就體制 (Institution)、基礎建設、總體經濟環境、健康及基礎教育、高等教育及訓練、貨物市場效能、勞動市場效能、金融市場發展、科技發展、市場規模、企業及創新等十二個評比項目，於全世界 140 個左右的國家進行評比。台灣近年來，在此兩個競爭力評比中，表都很不錯，成績都在前二十名之內，是一個可喜的現象。以下是近年來我們台灣及其他亞洲四小龍、中國、美國和相關國家在 IMF 及 WEF 的競爭力排名的狀況表。

一、 IMD 的競爭力評比排名

經濟體 \ 年代排名	2020	2019	2018	2017	2016
台灣	11	16	17	14	8
中國	20	14	13	18	18
香港	5	2	2	1	2
新加坡	1	1	3	3	1
韓國	23	28	27	29	23
日本	34	30	25	26	27
美國	10	3	1	4	3
俄國	50	45	45	46	51
印度	43	43	44	45	31
瑞士	3	4	5	2	4

二、 WEF 的競爭力評比排名

國家 (地區) \ 年代排名	2018-2019	2017-2018	2016-2017	2015-2016
台灣	12	14	14	15
中國	28	27	28	28
香港	3	6	9	7
新加坡	1	3	2	2
韓國	13	26	26	26
日本	6	9	8	6
美國	2	2	3	3
俄國	43	43	43	45
印度	68	40	39	55

註：2017-2018，2016-2017 及 2015-2016 瑞士均排名第 1。

從上面國際管理學院和世界經濟論壇的評比中，我們可以看出在國際競爭力上，我們是不如香港和新加坡的。同時在亞洲四小龍中，我們的平均國民所得 (GDP) 是落在其他四小龍之後的，新加坡已超過美金 6 萬元，香港超過美金 4 萬元，韓國也有 3 萬多美元，而我們台灣則為 2 萬多美元。

在國際管理學院和世界經濟論壇的評比中，中國雖不如台灣，但不要忘了在IMD的評比中，於2018和2019兩年，中國是列在台灣之前的。而且，中國現已成為世界第二大經濟體，其出口貿易額高達2兆4千多億美元，為我們台灣的七倍多，居世界第一，其外匯存底已超過美金3兆，為台灣的近七倍，也是佔世界第一位。也就是說中國是個地大物博經濟快速成長發展的國家，加上有強大的軍力和科技不斷創新發展，我們不能視而不見，如加上前面所提的其高等教育在世界排名之快速提升的事實而言，中國的國際競爭力之不斷增強是我們台灣所應嚴肅面對的一個無法逃避的現象。

至於韓國，雖然其IMD和WEF的排名都在我們之後，可是其大學之在世界和在亞洲的排名成績都遠遠超過我們。另一方面，韓國的文化創意產業之發展是令人不得不要刮目相看的，其所製造之韓劇盛行於亞太各國就是一個證明。而韓國出產的汽車和電子產品如手機等，並已有了具國際水準的品牌而行銷於全世界，這是我們台灣可說望塵而莫及的。

所以，我們固然不可妄自菲薄、故意「唱衰」自已，但也不能自我陶醉、自我膨脹，我們要冷靜而理性地去面對光從世界大學排名之落後和其他相關競爭項目之比較來看，我們的國際競爭力刻正面臨最嚴峻之挑戰、考驗而且已是不進則退的事實和隱憂。因此，如何喚醒國人去集中全國之力來提升我們的國際競爭力，是當前我們必須去思考和因應的重要課題。

強化國際競爭力應有的做法

台灣要生存於目前這個充滿競爭思維而且於後疫情時期又有很大不

確定性，但必然是各國爭生存搶發展的世界裡，就必須奮發圖強不斷地提升經貿、人力資源及創新的競爭力。基於前述世界大學排名之落後中國大陸和香港、新加坡及韓國，暨即使在亞洲四小龍間我們還是在很多方面不如他人的事實，並衡量未來世界的發展，我以為要提高我們台灣的國際競爭力，至少應在以下幾個方面立即去推動努力：

一、 導正教改造成之公立大學政治化、派系化的風氣，並積極有效提升教學和研究的水準

教改如前所述，已在很多的公立大學造成教職員的拉幫結派、黨同伐異，並導致教學不嚴，研究不精以及學生不用功讀書的不良風氣。希望政府主管當局要能實事求是地面對此一現象，並邀請對台灣社會真正有認識，有宏遠的國際觀且對於台灣之未來和台灣之競爭力真正關心的專家學者，一起再一次為台灣教育把脈針砭，並以客觀而公正不帶特殊之政治立場和意識形態的出發點，為台灣教育之導正發展開出對症下藥的良方及對策，同時據以落實推動。但此處要特別強調，千萬不能再請如李遠哲、吳京等之類其全部職業生涯及中壯年的社會生活都在美國度過而對台灣社會並不真正深入瞭解然卻一味抄襲外國皮毛的所謂專家參與。當然這類的人士他們的專業成就和貢獻是應該受肯定和敬佩的；但要記住，某一方面的專家甚至於諾貝爾獎的得獎者並非什麼都懂什麼都行。唯有做如此的導正，我們的高等教育才能在教學與研究方面迎頭趕上，擠進世界百強，為我們培育優秀的國家社會建設人才。

二、 要有集中資源發展重點優秀大學的想法與做法

中國大陸、香港和新加坡之能在短短的二十多年的時間裡，發展造就出不少位列世界大學百強和亞洲的大學排名的十強之列，應歸功於他們能把資源集中用於幾個重點大學的師資、設備的提升之上，台灣這些年受政治風氣和民粹主義甚至於反菁英思想的影響，什麼都要講平均都要講「有飯大家吃」，因此，發展不出卓越優異的大學，而原本很優異突出的大學，也慢慢走向平庸化了。何等可惜可嘆！此種現象必須立即加以改正。

二、 充實精進各個國家研究機構的經費、設施和研究團隊，強化彼等研究創新發展的功能

台灣一直以來，有很多相當有水準的國家研究機構，除了中央研究院以外，其他如工業技術研究院，中山科學研究院，漢翔航空工業股份公司，台灣國際造船公司（台船），國家衛生研究院，國光生物科技股份公司，農委會所屬的水產試驗所、農業試驗所和畜產試驗所，核能研究所（將改制為國家龍潭原子能科技研究院）等等都是。這些研究機構對台灣產業的創新發展，有很大的貢獻。

我們要提升國家競爭力，當然必須加強科技發展與創新的研發與落實。因此，對於上述這些國家級的研究機構，尤其是那些涉及到國家安全與關鍵性產業發展的科技研發及生產者，應與時俱進配合國際競爭發展趨勢，不斷地充實精進其研究創新人力、設備和經費。

三、 加強發展具競爭優勢的產業

台灣的 ICT 產業，即資訊及通訊科技 (Information and Communication

Technology) 產業，是台灣很重要的核心產業，也是為我們賺取外匯的主要產業。另外，我們的醫療科技產業及生物科技產業，都有很堅實的發展基礎，也是相當有競爭的優勢。所以，政府與產業界都應加強這三大類產業的發展。在後疫情時期，此三大類的產業將是世界產業和經濟發展的主流和重點之所在，我們必須傾全國之力強化此三大類產業的創新發展，為我們台灣站穩產業之國際競爭力往前邁進向上提升的腳步。

四、 培養國民應有的國際觀和競爭觀

儘管美國這三、四年來在其總統川普 (Donald Trump) 的所謂「美國第一」(America First)、「讓美國再次偉大」(Make America Great Again) 的政策之下，大行其單邊主義，並且對國際機制和全球化大肆打擊，但全球化依然是無法抵擋的趨勢。

世界之全球化既無可避免，則我們必須有效地適應並融入其中且從其中獲利。因此，我們的政府和人民都應有正確的國際觀。所謂正確的國際觀就是我們對於國際目前的經濟、政治和文化現狀要有所瞭解，對於國際各種情勢和問題的來龍去脈和未來的可能發展與演變，也要有所認知，更要清楚地知道我們台灣在國際社會所處的地位和所面對的問題。很可惜的是，我們的媒體和整個教育體系似乎眼光不遠，只看到我們自己，甚至於有時還不合理地自我膨脹。所以我們媒體和網路所談論者很少觸及國際情勢和問題，談的絕大多數都是國內政治無謂的口水論戰和一些殺、傷、姦、盜和車禍等的社會新聞。在此種氛圍的影響和薰陶之下，要我們的國民不

目光如豆、坐井觀天是很難的。

因此，我們一方面要從學校與社會教育著手，加強去培養國民的國際觀，同時也要提升國民的外文能力，使我們的國民可以運用外文去更有效更廣泛地接觸台灣以外的世界。

要使台灣有國際競爭力，也必須使我們的政府和國民有國際競爭觀，也就是政府和人民要知道台灣要生存發展，必須發展有國際競爭力的產業、必須有能在國際競爭中去爭強求勝的各種人才；也就是要有台灣要生存發展，就必須加入國際的競爭而且必須在國際競爭中能不被淘汰的認知。此種認知就是我所講的國際競爭觀。我們每一位從政者都應有此種競爭觀，而每一個國民從小也必須灌輸其此種競爭觀。

結　語

從創設的基礎和建設的歷史來看，台灣的大學沒有理由連一所都不在世界大學的一百強列名，更不應沒有一所擠入亞洲的十強大學的排行榜上。但事實是我們沒有一所大學被評比列在世界大學的一百強，亞洲大學的十強之內，而且遠不如本來我們認為勝過他們的中國大陸、香港、新加坡與南韓。另一方面，就連 IMD 和 WEF 的國際競爭力評比，我們也遠不如香港和新加坡。我們更無法像韓國一樣能在世界各地有廣為人知且大量行銷的汽車與電子產品。顯然，我們過去這二十多年來，我們的國家政策、施政作為及發展策略出了問題。

本文在於針對我所認為的影響台灣國際競爭力的問題，加以探討並基於我個人超過 30 年的從政經驗及對我土生土長的台灣的熱愛，提出如何提升台灣國際競爭力的對策。我衷心希望這些對策能被採納並落實，而有助於我們台灣可以永保強韌的高度國際競爭力。（撰於 2020 年 6 月 25 日，端午節）

【附記】

台大擠進世界百大，但台灣教育及經濟之競爭力仍應努力提升

　　於 2020 年 9 月 2 日公布的英國泰晤士高等教育全球最佳大學排行榜，我們的台灣大學終於首度擠進百名之內，排名第 97 名，是個好消息，應繼續往前努力。不過，值得注意的是，中國大陸的清華大學也提升為世界排名第 20，也是華人大學有史以來在世界大學排名第一次擠進前二十名之內。同時，中國大陸排名在世界一百大之內的大學此次增為六所，計為清華大學（20，數字代表排名序）、北京大學（23）、復旦大學（70）、浙江大學（94）和上海交通大學（100）。而香港進入世界百強大學的有香港大學（39）、香港中文大學和香港科技大學（兩者排名並列第 56）等三所。新加坡有二所大學分別排名世界第 25（新加坡國立大學）和排名第 47（新加坡南洋理工大學）。韓國大學擠進百名之內的有首爾大學（60）和韓國科學技術學院（96），另成均館大學排名第 101。足見中國大陸、香港、新加坡和韓國的高等教育在世界排名依然比我們台灣強。我們實在仍須大大地努力。至於其他如經濟方面等的競爭力，台灣還是應繼續更為努力地去提升。（2020 年 9 月 3 日增修）

第 7 篇
高齡社會與持續少子化的挑戰及因應

前 言

　　2018（民國 107）年 4 月，台灣 65 歲以上的老年人口達到了總人口的百分之十四，台灣也因此進入了國際上所定義的高齡社會 (Aged Society)，另一方面台灣的人口平均壽命也愈來愈高；這意味著台灣已有佔總人口 14% 而幾乎完全退出職場必須過退休生活的老人，要靠退休金、家人和社會去照顧。同時，台灣少子化的趨勢持續發展，在 2020 年 4 月由設在美國加州並在國際上頗具權威性的非營利獨立機構「世界人口綜述」組織 ((World Population Review, WPR)，所發布的「世界人口綜述」報告裡，我們台灣的出生率排名為最後一名；換言之，在 189 個國家地區中我們吊車尾。WPR 的資料顯示，我們台灣的總生育率 (Total Fertility Rate, TTR) 在 2019 年僅有 1.218，也就是平均每一千名具生育能力的婦女只生 1.218 個嬰兒。這已是連續三年我們台灣的總生育率都是排名世界最後。此種一方面新生嬰兒愈來愈少而老年人口愈來愈多的現象，已經為我們台灣帶來很大的衝擊；台灣的社會、教育與經濟等方面的發展，都因而受到相當大的影響。可以說，我們正面臨著頗為嚴峻的高齡社會和少子化所帶來的挑戰。是以，本文特就此兩方面加以探討，並提出應如何去因應的想法。

世界所面對的人口危機

　　台灣為世界之一員，世界的問題當然也是台灣的問題。高齡社會與少子化是人口問題中的大問題。那麼，目前我們的世界又面臨著如何的人口危機呢？

　　就整體而言，全球刻正面臨著人口過多 (Over-Population) 的問題。依據聯合國的統計，截至 2020 年 4 月為止，全世界的人口數已超過 77 億 7 千 8 百多萬人，預計在 2040 年至 2050 年將增至 80 至 105 億之間。由於人口過多，已引致二氧化碳排放量之增加，地球暖化現象日趨嚴重，各種各類的環境汙染也加劇；而飲水、食物和兒童之健康、營養及教育設施的需求，已在不少地區產生難於滿足甚至於嚴重不足的現象，而使不少國家面臨著貧窮、飢餓、匱乏、衛生條件極差和兒童無法接受教育暨兒童死於貧窮和營養不足等等的問題與挑戰。這種人口過多的危機，主要發生於南半球像非洲、拉丁美洲以及南亞及阿拉伯地區。

　　另一方面，在北半球，也可以說在經濟已高度開發或已趨於成熟發展的國家，則呈現著人口老化及少子化的現象。聯合國的統計顯示，在 2015 年至 2019 年間全世界 (主要發生於北半球)，四歲以下兒童已減至六億五千多萬人；65 歲以上老人則已由 2015 年之六億多人增至 2019 年之 7 億多，估計到 2050 年將達到 15 億左右。此種人口老化和少子化的現象，也正在台灣嚴重著挑戰我們。

　　從上面世界人口結構演變趨勢來看，南半球有人口過剩、資源不足之

問題，而北半球則有人口老化、兒童不足的困境，如不妥善因應解決，則目前發生於歐美地區之難民和移民危機問題，可能會更加惡化；而南北半球很可能為了搶奪資源，以及生活水平及各種民生需求之享用的不平等、不均衡而造成對抗、對立與衝突。這是談人口問題，談我們所面對之人口老化、少子化問題時，所不能不去也必須加以深思並配合世界其他國家共同加以妥善因應的現象。

台灣人口老化之趨勢

當 1952 年台灣還處在農業經濟為主的時期，15 歲未滿的人口高佔總人口數的 42.4%，65 歲以上人口則僅有總人口數的 2.5% 而已。

1952 年台灣之人口結構及就業人口之產業分佈統計

15 歲未滿	42.4%	農業	56.1%
15 歲至 64 歲	55.1%	工業	16.9%
65 歲以上	2.5%	服務業	27%

到了 1980 年，台灣之產業已走向工商業化，農業已不再是主要產業了，人口結構也開始變化，15 歲未滿的人口在總人口的比例已降為 32.1%，而 65 歲以上人口則升為 4.35%。我們的人口政策已從 1940 至 1960 年代所提倡的「兩個恰恰好，生男生女一樣好」的家庭計畫，變為至 1980 年代開始不再強調只要兩個就好了，而是不再鼓勵節育了。也就是在此時，大家開始注意到老人問題了，所以，才有1980 年 1 月所公布實施的《老人福利法》了。

1980 年台灣人口結構及就業人口之產業分佈統計

15 歲未滿	32.1%	農業	19.5%
15 歲至 64 歲	63.6%	工業	42.5%
65 歲以上	4.35%	服務業	38%

到了 1990 年代，台灣的產業結構大為轉型改變，工業及其產品的對外出口貿易已變成我們經濟發展的主流；建築業也跟著興起，整個台灣呈現急劇都市化，人口也大量由農村流向都市。人們對生育在觀念上也有了改變。因而人口結構也有所變化，台灣也快速地向高齡化 (Ageing Society，指 65 歲以上人口佔總人口數之 7% 以上) 邁進。

在 1993 年，台灣之未滿 15 歲人口在總人口數之比例，再降為 25.1%，而而 65 歲以上人口數則增為總人口的 7.1%。台灣至此成為「高齡化社會」。各種增進老人福利的措施也相繼出爐，社會也更加重視老人的問題。

1993 年台灣之人口結構及就業人口之產業分佈統計

15 歲未滿	25.1%	農業	11.5%
15 歲至 64 歲	67.8%	工業	39.1%
65 歲以上	7.1%	服務業	49.4%

下面的這一首打油詩，在社會上變成非常流行：「人生七十不稀奇，八十多來兮，九十笑瞇瞇，六十小老弟，五十睡在搖籃裡。」充分反映老人之多之高壽及老人問題之不容小覷。

2000 年，台灣的人口老化及少子化之現象，更加快速且引起高度關

注，台灣此時已向高齡社會邁進。所謂高齡社會，指的是 65 歲以上人口在總人口數的百分比在 14% 以上。2018 年 4 月台灣的 65 歲人口就佔總人口數的百分之十四以上，台灣也就正式成為高齡社會了。老年人和老年問題，已成為國家的重大問題了。

2000 年台灣之人口結構及就業人口之產業分佈統計

15 歲未滿	18.1%	農業	5.5%
15 歲至 64 歲	71.9%	工業	36.6%
65 歲以上	10%	服務業	57.9%

2018 年台灣之人口結構及就業人口之產業分佈統計

15 歲未滿	12.9%	農業	4.9%
15 歲至 64 歲	72.5%	工業	35.7%
65 歲以上	14.6%	服務業	59.4%

台灣的人口老化，將愈來愈快。據「行政院經濟展委員會」（現已改制為「國家發展委員會」）於 2010 年之預測，台灣的老年人口將於 2025 年，也就是五年之後，達到總人口的 20%，也就是五個人中就有一個 65 歲以上的老人了，也就因而就變成國際上所說的「超高齡社會」(Super-aged Society) 了。而另一方面，根據內政部於 2019 年 9 月所發布的資料，台灣人民的平均壽命在 2018 年又提高了，已達到了 80.7 歲，男性為 77.5 歲，女性則為 84 歲。

老人愈多又愈長壽，當然不能說不好，也可算是一種進步，但其所帶來的問題與挑戰，當然也會愈來愈多愈大。

國際對於老人福利及高齡社會之主張及做法

在談我們台灣應如何妥善因應老人問題前,我們先來看看,在國際上一般希望老人福利工作應有什麼樣的要求和水準,以及面對老化及高齡社會又應如何去因應。

一、聯合國老年人原則 (UN Principles for Older Persons)

1991年12月,聯合國大會通過一個「老年人原則」。聯合國大會表示,各國老年人已愈來愈多,而且科學上已推翻許多所謂年老必衰、每況愈下的的陳舊觀念;老年人還是有能力繼續做貢獻,對於老年人也要特別加以照顧。所以,通過此一原則,希望各國政府將其納入其相關的老人問題及老人福利的思維和政策之中。

此一聯合國《老年人原則》強調應給予老年人在「獨立」(Independence)、參與 (Participation)、照護 (Care)、自我充實 (Self-fulfillment,或譯為自我實現)、及尊嚴 (Dignity) 等五方面必要的安排、協助與支持,一共有十八條如下:

在獨立方面:

1. 老年人應能通過提供收入、家庭和社會支助以及自助,享有足夠的食物、水、住房、衣著和保健;
2. 老年人應有工作機會或其他創造收入的機會;
3. 老年人應能參與決定退出勞動力隊伍的時間和節奏;

4. 老年人應能參加適當的教育和培訓方案；

5. 老年人應能生活在安全且適合個人選擇和能力變化的環境；

6. 年人應能盡可能長期在家居住。

在參與方面：

7. 老年人應始終融合於社會，積極參與制定和執行直接影響其福祉的政策，並將其知識和技能傳給子孫後輩；

8. 老年人應能尋求和發展為社會服務的機會，並以志願工作者身份擔任與其興趣和能力相稱的職務；

9. 老年人應能組織老年人運動或協會。

在照顧方面：

10. 老年人應按照每個社會的文化價值體系，享有家庭和社區的照顧和保護；

11. 老年人應享有保健服務，以幫助他們保持或恢復身體、智力和情緒的最佳水平並預防或延緩疾病的發生；

12. 老年人應享有各種社會和法律服務，以提高其自主能力並使他們得到更好的保護和照顧；

13. 老年人應能利用適當程度的安養院照顧，使他們在人道且安定的環境中得到保護、康復以及社會和精神上的激勵；

14. 老年人居住在任何住所、安養院或治療所時，均應能享有人權和基本自由，包括充分尊重他們的尊嚴、信仰、需要和隱私，並尊重他們對自己的照顧和生活品質做抉擇的權利。

在自我充實方面：

15. 老年人應能追尋充分發揮自己潛力的機會；

16. 老年人應能享用社會的教育、文化、精神和文娛資源。

在尊嚴方面：

17. 老年人的生活應有尊嚴、有保障，且不受剝削和身心虐待；

18. 老年人不論其年齡、性別、種族或族裔背景、殘疾或其他狀況，均應受到公平對待，而且不論其經濟貢獻大小均應受到尊重。

二、 訂定聯合國老人權利公約之倡議及推動

聯合國早已意識並注意到人口老化所帶來的問題已是全球性的重要議題，也是人類世界所必須妥善面對的一個大挑戰。所以，聯合國曾分別於 1982 年 7 月在維也納、2002 年 4 月在馬德里及 2013 年 2 月在波士頓召開了第一、第二和第三屆的「世界人口老化會議」(World Assembly on Ageing)，就世界人口老化相關的問題，如人口老化之研究，人口老化之因應，老人之健康、照護、人力運用及發展，老人生活及社會環境之改善，老人消費及老人消費者之保護，老人之居住以及老人與家庭等，廣泛交換意見並提出因應對策及做法和有關措施，供各國參酌採行。

近年來，聯合國也特別致力於老人人權之維護、保障和增進的問題。聯合國大會曾於 1989 年 11 月通過一個《兒童權利公約》(UN Convention on the Rights of the Child，1990 年 9 月 2 日生效)。因此，有人就認為聯合國大會也必須有一個關於老人的人權公約。聯合國大會參酌第二屆世界

人口老化會議的決議和有關老人人權問題的發展，於 2010 年 10 月通過設置一個「開放式旨在加強維護老人人權之工作小組」(Open-Ended Working Group on Ageing for the Purpose of Strengthening the Protection of the Human Rights of Older Person, OEWGA)，以研究是否應有一專屬的老人人權公約，以及如有必要此公約應涵蓋那些主要內容。此一工作小組，經多年之研商、辯論及探討，現已傾向於應有一個類似《兒童人權公約》的《老人人權公約》，而且也進行草案的研擬工作。相信不久的未來，聯合國大會也會通過一個《老人權利公約》，而老人人權也會因此而有更強而有力的論述、說明，保障和增進。

三、 世界衛生組織 (World Health Organization, WHO) 推動之活力老化 (Active Ageing) 及健康老化 (Healthy Ageing)

世界衛生組織在 2002 年 4 月於西班牙馬德里舉行的第二屆聯合國世界人口老化會議中，提出了「活力老化」(Active Ageing) 的理念。所謂「活力老化」其目的在於使老年人享有更長時間的健康晚年和良好的生活品質。世界衛生組織認為，如果老年生活要有意義有正向的發展，則必須伴以有繼續獲得健康、參與和安全的機會。所以，世界衛生組織將「活力老化」界定為「使人們在逐漸走向老年、晚年之時，使他們可提升生活品質而優化他們享有健康、參與和安全的機會的一種過程。」換言之，「活力老化」就是老年人不僅能在體能上保有活力，在勞動力之貢獻上還能有所作為，而且還可繼續參與社會、經濟、文化、心靈和公共等層面的事務。

也就是說，「活力老化」在於確保老年人有好的健康照護，積極的社會參與，以及良好保障的安全生活。在世界衛生組織看來，老年人至少在三方面要得到國家社會以及家庭妥善的照顧和支持與協助，即健康 (Health)、參與 (Participation) 及安全 (Security)；所以，要做好老年人「社會參與管道的建立」、「身心健康環境的形成」，以及「社會經濟生活的確保」。

到了 2015 年，世界衛生組織，又提出「健康老化」(Healthy Ageing) 這樣一個新的理念、新的口號，來取代「活力老化」，做為其在 2015 至 2030 年處理「老化」(Ageing) 問題的聚焦之所在，也就是將推動「健康老化」列為其處理全球人口老化問題的一個工作重點。

所謂「健康老化」(亦有譯為「健康老齡化」)，指的是「發展並維持老年人得以保持健康及幸福的身心功能」。世界衛生組織提到「健康老化」時，特別強調老年人應有良好的身心功能性的能力 (functional ability)，以使他們可確保老年時期的福祉 (to enable wellbeing in older age)。功能性的身心能力，指的是可使老人能夠去做其應做和想做之事情的能力，這些能力至少應包括：

1. 處理日常生活基本需求的能力；
2. 學習、成長和做決定的能力；
3. 可以到處走動和活動的能力；
4. 可以維持和建立社會關係的能力；以及
5. 可以對社會有所貢獻的能力。

為了配合聯合國所推動之《2030 年永續發展議程》(UN Agenda 2030 on Sustainable Development) 所訂下的 17 項目標，以及落實世界衛生組織自己的《老齡化與健康之全球策略》(Global Strategy on Ageing & Health)，並以第二屆全球老年化會議所通過之《聯合國馬德里老齡問題國際行動計劃》(UN Madrid International Plan of Action on Ageing) 為基礎，世界衛生組織乃提出了一個《2020－2030 年健康老化十年行動計劃》(Decade of Healthy Ageing, 2020－2030)，希望結合全球之力量共同為日益增多的老年人謀求更有保障、更為健康、更可享有尊嚴和幸福的老年生活。

　　這個世界衛生組織的健康老化十年行動計劃，配合前述聯合國 2030 年永續發展議程所訂之 17 項目標，訂下了到 2030 年希望在全球老年問題上可達成以下的 11 項目標：

1. 老年人不受貧困困擾；

2. 老年人不至於挨餓受凍，並有足夠之營養；

3. 老年人享有良好之健康及福利保障；

4. 男女老年人一切平等；女性老年人受到應有之保障並不被歧視；

5. 老年人享有可以進入職場工作並在工作中得到應有之待遇及保障的機會；

6. 老年人對於新科技和網際網路應有學習並使用的機會和能力，並運用新科技及網際網路強化對老人健康的照護；

7. 老年人在性別、種族、文化、宗教等方面享有不受歧視和一律平等的權利與待遇；

8. 老年人在城市與社區應享有友善之生活環境，老人可因而在生活上有最大化之活動能力；

9. 有對老人具包容性之機制與設施，使老人可以完成以前之老人所無法完成之理想；

10. 所有老人都不會在生活及保障等方面被遺漏。

此一世界衛生組織所定的健康老化十年工作計劃並強調將在下列四個領域特別著力：

1. 改變我們對年齡和老化的想法、感覺與作為；

2. 確保社區可提高老年人的能力；

3. 提供以人為本並滿足老年人需求的綜合性護理和基礎保健服務；以及

4. 為有需要的老年人提供長期照護。

從上面的說明，可以看出國際上特別是聯合國對於人口老化及其所帶來的問題，已經愈來愈重視，並且也就此提出一些想法和做法，其目的無非是希望世界上所有的老人，都能一方面有好的健康照護，使其晚年餘年可以過著更多更長的健康歲月；一方面可以繼續對於社會、國家貢獻其所長和其能力；另一方面受到國家社會應有的尊重與照顧；再一方面，可以得到應有的社會福利及保健醫療的照顧和保障；更能夠繼續參與社會各層面的活動和事務。

台灣今天面對高齡社會的挑戰，應該好好參考國際上有關老人保障、

照顧和保健與福利等方面的思維與作為，使我們的老人能有符合國際水準的生活和福祉。

高齡社會的問題與因應

台灣進入高齡社會所帶來值得特別加以注意的衝擊和問題，可以簡述如下：

一、 國家社會的養老負擔問題

根據統計和推估，台灣由於人口老化和少子化，已經使勞動人口平均要負擔奉養的老年人口的比例愈來愈大、愈來愈重。

在一般家庭，於 1990 年代以前，一雙父母往往可以由三、四個小孩來負責奉養，但在 1990 年代以後，慢慢就變成可能只有二個兒女甚至只能有一個小孩來奉養其年老的父母。

下列的統計可以看出此一非常值得重視的現象，那就是我們台灣，從勞動人口和老年人口之相關性的演變，有以下的趨勢：

在 1991 年，平均有 10.3 個勞動人口可養 1 個老人。至 2012 年，則平均還有 6.7 個勞動人口可養 1 個老人。但經推估，到了 2040 年，平均卻只有 2 個勞動人口可養 1 個老人。而到了 2060 年，則平均僅有 1.3 個勞動人口可養 1 個老人。可以看出，人口老化和少子化，勢必使未來的世代必須肩負著愈來愈沉重的養老責任與負擔。

台灣扶老比之變遷圖（年代下面之數字為平均可扶養每一老人之工作人口數）

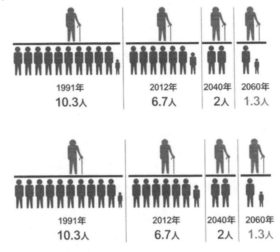

年別	年底人口數（千人）			年底人口結構（%）			扶養比（%）		
	0-14歲	15-64歲	65歲以上	0-14歲	15-64歲	65歲以上	合計	扶幼比	扶老比
2014	3,412	17,305	2,602	14.6	74.2	11.2	34.8	19.7	15.0
2025	2,918	16,001	4,736	12.3	67.6	20.0	47.8	18.2	29.6
2060	1,859	9,598	7,461	9.8	50.7	39.4	97.1	19.4	77.7

註：扶老（幼）比：每 100 位工作人口所負擔扶養之老年（幼年）人口數

二、 高齡老人之醫療保健問題

雖然人老了不一定就健康不好，不必一定身體就會生病。不過，人老了，器官功能會日漸衰退老化則是事實；而實際上，多數的老人則常會有這樣那樣的病痛；也因而必須就醫吃藥。

根據統計，台灣的全民健保在醫療費用的支出方面，其用於老人方

面的，日漸增加，快速成長，並且佔很大的比例。衛福部保健署於 2018 年 5 月間公布的一份統計資料顯示，在包括 2018 年在內的前五年期間，六十五歲以上老人占全體就醫人數之百分比已從 12.07% 成長至 14.26%，所花醫療費用則從 2040 億元增至 2612 億元新台幣；預計在五年內，也就是 2023 年前將會突破每年 3000 億元。另一方面，相關研究也指出，老人的就醫率或醫療利用率在各年齡層中也佔最高。

上面這些顯示，隨著高齡社會的到來與我們台灣老年人的增加，高齡老人在醫療保健的使用量也會隨之而增，而國家社會以及家庭方面用於老人之醫療保健的費用也會大增。這是我們在進入高齡社會並朝向超高齡社會邁進所無法逃避的挑戰和問題。

三、 高齡老人的生活照護問題

人老了，即使是身心沒有明顯的疾病，有些日常生活可能就需要他人的協助和照顧，譬如燒飯、洗衣服和上街購買日用品或者出門探親訪友，都可能要仰賴他人的協助了。如果健康狀況不佳，行動不便甚或失智失能，那就完全需要他人的照顧了。這就衍生出高齡老人的生活照護問題了。

隨著高齡社會的出現以及國民平均壽命的延長，需要他人給予生活上之幫助和照顧的老人也愈來愈多，而由於少子化的關係，及家庭結構的改變，此種必須依賴他人照顧的老人，很多無法由其家人來照顧，而必須藉由社會及政府的幫忙方能獲得所需的照護。所以，政府和社會必須設法來面對此一問題。

四、 高齡老人的社會參與和終身學習問題

　　前面提到的國際有關老人福利的主張和做法，都一致認為應該給老人充分的社會參與機會和合理的終身學習的安排。台灣進入高齡社會之後，有愈來愈多的老人還是生龍活虎般，還是能到處走動，還是希望能夠有機會自我充實，還是依然關心社會的發展與進步，如何為老人創造一個適合學習的友善環境，營造可供老人繼續參與社會各種活動的機會，也是我們台灣今天所必須認真去思考解決的問題。

五、 高齡老人之人力資源運用和高齡化對職場之影響問題

　　台灣 65 歲以上人口數，在 2019 年 6 月底已達 352 多萬人。這些高齡人口絕大多數應該都是已從職場上退休了下來。然而，其中有很大的比例的人健康狀況還是很好，還能也還想繼續工作，這麼多的人是國家很寶貴的人力資源，實在不可加以浪費。所以，如何使老年人口能夠重回職場工作而對社會繼續做貢獻，也是我們進入高齡社會之後所必須去面對的問題。另外，由於少子化的持續嚴重化，在職場上慢慢地也呈現了人力資源求過於供的現象，而高齡社會之出現，此一現象勢必愈來愈明顯、愈嚴重，這也是非常值得重視的問題之一。

　　面對上述的問題，究應如何去因應呢？我以為至少我們應在下列幾個方面去努力、去加強：

一、 政府與社會應積極推動「知老」(Know the aged and ageing)、「懂老」(Understand the aged and ageing)、

「恤老」(Empathize with the aged and ageing))、「助老」(Help the aged and ageing) 及「敬老」(Respect the aged and ageing) 的教育

我們必須使我們的國民從小就對於老化和老年人有真正的認識與瞭解，並教育他們應知道每個人都會老所以對老化和老年人要有同理心，也應對老人給予幫助，並對老人之貢獻和老人在青壯時期的努力要懷有感激之心和尊敬之意。這樣子，社會才能團結一致共同面對並解決老化和老人的問題，也才能使老人得到應有的尊重和維持應有的尊嚴。

二、 落實產業退休制度並修正年金改革內涵

目前關於在民間企業工作的勞工已有勞動基準法和勞工退休金條例的規範，大體上應可對受僱工作者 (含適用勞基法之公營事業之勞工) 之退休生活有相當程度的保障。此類規定，政府要挑起監督之責、使其完全落實。

至於軍公教人員之退休，經過民進黨政府 2017 年的年金改革之後，其退休所得已大幅降低，對現仍在職的軍公教人員衝擊較少；惟由於此一改革採溯及既往的做法，因而大大衝擊已經退休的人員，特別是很多年事已高而原屬中下階層的公教人員，所得大幅減少，已對他們的晚年生活造成影響。我以為，政府應就年歲較高 (例如 75 歲以上)，以及已經變為身心障礙者 (如失智、失能) 而屬於中下階層之退休人員的退休所得，再加檢討修正，使他們的晚年退休生活真正獲得合理的保障。

三、 鼓勵儲蓄及參加商業退休保險

世界銀行所推動的退休生活保障的五大支柱之一，就是私人儲蓄、投資及商業老年保險。為了使我們的退休老人增加生活保障，政府在政策上應鼓勵現在的從業人員從事合理的儲蓄、投資和參加一般保險業者所推動的退休老年保險，俾他們退休之後，老人除了有年金制度的年金所得外，也有儲蓄和其他自己在職時理財的所得，而強化了他們退休後的生活保障。

四、 創造健康退休老人再就業的機會並鼓勵退休老人重入職場

前面提到，我們台灣目前六十五歲老人已超過三百五十多萬人，其中大多數人還是身體康健，有能力可再就業。政府應設法為這些人創造再就業的環境與條件，使退休老人還可以繼續有所貢獻、有所收入，而能過有意義的生活。自今 (2020) 年五月一日起，《中高年齡者及高齡者就業促進法》開始實施，希望有關主管機關能夠積極落實此一新法。我認為，政府可在下列幾方面特別去努力、加強：(1) 主動積極去輔導在年金改革受衝擊最大的已退休的中下階層軍公教人員重新進入職場，以增加他們的退休所得，(2) 多運用遠距辦公、工作的新科技，為退休人員安排新的就業機會，(3) 輔導協助退休人員從事微型企業 (Micro-enterprise) 的投資創業，去開個小店，弄個小型工廠，也是一種將退休老人重新引進職場並使他們能有所收入的可行做法。

五、 落實長照制度並鼓勵民間興辦老人照護產業

目前政府已在推動長照制度，對於需要此種照護的老人和他們的家庭，當然是一種不錯的福利措施。希望在長照制度的推動上，要不斷精進，以更加能滿足民眾的需求。另一方面，我認為政府也應積極鼓勵民間多投資興辦老人照護產業，以應付高齡人口日益增加的社會發展趨勢，並可滿足愈來愈大的老人照護需求。

六、 擴大辦理老人學習、社會參與和其他育樂活動的措施並強化必要之設施

高齡人口多是我們必須面對的現實，為使老年人的晚年生活過得快樂、健康、充實且有尊嚴，當然應多鼓勵老人從事各種各類的社會參與，和進行學習，以及參加各項可與他人互動並可融入社區、社會的有關育樂活動，也才能避免高齡者成為終日困居家中無所事事的孤獨老人。因此，政府相關主管當局應在此一方面，多興建及強化各種必要的設施；更重要的是，要能不斷地視實際需求辦理推動相關的措施與活動。

七、 鼓勵所有老人注意「老身」、「老本」、「老友」、「老伴」和「老趣」

老人要有好品質的晚年生活，自己本身也要努力，也要懂得做好必要的自我生活和生命管理。所以，老人自己：(1) 要懂得照顧好自己的身體，即注意「老身」；(2) 管好自己身邊的金錢、財產，以備不時之需及可供自己生活之花費，這就是注意「老本」；(3) 要常常與老朋友連絡維持必

要的社交生活，使自己不孤單，活得更有意義，也就是要注意「老友」，但也應結交新朋友，特別是年輕的新朋友，才能有更充實的社會關係及社交生活；(4) 要照顧好「老伴」，即自己的配偶，人老了，有個「老伴」就有人可以貼心地照顧你，真心地提醒你生活中的大小事，也才有感情的寄託，因此對老伴要珍惜；如果沒有老伴，在健康及相關條件許可下，正式找個「老伴」或交交男女朋友也是好的；(5) 要有「老趣」，也就是到了晚年、老年，自己要培養至少一種健康的嗜好、興趣，例如種種花、書法、畫畫、攝影、看書等等都可以，如此才能增加生活的情趣，也才能有效去使用時間並使自己的精神能有所寄託。

總之，過好老年生活，老年人也要自己努力。

台灣人口之少子化及如何因應少子化問題

台灣人口少子化問題已愈來愈嚴重，十五歲未滿的兒童佔總人口數之比例已急遽下降。在 1952 年，十五歲未滿之少年兒童占我們台灣總人口數之百分比高達 42.4%，到了 1980 年就已下降為 32.1%；至 1993 年當老年人口提升至總人口的 7.1% 使台灣進入高齡化社會 (Ageing Society) 之時，15 歲未滿的兒童佔總人口數之比例又下降為 25.1%；2000 年台灣總人口中未滿 15 歲之兒童僅佔 18.1%，到了 2018 年台灣 65 歲以上人口在總人口數之百分比已超過 14%，台灣正式進入高齡社會 (Aged Society)，而未滿 15 歲之兒童佔總人口數則再下降為 12.9%。可見台灣社會少子化和人口老化之嚴重情形。

本文一開始即提到，台灣的總生育率在 2019 年僅有 1.218。台灣新生嬰兒人數，在 2006 年為 20.4 萬人，至 2019 年降為 17.7 萬人，創下過去十年之最低紀錄；據推估，10 年後會再往下掉，到 2030 年全台灣全年新生嬰兒數將僅剩 12 萬人左右。今 (2020) 年元月，台灣人口更出現死亡交叉，死亡人數為 1 萬 4673 人，超過出生的嬰兒數的 1 萬 2510 人，人口數呈負成長。

此種少子化的現象，已使台灣近年來出現了小學生愈來愈少學校規模愈來愈小，勞力缺乏，流浪老師和流浪警察增多，學校因招不到學生而關閉，以及社會國家對老人照顧負擔愈來愈重的問題。

那麼，我們應如何因應少子化的問題呢？我以為政府應有專責人員、專責單位負責因應。同樣面對少子化問題的日本，早在 2015 年就在內閣設置「少子化擔當大臣」專門主管統籌因應少子化所帶來的社會、經濟和教育等問題。台灣的少子化，不但已嚴重影響我們的教育，也衝擊到我們的社會福利及人力資源；換言之，我們國家的教育、社會、經濟等層面，都正受到少子化的衝擊。可以說，少子化已是一個國家安全問題。我認為至少在我們的行政院應由一位政務委員負責少子化問題，並定期召集相關部會研商因應之道，以提報行政院做成具體政策加以推動。除此之外，我認為下列幾個方面應特別加以注意並採取行動，以資因應：

一、 儘快解決青年低薪、住宅和托兒問題

今天台灣的少子化，很大原因是由於青年有嚴重遲婚、不婚或婚而少

育或不育的現象。而青年之所以遲婚、不婚或婚而少育或不育，主要還是由於達理想適婚年齡的青年，因為收入偏低沒有能力買房或養育子女，而另一方面很多已婚雙薪青年又付不起昂貴的托嬰、托兒費用的緣故。

所以，政府應專案協助解決青年的問題，使他們敢於安心結婚成家生兒育女，才能讓少子化的問題，獲得根本上的解決。

二、 對於少子化所造成的學校生源不足的問題應加重視妥適解決

一方面應妥善研究如何有效運用被迫空閒下來的校地、校舍和相關設施，另一方面就是積極在台灣以外地區去開拓生源。在開拓生源方面，應繼續開放大陸、港澳地區學生來台就學，也應在越南、馬來西亞、印尼、印度等地區加強相關招生事宜。至於對於現在已被迫關閉的學校，其相關設施政府應有整體的規劃使其校舍、校地、教育設施，有符合公益方面的運用。私立學校之校地、校產和及相關教育設施，因屬法人所有，政府應可考慮其轉設也由法人所設置的社會企業或文化、社會福利和公益機構，以物盡其用而不浪費社會資源，如做此改變，該修法的就要修法。至於不少公立小學目前已有嚴重招生不足的現象，我以為能就近合併的就加以合併，並提供交通車以接送因合併而路途有些遠的小學生；合併之後的閒置校地、校舍和教育設施，如能轉為文化社會公益之用，如設置老人社區大學、社區民眾文化活動中心或長照服務場所、或公立幼兒園等的，就好好規劃加以運用。其不能做此改變用途的，也應有妥善的改作其他用途的規

劃。

三、 對於少子化所造成的未來人力資源短缺問題應立即採取因應措施

　　除了為補充我們國內勞動力之不足，可繼續引進外籍勞工（外籍移工）之外，也應更積極地去研擬改變移民政策，考慮從國外引進中高級技術人力，來因應經濟建設與發展的需求。

　　總而言之，少子化是一個已發生而且非常可能持續發生的重要國家問題，大家必須共同去面對，以期能妥善因應，減少其對國家社會整體發展的負面衝擊。

結　語

　　進入高齡社會以及持續的少子化，是當前我們台灣所面對的嚴峻挑戰。上面的分析以及建議，在於使我們台灣能夠妥善因應此一嚴峻挑戰。我衷心希望我們的政府和社會，能夠好好去思考本文所提出的對應策略和做法，以使高齡社會和少子化所帶來的問題，得以有效而合理的解決。俾我們的高齡者、老年人不致淪為孤苦無依的「下流老人」，都可以過著「老有所養、老有所安、老有所醫、老有所樂、老有所用」的優質老年生活；而我們的青年可以安心地結婚成家生兒育女而且願意多產多生，為國家養育更多的下一代。（撰於 2020 年 5 月）

第 8 篇

台灣應有國際標準之企業社會責任的思維與做法

前　言

　　談起台灣的企業社會責任 (Corporate Social Responsibility, CSR)，不禁讓人想起從 2013 年起所連續爆發的幾個大的黑心食油和食安事件。這幾個重大食品安全弊案事件，有一個共同點，就是商人為求暴利，用低價、不合食安標準甚或有礙生命健康與安全的原料或添加物，偷偷加入其所製造之食品，一以減少成本，另以求增加食品之保鮮或外觀。最典型的例子，就是頗具規模和知名度的強冠油品加工廠，竟然被發現長期使用餿水油和廢油混合豬油而製成香豬油販賣獲取暴利；另一個案例，為相當有規模及知名度的頂新集團其屬下的食用油製造廠以低價之葵花油、棉子油混合高價油而牟利。這兩個案例突顯了在我們台灣，即使已經到了二十一世紀，還是有些不肖的工商業者違背商業良心，更漠視企業應有的社會責任，而一心一意唯利是圖。實在令人痛心。

　　台灣已經是一個貿易大國，我們的台商不僅在中國大陸有鉅額投資，並且在全世界做生意，賣東西；而台灣製造的產品，更行銷全球。在全球

愈來愈關注企業治理的合法性，和其經營管理的符合人類有關環保、勞工和人權保障之要求的今天，台灣的企業經營者不能不注意企業應有的社會責任，尤其是國際上所要求和期待的企業社會責任的標準。

因此，本文特來探究一下，在國際上，有那些組織或團體對企業經營訂下了何種盡企業社會責任應遵守的規範，以及國際上又有那些在強調或提升企業社會責任的作為。這些規範和作為，可以說就是國際標準的企業社會責任觀。台灣如果要想在國際上享有良好的形象，那麼我們的企業，特別是那些從事外銷產品以及在國外投資的企業，就應努力去落實符合國際標準的企業社會責任要求。

先談幾個富啟發性的案例

在為企業社會責任下定義及探討重要國際企業社會責任規範之前，先介紹幾個顯現高度企業社會責任的案例。

一談到企業社會責任的案例，我很自然地就想到 1960 年代我在美國伊利諾大學 (University of Illinois) 留學期間的一段經驗。我是在伊利諾大學的法律學院 (College of Law) 進修的。我到了不久，就發現法律學院對面有一個叫做克蘭納特藝術博物館 (Krannert Art Museum) 的博物館。基於好奇心，我特找個機會進去參觀，並瞭解何以叫做克蘭納特藝術博物館的緣由。這個博物館規模不小，蒐藏了一萬多件從古埃及到現代的藝術品，而之所以稱為克蘭納特是因為其係伊利諾大學的一位叫克蘭納特 (Herman C.

Krannert) 的畢業校友所捐贈的。這位克蘭納特是 1912 年班的伊利諾大學機械工程系的畢業生。他在美國印第安那州因經營紙箱而致富。他於累積相當大的資產的同時，開始捐資於公益和文化事業；除了前述的藝術博物館之外，他也捐資興建不少醫院和學校建築。1970 年代他又在伊利諾大學捐建一座非常龐大的表演藝術中心，即克蘭納特表演藝術中心 (Krannert Center for the Performing Arts)，現在是伊利諾大學的重要地標建築之一。

克蘭納特的作為，就是企業社會責任的高度實踐。

2010 年微軟 (Microsoft) 電腦科技公司創辦人比爾・蓋茲 (Bill Gates) 和有股王、股神之稱的美國大投資家華倫・巴菲特（Warren Buffett）兩人共同發起一個叫做捐贈誓言 (Giving Pledge, 或譯為捐贈保證) 的運動，鼓勵世界各地富有的個人或家庭立下誓約於身故後將其大部分的資產捐給慈善工作和事業。迄今為止，全世界已有超過 200 個個人或夫婦簽下誓約，認捐數已超過 5000 億美元。這 200 多人中，有 8 位華人，其中一位就是來自台灣的尹衍樑；三位來自中國大陸，即蒙牛集團的創始人牛根生、北京東方匯泉金融控股集團董事局主席董方軍和深圳海雲天投資控股集團董事局主席和創始人游忠惠女士。這 200 多位可說是世界級的億萬富翁的企業經營者，他們之簽下捐贈誓約也是一種實踐企業社會責任的良好表現與示範。

我們台灣有不少的企業家，近年來也大量捐贈各大學興建校舍或充實研究設施和經費，也是一種善盡企業社會責任的表現。

2018 年 10 月，中國大陸在杭州創辦了一所完全由社會力量捐助、劍指世界一流的研究型大學，其資金經費的支持者為西湖教育基金會，截至 2019 年為止，這個旨在創建和支持西湖大學的基金會已獲捐贈 43 多億元人民幣。而其捐贈者絕大多數是來自中國大陸大大小小的企業，其中有好幾位捐贈金額超過人民幣一億元。請勿小看這一億元人民幣，它依目前的兌換率，就等於新台幣四億二千多萬元。中國大陸有好幾位企業經營者一口氣就拿出新台幣四億二千多萬元來捐資興學，其公益心之強，不能不令人敬佩。中國大陸這些大大小小企業的所有者、經營者能如此慷慨捐資興學，就是實踐企業社會責任的好表現。

　　上面的這些案例，給了我們很好的如何去實踐企業社會責任的啟發。

何謂企業社會責任

　　我們談的是企業社會責任的國際標準，那麼我們就來探討一下國際上特別關注企業社會責任並且曾為企業社會責任訂下界說的幾個重要國際團體，如何為企業社會責任下定義。

　　世界企業永續發展委員會 (World Business Council for Sustainable Development，WBCSD) 是一個成立於 1995 年旨在促進世界之永續發展並使企業經營能為永續發展而努力貢獻的全球性組織，在永續發展的議題上，頗有發言力量。此委員會認為「企業社會責任係指企業自願依倫理規範營運，並對經濟發展暨增進其員工及彼等家庭、其所在社區及整

個社會之生活品質 (quality of life) 作貢獻的一種持續性的承諾 (continuing commitment) 和作為。

企業社會責任促進組織 (Business for Social Responsibility，BSR) 是一個以「與企業共同創建更加公平與可持續的全球經濟環境」為使命的全球性非營利事業組織，其對企業社會責任有如下的註解：

「以符合或超越社會對企業有關其倫理、法律、商業及公共方面之期待的方式經營企業及實踐社會責任之表現。」

歐盟 (European Union) 的實際執行機構歐盟委員會 (European Commission) 將企業社會責任界定為：

「一種企業自願地決定對建設一個更美好的社會 (a better society) 和一個更乾淨的環境 (a cleaner environment) 有所貢獻的作為。」

綜合上面的說明，我們可以說，國際上所認同、要求的「企業社會責任」，乃係指企業出自於自動自發依法及遵循優良之商業倫理規範經營其企業，並於追求合理利潤之同時，重視並努力增進：（一）員工福祉，（二）社會福利發展，（三）政治之清明，（四）人權之保障，（五）環境之保護，及（六）其他公益事業之發展等。

這是我們台灣的企業，如果要在國際上立足並強化競爭力及做到永續發展，所應努力遵循的企業社會責任標準。

OECD 的跨國企業指導綱領

OECD，也就是經濟合作暨發展組織（Organization for Economic Cooperation and Development，OECD），乃一國際上非常重要的經濟組織，因為參加者均為經濟已開發國家，有人又稱之為富國組織或富國俱樂部。這個成立於 1961 年的組織，非常重視企業的社會責任。因此，早在 1976 年就針對跨國企業 (Multinational Enterprises) 之興起，而訂定一個《跨國企業指導綱領》(Guidelines for Multinational Enterprises, 有人稱之為經濟合作暨發展組織跨國企業準則)，此一指導綱領先後在 2000 年 6 月及 2011 年 5 月再加修訂。

OECD 的這個《跨國企業指導綱領》，首先指出，所有跨國企業應於治理和經營時，特別遵循下列幾個基本原則：

（一）促進經濟發展、環境保護和社會進步，以期實現永續發展。

（二）尊重與企業有關的人的國際公認的人權。

（三）與企業所在當地社區合作，開展合理的工商活動，鼓勵所在地的「企業能力開發」(capacity building) 工作。

（四）透過創造就業機會及為員工提供培訓設施，以鼓勵當地之「人力資本形成」(human capital formation)

（五）避免尋求或接受與人權、環保、衛生、安全、勞工、稅捐、財務、財政鼓勵辦法或其他問題有關的法律或制度框架所沒有規定的豁免待遇。

（六）支持和恪守良好的公司治理原則。

OECD 的指導綱領要求跨國企業要在下列幾個方面，特別努力：（一）人權之促進 (Human Rights)，（二）做好員工雇用及勞資關係 (Employment and Industrial Relations)，（三）注意環境保護 (Environment)，（四）打擊行賄、索賄及勒索 (Combating bribery, Bribe Solicitations & Extortion),（五）重視消費者利益 (Consumer Interests)，（六）發展科學技術 ((Science and Technology)，（七）落實公平競爭 (Competition)，及（八）注意租稅正義 (Taxation)。

可見，OECD 對於規模大、影響廣、行銷經營幾乎遍及全球的跨國企業，有相當高的社會責任要求。而其所要跨國企業遵循之經營原則和應特別努力之重點，顯示出在 OECD 看來，確保地球之永續發展、落實全球性之公平正義、保障勞工應有權益、維護人類基本人權和增進各相關國家政治之清明，是跨國企業應盡的社會責任。台灣有愈來愈多的跨國投資企業，也有愈來愈多其經營行銷以全球市場為著眼點的工商業者，對於 OECD 的此一指導綱領，應特別加以重視、瞭解並踐行。

國際勞工組織關於跨國企業及社會政策的三方性宣言

其組織宗旨在求增進全球勞工之福祉、促進公平正義及確保世界和平的「國際勞工組織」(International Labor Organization, ILO)，對於跨國企業之興起及其對勞工權益、世界之發展所帶來的影響，也非常重視。所以，在 1977 年 11 月由其理事會發表一個代表勞、資、政三方面的三方性

宣言，此一宣言並在 2000 年 11 月做了修正。國際勞工組織的這個宣言叫做《國際勞工組織關於跨國企業及社會政策的三方性宣言》(ILO Tripartite Declaration of Principles concerning Multinational Enterprises and Social Policy，adopted by the Governing Body of the ILO, Nov. 1977； as amended Nov. 2000)

此一宣言列舉了其主要目標和政策如下：

（一）鼓勵跨國企業，基於聯合國有關建立國際新經濟秩序之各項決議之精神，對經濟與社會之進步作出積極性之貢獻，並減少及解決跨國企業所可能面臨之困難；

（二）促使相關政府、跨國企業體及有關勞資團體，採取必要之措施和行動，及採行包括依據國際勞工組織憲章和其公約、建議書所採之政策在內之社會政策，以加速社會進步；

（三）跨國企業之營運應與企業所在國 (host country) 之發展優先秩序、社會目標及國家之架構保持一致性 (be in harmony with)；

（四）相關各方應有營運、運作之良好行為 (good practice)。

國際勞工組織的這個宣言，特別指出在員工就業 (Employment)、員工培訓 (Training)、員工工作及生活條件 (Conditions of Work & Life) 和勞資關係 (Industrial Relations) 方面，跨國企業應注意努力的方向。茲敘述如下：

一、在員工就業方面 (Employment)

跨國企業應著重於就業促進 (Employment Promotion)、機會及待遇之平等 (Equality of Opportunity and Treatment) 和就業之安全 (Security of

Employment)，其各方面應努力之重點為：

（一）就業促進 (Employment Promotion)

1. 跨國企業在考慮到所在國之就業政策和目標及就業安全和企業本身長期發展等因素下，應努力增進企業所在國之就業機會和提升其就業水準；

2. 跨國企業，在營運之前，應與所在地相關政府主管機關、勞資團體磋商，使其人力計畫 (manpower plans)，發揮最大實用性 (practicable)，並符合所在國之國家社會發展政策；

3. 跨國企業應在情況許可之前提下，與其所雇員工之代表或其員工之工會組織之代表及有關政府機關合作，以在其企業所有階層優先雇用所在國之國民，並優先協助彼等發展職業潛能，且優先予以提升；

4. 跨國企業應儘可能，如有必要，將其部份生產作業委外於所在國之地方企業，且應儘可能使用當地之原料，促進當地原料加工產業之發展；

（二）機會及待遇之平等 (Equality of Opportunity and Treatment)

不得有任何歧視；跨國企業並應以當事人之資格條件、技能水準和經驗為其招募、進用、培訓和升遷員工之基礎；

（三）就業之安全 (Security of Employment)

1. 跨國企業應致力於確保其員工就業之穩定性，並履行其與員工所協商應負之有關就業穩定與社會安全的責任；

2. 跨國企業營運有重大改變致可能影響員工之就業時，應於合理之期

間內事先告知員工、員工代表及相關政府主管機關；

3. 應避免採用任意性的解僱員工行為 (arbitrary dismissal procedures)；

二、在員工培訓方面 (Training)

(一) 跨國企業應確保其所在國之各個階層之員工享有合宜之職訓，俾符合其營運及當地國家人力發展政策所需；

(二) 跨國企業於在開發中國家營運時，應在當地政府之鼓勵及勞資團體之支持下，與當地之企業合作致力於意在鼓勵「技術形成與發展」(skill formation and development) 和提供就業輔導 (vocational guidance) 之有關方案，包括成立相關特別基金在內。

三、在員工工作及生活條件方面 (Conditions of Work & Life)

(一) 工資、福利及勞動條件 (wages, benefits and conditions of work)

1. 跨國企業給予其員工之工資、福利及其他勞動條件應不可低於所在國類似雇主給予彼等員工之待遇；

2. 如無類似雇主，則在開發中國家營運之跨國企業，對其員工所提供之各項工作待遇應在當地政府之政策架構下，儘可能屬於最好之水平，且至少要能滿足其員工及其家人基本生活之所需；

(二) 最低工作年齡 (Minimum Age)

跨國企業與所在國企業一樣應遵守有關招募及就業之最低年齡限制；

（三）安全與衛生 (Safety and Health)

1.　跨國企業應維持最高標準的勞工安全衛生措施 (highest standard of safety and health)；

2.　跨國企業應將在其所有營運之國家之勞工安全衛生之做法告知其所有員工、相關雇主及勞工團體及有關政府主管機關；尤應告知有關與其新產品或新製程相連之特殊職災及相關保護措施；

3.　跨國企業應與有關國際組織，就後者研擬及採行國際勞工安全衛生規範之工作上，保持合作；

4.　跨國企業應依所在國家之作法，與相關勞工安衛主管機關、員工代表及彼等之工會，以及有關勞工安全衛生組織，就勞工安全衛生事項，保持完全充分之合作；

四、在勞資關係 (Industrial Relations) 方面

跨國企業應遵循不低於在有關國家之類似雇主所遵循之勞資關係規範之標準，處理勞資關係；

（一）結社自由及組織權 (Freedom of Association and the Right to Organize)

1.　跨國企業之員工與其所在國之當地企業員工，應毫無分別地，享有設立及自由參加勞工組織之權利而不必經事先核准；亦應於就業上享有保護其不受反工會歧視措施之權利；

2.　跨國企業之代表組織與其員工代表組織，應享有彼此不得對對方之設置、運作及行政從事干涉之保障；

（二）跨國企業應尊重其員工之集體協商 (Collective Bargaining) 權；

（三）跨國企業應重視勞資協商 (Consultation)；

（四）跨國企業應關注員工之苦情申訴；

（五）跨國企業應遵守所在國之爭議解決 (Settlement of Industrial Disputes) 機制。

跨國企業要能有效而成功地經營並獲取必要的利潤，先決條件是要有符合營運需求的好員工及穩定而和平的勞資關係。國際勞工組織上述宣言所提出的目標和政策，以及努力的重點，實在是所有跨國企業經營者所不能不加以重視的重要方針，也是跨國企業所必須要實踐力行的社會責任。台灣的工商業者，要有國際視野，要有國際競爭能力，雖然台灣並非國際勞工組織的成員，但也應對此一宣言加以認知並遵行。

聯合國在促進企業社會責任的努力

聯合國本身及其相關組織，對於企業之良好治理及社會責任觀之促進，一直以來，也非常之重視。有幾個方面的做法，特在此加以說明介紹：

一、 聯合國全球盟約 (U. N. Global Compact)

聯合國秘書長安南（Kofi Annan）於 1999 年 1 月 31 日在對世界經濟論壇 (World Economic Forum, WEF) 演講時首次提到並宣布要訂定工商業者的全球盟約，且於 2000 年 7 月 26 日在紐約聯合國總部正式啟動；意在透過一個論壇機制，以溝通、對話、研究、協商等方式，鼓勵世界之工商

企業者採行有助永續發展並具社會責任之營運政策 (sustainable and socially responsible policies)。

依此盟約，聯合國乃成立一「全球盟約辦事處」(Global Compact Office)，並由下列六個聯合國機構共同支持：聯合國人權事務高級專員公署（U.N. High Commissioner for Human Rights），聯合國環境規劃署（U.N. Environment Programme），國際勞工組織（ILO），聯合國開發計劃署（U.N. Development Programme），聯合國工業發展組織（U.N. Industrial Development Organization）及聯合國藥物控制及犯罪預防辦事處（U.N. Office on Drugs Control & Crime Prevention）；

至 2020 年 4 月為止，計有來自全球各地的 170 個國家之 1 萬 4000 多家工商企業及勞工和民間社團參與加入此一盟約。

參加聯合國全球盟約之工商業者及相關團體，保證遵守下列十個基本原則從事企業之營運，這十個原則分屬於人權 (Human Rights)、勞動標準 (Labor Standards)、環境 (Environment) 及反貪污 (Anti-corruption) 等四個層面：

（一）人權方面：

原則 1：企業應支持並尊重國際公認的人權；

原則 2：企業應確保不涉及違反人權的事件。

（二）勞動標準方面：

原則 3：企業應支持勞工集會結社之自由，並確實地承認勞資集體協

商權；

原則 4：企業應消除所有形式之強迫性勞動；

原則 5：企業應確實地廢除不法童工；

原則 6：企業應消除雇用及職業上的歧視。

（三）環境方面：

原則 7：企業應支持採用預放性措施因應環境挑戰；

原則 8：企業應主動採取行動，推動與強化企業環境責任；

原則 9：企業應鼓勵開發與推廣對環境友善的科技。

（四）反貪污方面：

原則 10：企業應努力反對一切形式的腐敗，包括敲詐、勒索和賄賂。

二、聯合國責任投資原則 (UN Principles of Responsible Investment, April, 2006；亦可譯為《負責任之投資原則》及『聯合國責任投資原則組織』)

2015 年年初，當時的聯合國秘書長安南，邀請來自十二個國家的全球 20 大投資者共商如何建置一個更能促進人類之永續發展的全球金融制度 (more sustainable global financial system) 並特別著重於環保 (Environmental)、社會 (Social) 及治理 (Governance)(即 ESG) 的議題 (Issues)，因而產生了《責任投資原則》(Principles for Responsible Investment)，同時也成立了一個全球性的組織，就叫「責任投資原則組織」，以負責推動責任投資的理念。責

任投資原則於 2016 年 4 月，在紐約證券交易所 (New York Stock Exchange) 正式發布推動。責任投資原則一共有如下的條文：

（一）我們願將環保、社會及治理之議題納入投資分析和決策之程序中；

（二）我們願成為積極的資金擁有者，將把環保、社會和治理的議題納入我們的擁有政策與程序之內；

（三）我們願促使我們所投資之企業體正當地揭露彼等在環保、社會及治理議題方面的作為；

（四）我們將在投資企業界促使責任投資原則之被接納和落實；

（五）我們願攜手一致以提升我們實現責任投資原則的效率；

（六）我們將各自申報我們落實責任投資原則的相關活動與進展。

這個由聯合國主催之下產生的責任投資原則，是為金融業者所訂下的企業責任的全球標準，重點在於要求投資業者在決定投資時自己應注意到相關的環保、社會公義和良好的公司治理的問題，也要求其所投資的企業體也要關注這些問題。希望我們台灣的企業在國內外投資時也應注意去落實這些原則。

三、聯合國企業與人權指導原則

聯合國人權理事會 (UN Human Rights Council) 經過多年的努力，於 2011 年 6 月在會員大會中經全體與會者無異議通過了《聯合國企業與人權指導原則》（ UN Guiding Principles on Business & Human Rights)；此一指導原則在於從三方面確保企業之經營者不僅不可違背聯合國所推動、保障

的各項人權，也應於企業經營中落實各項人權的要求。所指三方面，一為各政府應注意及要求企業，特別是跨國企業，不違反並落實各項人權；一為企業本身應落實人權之要求；另一為對於各項違反人權之受害者應有補救、救濟機制。

此一聯合國關於企業與人權的指導原則，將人權保障、人權之增進，也做為企業所應遵循的社會責任。

關於聯合國所重視推動的人權，除了《聯合國憲章》、《聯合國全球人權宣言》(UN Universal Declaration of Human Rights，1948) 有所規定外，聯合國先後通過《公民與政治權利國際公約》(International Covenant on Civil and Political Rights)、《經濟、社會及文化權利國際公約》(International Covenant on Economic, Social and Cultural Rights)、《消除對婦女一切形式之歧視公約》(Convention on the Elimination of All Forms of Discrimination Against Women)及《兒童權利公約》(Convention on the Rights of the Child)。上述的這些公約，我們台灣已經由立法院通過施行法，而成為我們國內法的重要部份。換言之，我們的國民包括我們的工商企業，都必須遵守這些公約。我們談企業社會責任，遵循這些公約及國際上的有關人權要求，當然也是我們工商企業者所必須履行的重要社會責任。

談企業社會責任，我們不得不談一談一個 叫「全球永續性報告協會，GRI」的國際組織，此一組織又被稱為「全球報告倡議組織」(The Global Reporting Initiative, GRI)，係成立於 1997 年，英文簡稱 GRI，是個獨立的國際非政府組織，旨在督促全球企業、政府或組織充分理解並積極減緩機構對

於人類與環境的衝擊。GRI 鼓勵企業或組織，通過環境、社會、公司治理 (ESG) 等三層面的資訊透明化，主動向公眾提出永續報告。GRI 於 2002 年正式推出首個永續報告格式，並陸續改進，又於 2016 年 10 月公布最新版本框架 GRI 準則 (GRI Standards，台灣翻譯成「永續性報導準則」)。這也是全球首個有關永續發展報告的標準模式，提供企業或機構免費下載使用。GRI 的準則至今已被 90 多個國家地域的跨國企業、政府、中小企業、NGO、團體等組織所使用。2017 年，全球前 100 大公司的 63%、全球財富 250 強的 75% 之企業，皆採用 GRI 框架與準則。由於 GRI 的永續資訊有很高的一致性，便利跨國、跨產業的數據比對。截至 2017 年，全球 4 分之 3 大企業揭露資訊時都採用 GRI 框架和準則。 這也使企業界更加關注和願意揭露其相關的環境保護、社會參與及公司治理等方面的做法和資訊，實有助於企業社會責任之提升。

我國有關推動企業社會責任之做法

關於企業社會責任，我們台灣在法律上並沒有強制性的規定；不過，有一些相關機關的行政命令和相關民團體的自律規範，在此一方面有些具體的要求。這些行政命令和自律規範主要有行政院金融監督管理委員會在 2012 年 9 月修正公布的《公開發行公司年報應行記載事項準則》和《公司募集發行有價證券公開說明書應行記載事項準則》，以及由台灣證券交易所股份有限公司與財團法人中華民國證券櫃檯買賣中心共同制定的《上

市櫃公司企業責任實務守則》。

上述的準則和守則，茲說明如下：

一、《公開發行公司年報應行記載事項準則》：

規定於公司治理運作情形項目應記載

（一）、履行社會責任情形（即公司對環保、社區參與、社會貢獻、社會服務、社會公益、消費者權益、人權、安全衛生與其他社會責任活動所採行之制度與措施及履行情形）；（二）、公司履行誠信經營情形及採行措施。

二、《公司募集發行有價證券公開說明書應行記載準則》規定：

（一）、如為上市櫃應於治理情形增加記載前述之有關社會責任及誠信事項；（二）、應於營運概況說明環保支出及勞資關係；（三）應記載風險事項。

三、《上市櫃公司企業責任實務守則》主要規定如下：

（一）、鼓勵上市櫃公司於從事企業經營之同時，積極實踐企業社會責任，以符合平衡環境、社會及公司治理發展之國際趨勢，並透過企業公民擔當，提升國家經濟貢獻，改善員工、社區、社會之生活品質，促進以企業責任為本之競爭優勢。

（二）、上市櫃公司對於企業社會責任之實踐，宜依下列原則為之：

1、 落實推動公司治理。

2、 發展永續環境。

3、 維護社會公益。

4、 加強企業社會責任資訊揭露。

（三）、上市櫃公司從事營運活動應遵循相關法規，並落實下列事項以營造公平競爭環境

1、 避免從事違反不公平競爭之行為。

2、 確實履行納稅義務。

3、 反賄賂貪瀆，並建立適當管理制度。

4、 企業捐獻符合內部作業程序。

（四）、上市櫃公司應遵循環境相關法規及相關之國際準則規範，適切地保護自然環境，且於執行業務活動時，應致力於環境永續之目標。

（五）、上市櫃公司應遵守相關勞動法規，保障員工之合法權益，並尊重國際公認之基本勞動人權原則，包括結社自由、集體協商權、關懷弱勢族群、禁用童工、消除各種形式之強迫勞動、消除雇傭與就業歧視等，不得有危害勞工基本權利之情形。

上市櫃公司之人力資源政策應尊重勞動基本人權保障原則，建立適當之管理方法與程序。

上市櫃公司應確認其雇用政策無性別、種族、年齡、婚姻及家庭狀況等差別待遇，落實報酬、雇用條件、訓練及升遷機會之平等。

（六）、上市櫃公司宜編製企業社會責任報告書，揭露推動企業社會責任情形，其內容宜包括如下：

1、 實施企業社會責任之制度架構、政策及行動方案。

2、 主要利害關係人及其關注之議題。

3、 公司於落實推動公司治理、發展永續環境及維護社會公益之執行績效與檢討。

4、 未來之改進方向與目標。

台灣在 2018 年修訂公司法時，曾有人提議將企業社會責任做具體而有些強制性的規定納入，但最後經立法院於當年 7 月 6 日所三讀通過的公司法修正案，僅在公司法第一條增訂第二項明文規定：「公司經營業務，應遵守法令及倫理規範，得採行增進公共利益之行為，以善盡社會責任。」此為社會責任首度出現於公司法之內。社會上因此有人稱許其為一大進步。 當然，在公司法中加入社會責任的理念，至少表示公司不能以贏利為唯一目的，但是否能就此表示我們國家就非常重視企業社會責任呢？答案是否定的。因為公司法的規定並不具強制力，只是表示公司「得」採行增進公共利益之行為而已，不採行也沒關係。也就是此實為沒有牙齒不具約束力的條文。再說，從上面有關國際上重要國際組織如「國際勞工組織」和「經濟合作暨發展組織」等對跨國企業所定的營運準則綱領，以及聯合國近年來有關企業社會責任方面的努力，可以看出，在國際上大家所期待於企業經營者的，不是希望他們得隨心所欲地決定是否盡社會責任，而是

透過承諾、保證及有關指導綱領，要企業應在對世界之永續發展、人權之增進與保障和政治之清明等方面採行具體的措施。 所以，台灣雖有一些關於企業社會責任的行政命令與民間所訂定規範，但公權力之在提升和落實企業社會責任方面，顯然未盡全力，仍應再加強，以使台灣的工商業者在實踐其社會責任方面，有足以與國際標準並駕齊驅的表現。

台灣工商業者應關切的重大國內外問題

台灣的企業經營者應該要認識，一個充滿危機與衝突和對立的世界，絕不是一個能夠穩定經營獲取利潤的世界；而如果國內政治社會問題一大堆，政治社會不穩定，則企業經營便無法有一個成長發展並獲利的環境。所以，所有企業經營者，都不能無視於重大的國內外問題，對於可以影響全世界人類之安全、生存、進步與否的國際問題，以及國內可能危及政治、社會安定的問題，都不可置身事外。

下面幾個具世界影響性的問題，我以為我們的工商企業經營者不但應加關注，並且也要盡力之所及，對於這些問題的預防和解決，做些貢獻：

（一）氣候變遷問題：

氣候變遷已經對於地球和人類的未來，產生不少具有高度警訊意義的危機，例如冰山之融化，各地發生之森林大火以及氣候之及極端變化等等。所以，有識之士不斷努力奔走呼籲大家應關注並設法紓解氣候變遷問

題。2016年11月生效的《巴黎氣候變遷協議》，就是此種努力的結果之一。工商業者應在此一方面從如何減少碳之排放、如何減少對環境之汙染、如何加強確保資源之永續利用等，在營運上加以配合並做貢獻。

（二）國際貧窮問題：

貧窮依然是目前國際上的大問題。根據世界銀行等國際機構的統計和推算，全世界77億人口中，還有30億的人口生活在每日僅有美金2.5元的生活費的貧窮狀態之中；換言之，全世界仍有百分之三十八點九的人一個月的生活費只有新台幣2250元左右；更有十三億人口生活於每日最多僅有1.25美元的生活費之極度貧窮狀態之中。2019年，全世界有超過一百八十萬名的兒童死於貧窮；據聯合國兒童基金會(UNIEF)的統計，全世界每天平均有2萬2000名兒童因貧窮而死。另有統計顯示，當世界進入21世紀時，全球有10億多的人屬於完全不會寫、不會讀的文盲。

上面這些統計告訴我們，即使世界在很多經濟發達國家和地區，包括我們台灣在內，其人民都能過著衣食無缺不虞匱乏的生活，但還是有超過三分之一接近百分之四十的人生活於貧困之中。

對於此種國際性的貧困，我們台灣的工商業者不能視若無睹，至少應盡力協助我們投資所在和我們商品大量銷售而其地方仍有嚴重貧窮問題的國家和地區，去消除貧窮和救濟貧窮。如此，才能使我們的工商業者稱得上是有國際企業社會責任觀、具國際良好企業名聲的企業。

（三）傳染性疾病仍然威脅人類的問題

此次所爆發的新冠肺炎 (Coronavirus disease 2019 or COVID-19) 全球肆虐的疫情，赤裸裸地也非常無情地警告人類，雖然已到了科技和醫療可以說很進步的 21 世紀，但人類對其毫無認識也無法預知的致命性病毒還是有隨時來襲的可能。這一次新冠肺炎疫情，截至今 (2020) 年 9 月 3 日為止，已造成全球有 2629 萬 4634 個確診案例，86 萬 8626 人死亡；其中美國最嚴重，已有 615 萬 16 個確診案例，18 萬 6790 人死亡；我們台灣算是幸運，僅有 490 個確診案例，7 人死亡。不過，此一疫情還在發展延燒之中，不少地區還未達高峰期，所以確診案例還會繼續增加，死亡人數也只會多不會少。這個疫情事實上已嚴重衝擊全世界的經濟和全人類的生活。

因此，對於傳染性疾病的預防，對於各種潛在的病毒的發現及防治，整個世界都必須通力合作，做好應有的因應。這一次的疫情肆虐已暴露世界各地醫療保健體系，幾乎全都出現了問題，也提醒全人類對於潛在病毒和傳染病應加強、加大力氣去研究。幾乎每個國家，尤其像歐美此類號稱先進的國家，其公共衛生保健體系與設施，都必須大大翻修重建。全球的工商企業對於此一公共衛生保健體系與設施的重建，以及傳染疾病之預防和潛在病毒的研究，特別是疫苗的研發，都不可袖手旁觀，而應大力加以支持贊助。我們台灣的工商業者，當然也應如此。

微軟科技公司創辦人比爾·蓋茲的做法，是一個很好的典範。

比爾·蓋茲於經營事業有成並成為億萬富翁之後，與其太太梅琳達

•蓋茲（Melinda Gates）共同捐資於 2000 年 1 月成立了公益慈善為主旨的「比爾與梅琳達 • 蓋茲基金會」(Bill & Melinda Gates Foundation)；基金會擁有美金 500 多億元的資產，為全球最大的慈善基金會。成立以來，用了相當大的力量從事於世界衛生保健和醫療的促進，曾先後投入瘧疾的防治、兒童疫苗接種的推動、全球性疫苗的研製及免疫力的加強和眼角膜的捐贈等醫療保健和公共衛生的工作。

今 (2020) 年 2 月當中國發生的新冠肺炎疫情惡化時，比爾 • 蓋茲立即決定捐助五百萬美金的緊急款項資助中國的防疫作戰和其醫護人員。

比爾與梅琳達 • 蓋茲基金會，也是世界衛生組織 (World Health Organization，WHO) 的主要捐助者，為世界衛生組織最大的民間基金捐助人，2018 至 2019 年比爾 • 蓋茲的基金會共捐助世界衛生組織 5.3 億美元，在所有世界衛生組織的捐助者排名第二，佔此兩年中世界衛生組織所收到的捐助總額的 9%。最近，比爾 • 蓋茲又向世界衛生組織承諾，要資助該組織設置七個研製防治新冠肺炎的疫苗工廠，並表示即使因而花掉數十億美元，亦在所不惜。

我們的世界實在需要更多像比爾 • 蓋茲這樣子願意為全人類之福祉而奉獻的有非常強烈企業社會責任感的企業家。

台灣過去有一些大企業家也投資興建醫院，為我們台灣增加醫療資源，增強保健能力，當然是值得讚許的。不過，其中有人是抱著贏利賺錢的目的而為，甚至於還有要求醫院之營運應把利潤排在第一的企業，也因

而引來社會物議批評。我們需要工商企業者，以真正關心公共衛生醫療保健的抱負和立場來投資興建醫療事業，並且要有國際觀，能對世界落後地區醫療保健的改進，以及在面對此次全球性新冠肺炎疫情的肆虐，也能發揮「已飢已溺」的胸懷，對於疫情的防治做些有意義的捐助。

（四）勞工權益與福祉的增進問題

勞工是工商企業經營者的最重要的事業夥伴，也是工商企業者賴以生產產品、提供服務的不可缺的重要資源。善待勞工，對他們的福利和權益給予合理的保障與增進，這應該是所有企業所有者、經營者不可推卸的義務和責任。

我們台灣的企業，在國內已經使用了不少外籍勞工（或稱移工），而在國外投資創業、興業，更需僱用企業經營地的本地勞工，有時還會用到在企業經營地工作的移民勞工。我們的工商企業者，不能為降低勞動成本，而儘量壓低勞工的薪資、福利和職業安全衛生設施。

前面提到的各種國際上所加強推動的企業社會責任標準，無不非常重視勞工的權益和福利問題，特別是「國際勞工組織」和「經濟合作暨發展組織」(OECD)，對於工商企業經營者在勞工方面，有相當高水準的要求。我希望我們台灣的工商業者，不問在國內或國外，都要盡量以國際的標準，來做為決定其員工待遇和工作條件的主要依據；如此，我們的工商企業者才能在日益重視企業社會責任的國際社會中，享有好的聲譽與應有的競爭力。

結 語

　　企業應有社會責任，應盡一切力量善盡社會責任，已經是全球對企業經營者的一種要求，也是企業經營者所無法抗拒的一種營運趨勢。

　　我們中華民國是一個貿易大國，是一個非常希望在國際社會於經貿發展方面受到肯定和重視的國家。我們也一直努力在提升我們在經貿方面的國際競爭力。當整個國際的趨勢，要求企業不能只顧賺錢獲利，也應對於與人類社會存亡、與整個地球永續發展相關的議題和面向，有所貢獻的狀況下，我們的工商企業經營者，應提高企業社會責任的國際觀，應將企業社會責任的國際標準，融入其企業經營理念和作為之中，並在企業社會責任方面有良好的表現，我們才能成為國際社會所不能忽視所高度肯定的重要經貿國家。（2019 年春講於國立暨南大學，2020 年 8 月增修）

第 9 篇

對年金改革國是會議的幾點建議

前 言

年金改革的目的，說穿了，主要還是為了避免軍公教及受僱勞工的老年給付和退休金，為最終要負保證給付責任的國家，帶來難于承受的負荷。而改革的方向和做法，無非就是「繳多、拿少、工作長」。上面這些論點，相信大家，不論政治立場是藍是綠，或者身分是軍公教或勞工，都會同意和接受的。

但是，何以年金改革一經民進黨政府啟動以來，一直抗爭不斷、爭議不斷，連平常很少走上街頭的已退休及現職的軍公教人員在去年 (2016) 九月間就聚集二十五萬多人在總統府前，就政府的年金改革方向和做法，情緒激昂和群情憤慨地示威抗議。而總統府年金改革委員會中，不同職種代表的委員和政府之間也常有激烈的爭論。在各地區舉行的年金改革座談，更是抗爭不斷。就連即將舉行的年金改革國是會議，也有各種不同的社團要動員數萬人加以包圍抗議，逼得國是會議的舉行地點要做改變。

因此，可以預見地，年金改革國是會議，場內場外，一定是抗議不斷、爭論不斷，能否達成各方面都能接受的共識，實在令人不無疑問。

儘管如此，既然國是會議會如期舉行，而年金改革也勢在必行，那麼，政府主管當局及相關負責人，就要先認清、瞭解何以年金改革啟動以來，一直紛擾爭議不斷。不去認清、不去瞭解，年金改革將無法得到民眾的認同，也必有非常大而嚴重的後遺症。

年金改革何以爭議、抗爭和紛擾不斷

　　年金改革自啟動之後演變至現在，之所以不斷有抗議、不斷有抗爭、不斷有紛擾，平心而論，主要還是由於下列幾個原因：

（一）**政府顯在操弄民粹、污名化軍公教人員，特別是已退休的軍公教人員**：擅長民粹並以民粹取得政權的民進黨政府，一開始談年金改革就以少數高階政務官的退休所得為例，刻意誤導民眾認為所有軍公教退休人員之退休所得都過高，都於退休之後享有非常優渥的生活，而因此終會造成國家財政的不堪負荷，甚或破產；而事實並非如此，實際上有不少的軍公教人員，退休所得相當有限，過的是克勤克儉的清苦日子。另一方面，政府不少主事者一直以軍公教人員是國民黨的堅定支持者為假設，而肆意污名化軍公教人員。雖然，現職及退休軍公教人員反污名要尊嚴的抗議聲浪勢如燎原之後，蔡英文總統被迫出來說了一些安撫的話，但軍公教人員對政府、對民進黨的信任感幾乎已蕩然無存了。

（二）**政府挑動不同職種的對立**：政府於開始要進行年金改革時，其主

事者及其御用的學者、專家，除了運用「柿子先挑軟的吃」，即台灣俗諺中的「軟土深掘」的霸道手段，去汙名化軍公教人員，企圖把軍公教退休人員可能的反彈、反對壓制下去之外，並且用一些似是而非或刻意隱瞞實況的資料，誇大軍公教人員和勞工退休所得的差距，並有意誤導勞工來反對軍公教人員。這使原本沒有什麼階級意識和對立的台灣社會，平白之間製造了不應該有的職業分化與對立。這當然使民眾對年金改革意見愈來愈分歧，也越來越抱有敵意和抗拒。

（三）**製造世代對立，使年老一代和年輕一代對改革的立場愈加尖銳對立：**

啟動年金改革之初，政府主事者就有人大談什麼「世代剝奪」，好像已退休的一代「剝奪」了年輕的一代，好像年老的一代對不起年輕的一代。須知，社會保險、社會福利，講的是「世代互助」，也就是這一代幫助上一代，下一代幫助這一代。社會保險的理論從來沒有談什麼世代剝奪。而且，更荒謬的是，政府更放縱一些其支持者和其御用的專家和學者，以及若干資訊不足的青年，大談什麼一個大學畢業生一個月只賺二萬多，為什麼軍公教人員退休之後有人一個月可以拿四、五萬；聽起來好像不工作者比工作者拿的還多。其實，這就是職場和退休制度必然的結果。一個人在職場上奉獻三、四十年，從基層做起累積貢獻與年資，到退休之後拿個四、五萬甚至五、六萬並沒有什麼稀奇、不對；而一個初入職場沒有什麼專長

的大學畢業生一個月賺二萬多，也不是不可能。這是由於年資、貢獻的不同和退休制度的本質所致。可是，我們的政府卻有意利用此種職場的必然現象，去分化年輕一代和年老一代。顯然要煽動、利用年輕人去反對、威嚇退休者及老一代，實在很不妥當，也很不道德。蔡英文總統最近談年金改革喜歡說一句：「犧牲這一代幫助下一代」。我們不知她指的「這一代」究指「那一代」？是指已退休的「這一代」，還是指目前在工作的「這一代」。如果指的是現在在工作的「這一代」，我們不知道，她要他們犧牲什麼，他們「這一代」能犧牲的不外「多繳保費」、「退休少拿一點」和「工作年限延長一點」，這是年金改革必然會有的結果，只要改革能保障他們退休後可過合理而有尊嚴的生活，談不上什麼犧牲、也不必再做什麼犧牲。如果指的是已退休的「這一代」，那麼請政府不要忘掉，他們這一代，在工作期間該繳的保費都繳了，該納的稅一毛錢也沒少，而且他們這一代還把目前在職場工作的「這一代」教養長大，也對他們的上一代盡了奉養之責。現在他們老了依法退休了，正要平平安安不虞匱乏地過生活、過日子，蔡總統還要他們犧牲，不知他們還要犧牲什麼，還要犧牲到什麼程度。

政府該做的是回歸正途，好好實現「世代互助」，好好發揚光大「世代互助」的社會保險理論，而不是製造世代對立，企圖煽動和利用年輕人的不滿，來達到年金改革的目的。

（四）**政府企圖規避做為軍公教人員的雇主應有的責任**：對於軍公教人員而言，政府具有雙重身分，一是這些軍公教人員也是國民的一份子，政府對他們當然也要負起照顧他們這些國民的責任。他們這些從事軍公教行業的國民，當然也享有憲法所保障的所有國民應有的基本權利，包括他們的生存權及財產權。另一方面，對軍公教人員而言，政府也是雇主，當然應該盡雇主應盡的義務及責任。就年金改革而言，政府應負起使軍公教人員在退休之後享有適當而有尊嚴的生活。民間企業對於已依法退休的員工，絕對不可以隨隨便便改變他們的退休所得或拒絕支付他們應得的退休金，否則政府就會依法加以制裁。同樣的道理，政府當然也不可以憑自己之所好，隨隨便便去變更已退休軍公教人員的退休所得。

我們看年金改革開始進行以來，政府對於其做為軍公教人員之雇主所應負的義務和責任，似乎一直避而不談，難怪會引起疑慮和不滿。

（五）**漠視「法律不溯及既往」及「信賴保護」原則**：此兩原則為法治社會的鐵律。法律之所以有規範力、穩定力和可信力、強制力，靠的就是「法律不溯及既往」以及「信賴保護」等重要基本法則。不幸的是，年金改革主事者，大談只要能通過立法，就可以棄這些重要法則於不顧，一副非常霸道而蠻不講理的行徑，令人驚訝與心寒。

年金改革如果真有必要，對於已實行者及相關法律做一些修正，並非完全不可，但要有相當大的合理性及必要性，而且要盡其可能地

維護「法律不溯及既往」和「信賴保護」的法則。否則，難保今日之所改者所訂者，他日也可能遭到完全地推翻，那麼改革如何能可長可久呢？

（六）政府對於現行公勞保財務及改革對國家財政影響之實況未說明清楚：現行公勞保老年給付收支實況，及其財務結構和對國家財政可能的影響，以及改革後的財務結構，暨現行及未來公勞保基金運用的情形及推估，政府並未詳細向民眾交代過。所謂不改革對公勞保老年給付的財務暨對國家財政有多大影響，以及改革後又有多大的助益，迄今不見有任何使人心服、心安的詳實數據說明。所以對改革的做法很多人自然有所保留、有所疑慮、有所困惑，甚或抗議質疑。

對於上述這些現象，政府理應虛心而耐心地去認識、去瞭解，而且妥慎地去因應、溝通、釋疑或說明，但實際顯然並非如此，令人遺憾。政府如果不去做必要的了解和因應，就算年金改革靠民進黨國會的優勢通過了，對國家社會也必有極大之嚴重後遺症。

對年金改革國是會議的一些建議

基於上面的分析，對於年金改革國是會議，特別提出以下的幾點建議：

（一）年金改革國是會議不能做為政府方案的橡皮圖章：
國是會議是要讓各方不同意見者充分表達他們的看法，然後來凝聚

共識，提出可行方案供政府之改革參考採行，而不是大家聚在一起開個會，以所謂超黨派的國是會議之名，來為政府所提出的改革方案背書。當然，政府的構想若合理可行者，固應支持，但其顯有不妥、不公或難於實行者，則應反對到底，且應提出可行的替代方案。

（二）國是會議應肯定已退休軍公教人員對國家社會的貢獻和辛勞：

國是會議應該利用其超黨派和容納各方代表的身分，正式而莊重地對已退休軍公教人員的貢獻和辛勞加以肯定，並要求政府也作同樣的宣示；同時，更應要求政府就若干負責年金改革的政府官員之不斷污名化退休軍公教人員的行為，正式表達歉意。

（三）國是會議應該強調「世代互助」的重要性，並要求政府以此「世代互助」而非「世代對立」、「世代相剝奪」，來做為年金改革的基調。

（四）國是會議應強力捍衛「法律不溯及既往」及「信賴保護」的法則，一方面鞏固國家的法治，一方面合理維護已退休軍公教人員的應有權益。

（五）國是會議應本「維護勞工合理權益、增進勞工生活福祉」的原則，規劃出適合於民營企業員工的合理的退休保障制度。

（六）國是會議應該兼顧年金改革的程序正義及實質正義。因之，國是會議關於年金改革的討論應完全透明化，全程開放媒體採訪，而且要讓不同意見和聲音都能充分表達出來。

（七）國是會議應承認職種不同、位階不同，其退休金必不同的道理，不可以什麼都一刀切。

（八）對所謂「十八趴」應有正確之評價：所謂十八趴有其歷史背景，而且已有所變革，目前也不存在；因之，年金改革國是會議應承認肯定當年十八趴存在的正面意義及價值，不可一味加以污名化，也不可使所有以前受過十八趴保障的軍公教人員的尊嚴受到踐踏。

（九）國是會議應提醒政府加強並做好經濟建設：關係未來國民，不問其為軍公教人員或民營企業的受雇者（即勞工），其退休所得及生活的最大和最關鍵因素，莫過於國家的經濟發展。如果國家經濟持續成長發展，則大家的退休所得和退休生活，必然水漲船高，跟著提升和改善。所以，年金改革的國是會議不可忽視這一道理，應正式做成決議要求政府善盡執政者應有的責任，好好使國家經濟不斷成長、創新和進步。

（十）與年金改革相關的的財務實況應講清楚說明白：國是會議應要求政府將目前軍公勞保老年給付的相關財務，包括其實際收支，所謂潛藏債務，以及國家負最終保證給付責任所應負擔的金額，暨政府改革腹案的財務改革推估，講清楚說明白。要知道，軍公教勞保老年給付因有國家負最終保證給付責任，所以，理論上，這些保險的老年給付，是不可能倒閉的，除非國家也垮了。因此，我們要考慮的是如何使這些保險的老年給付最好做到自給自足，也就是使國家財

政,亦即納稅人,不必為這些老年給付擔起太大而難於承受的負荷。

(十一)應做好各種退休基金的管理:所有與退休有關的基金,不管軍公教者也好,勞工者也好,如果能好好管理運用,必能不斷增加收益,使退休者更有保障。因之,談年金改革千萬不可忽視這些基金的妥善管理、經營和運用。希望年金改革國是會議一定要注意及此,並作成決議。

結 語

年金改革國是會議,如能達成大家都能接受的共識,當然很好。但是,如果意見實在十分分歧,未能形成共識,那正顯示年金改革還有很多研究討論及溝通的空間,因此不必強求要立即有共識。政府應該依國是會議所提出的意見,再好好去研究、溝通,不要急於求功、求有結果;一例一休的民怨四起,政府應引以為鑑引以為戒。

最後,要強調,民進黨現在握有執政權及立法院的多數,要強行通過法案,輕而易舉。但是,我們要提醒政府,一個不獲大多數民眾認同、還有很多人抱怨甚或抵死不從誓死反對的年金改革,即使成了法律,一定會為國家社會帶來非常嚴重的後遺症和影響深遠的不良後果。(原發表於 2017 年 1 月 18 日財團法人國家政策研究基金會國政評論電子報;同月 19 日又經風傳媒電子報轉載發表)

【附記】

年金改革應再導正

　　本文發表之後曾受到極大之迴響和認同。然民進黨主政的政府已不顧一切，無視退休軍公教人員及相關各界的反對，挾其國會的多數強力通過推動實施年金改革，且經意識形態顯然傾向於蔡英文和其政府的大法官會議以避重就輕和刻意無視於基本法治法則的方式，給予背書，實令人遺憾。惟年金改革實施以來，已不斷出現本文所提之各種後遺症和問題，更使警察消防人員之新陳代謝受到嚴重之衝擊，也使不少低階而年長之退休人員晚年生活無法得到應有之保障。而涉及之人數最多，其財務狀況顯已出現危機亟需變革之勞工保險老年給付年金，民進黨政府因恐影響其選情迄今不敢做任何必要之改革。至盼政府要依其承諾將年改做到全面而徹底，方能真正發揮改革之效。而對已發生之年改之各種問題，政府亦應及時予以導正。（2020年8月）

第 10 篇

年金改革首應予以導正和釐清的
觀念及問題

年金改革自蔡英文政府上台且啟動改革工作之後，社會各有關方面就吵成一團，亂成一團，甚至已退休的軍公教人員「忍無可忍」，有近二十萬人被迫走上街頭向蔡英文政府表示「反汙名」、「要尊嚴」，原因就在於蔡英文總統、她的政府和一些民進黨的民代，及其他附和、支持蔡英文政府的人士及所謂「名嘴」，對於年金改革的一些觀念、說辭及態度、舉措，非常有可議之處，不少還是似是而非，別有用心；而且，一些關鍵性的問題，蔡英文政府從未加以作必要的說明和釐清。

挑起職業、族群對立的不當和不智

改革不必製造對立。然而，最令人遺憾的是，蔡英文政府似乎刻意在製造和加深職業和族群的對立。一直以來，蔡英文政府有關年金改革必要性最常運用的一項資料，就是所謂勞工年金所得與軍公教退休所得有極大的差距，目的一方面在突顯所謂軍公教退休者拿得太多，一方面則在說明勞工對於軍公教而言，有極強烈的「相對剝奪感」。這項資料在軍公教退休人員走上街頭的前夕，行政院又公布了一次。但此一資料是錯誤的且顯

係別具用心所製造出來的。因為按目前我國的制度，一個有一定雇主的勞工（絕大多數從業勞工都屬於此類），當他退休時，可以拿到兩筆所得，一為勞保中的老年給付（即現在一般人所稱的年金），另一為依勞基法和勞工退休金條例，從雇主所拿到的退休金。軍公教人員，也是如此，一為從軍公保所取得的老年給付，另一為從雇主（即政府）所給予的退休金。可是，蔡英文政府對外所發布的兩者退休後所得比較，卻用軍公教的公保老年給付加退休金來比勞工的勞保老年給付，而刻意不提實際佔勞工退休所得之主要部分的勞工的退休金，如此一來，就有很大的差距。此種刻意漏掉勞工退休金的作法，實在居心叵測，除了要分化勞工與軍公教人員並製造職業對立且誤導社會之外，實看不出還有何動機。可說非常之不當和不智。

年金改革要如何改、改什麼沒有完全講清楚說明白

　　蔡英文女士於競選總統期間及上台執政之後，一直大喊要年金改革，但要改什麼，怎麼改，卻始終沒有向國人有一個明確而具體完整的交代。蔡英文女士已競選總統兩次，她當選與就職之間也長達四個月之久，照道理講，她當選就任總統之後想做什麼，改革什麼，如何做、如何改應該早就有具體的腹案；如果沒有，那她所謂已做好當總統的準備的話，根本就是不實的空話。如果有，就應該於啟動改革工作之時就向國人公布，以便接受檢驗和引導辯論與與討論。但迄今蔡英文政府並未這樣做，原因何在，令人費解？據說最近期間可能會公布。我們希望愈快公布愈好，而且

要完整的公布，並要留有合理的足夠時間供大家瞭解、檢驗和討論，萬不可把目前設於總統府的年金改革委員會及政府計畫召開的年金改革國是會議，當成只為政府改革方案背書的橡皮圖章；也應開闊心胸接納不同的建言。

年金改革起因於政府表示軍公保和勞保的老年年金給付準備金嚴重不足，及公勞保潛藏債務與可能的保費收入有極大的落差。所以，大家的瞭解，所謂年金改革應該是要對此而作一些變革。

可是，依我們目前的制度，一個人退休的所得，除了前述的軍公勞保的老年給付之外，最主要的部分還是得自雇主的退休金。而依據世界銀行所提的支撐老年生活保障的所有支柱，不論其三層次或五層次的說法，都應包括社會保險、退休金、私人儲蓄和投資及自加的商業保險、子女奉養暨政府的救助。

那麼，我們就要問，此次年金改革到底只是想「腳痛醫腳」、「頭痛醫頭」，僅僅觸及軍公勞保的老年給付，即社會保險層面，還是也要涉及到退休制度。可是勞工的退休制度已經在幾年前就改成提撥式的個人專戶年金制，迄今還頗受各方所肯定，難道還要再改嗎？如果是，又要怎麼改？又軍公教的退休制度是否要改，如何改？是不是走年金化？再者，如何刺激國民儲蓄和投資意願及強化子女奉養和社會救助機制等等，是否也應在此次改革範圍之內。這些問題，蔡英文政府都從未有所交代、有所說明。這不是進行改革應有的態度和做法，也不是負責任的表現。近期來，

不少有關年金改革的探討與辯論，之所以顯得有些無的放矢或未能對準焦點，原因在此。

不客氣地說，蔡英文政府到現在為止，給人的印象是，只在拼命喊改革的口號，卻端不出改革的牛肉。令人遺憾。

軍公勞保的老年給付的準備金及保費費率提高問題

如前所述，導致年金改革的原因，是由於依政府的說法，軍公勞保的老年給付的準備金嚴重不足，潛藏債務極大，將拖垮國家的財政。

我們先來談潛藏債務。所謂潛藏債務大，不論軍公保或勞保，早就存在而且相關主管機關也早就注意到。潛藏債務，指的是，當所有有資格可領取老年給付的被保險人全部來領取時，軍公勞保的保險機關應該支付的現金總額。這種有資格可領者全部都來領的現象，就有如銀行存款人的擠兌，就軍公勞保而言，除非國家政府要垮，財政要破產，否則不可能發生。所以，一般國家，在社會保險所提的現金準備金，都是以足可應付平常每一年度來領取給付者之所需，並維持一定的安全儲備為準，從未有連潛藏債務也全部提足的做法。

因此，蔡英文政府既然常常將軍公勞保老年給付準備到某年就會破產來宣傳改革的迫切性、必要性，民眾有權利知道這些社會保險的老年給付準備金每年收入和支出的真實情形，是否足以應付每一年度的必須支付所需。潛藏債務應該統計，但不能用以誤導甚或恐嚇民眾。

社會保險的改革無非「繳多、領少、工作長」，也就是保費要多繳，給付要減少，而領取給付所必須的工作年限要增加延長，其他別無什麼絕招、妙招。

台灣的社會保險長期以來一直受限於低保費政策，保費的收入無法維持保險的成本，這是違反社會保險的基本操作原則的。此種政策之形成，立法機關及相關利益團體（勞方及資方團體）應負絕大部份的責任。民國七十年代本人擔任台灣省政府社會處長期間，勞保是由台灣省政府主辦，省社會處是目的事業主管機關，以後本人擔任行政院勞工委員會主委期間，勞委會是勞保的中央主管機關。本人記得我們曾重金禮聘於美國哈佛大學任教的精算專家，為勞保的保費做精算並計算出符合成本需求的保費費率。但是，每次修改勞保費率時，我們提到立法院旨在反映成本的費率調高的草案，幾乎都被至少腰斬一半，完全不敷成本的要求。其實，這才是今天軍公勞保的老年給付準備金可能嚴重不足的主要原因。此處必須指出，當年民進黨前身的黨外、及後來的民進黨的民代，是反對調高費率以敷成本需求最力的一群。

今天要改革軍公勞保，勢必要大幅調高保費及費率。目前的立法院為民進黨所掌控。蔡英文政府既要改革年金制，就要負責任地向全民宣示一定要大幅調高保費和費率，而她也應以民進黨黨主席的身分保證，民進黨所掌控的立法院一定會不打折扣地全力配合。可是迄今為止，大談年金改革的蔡總統和她的政府，絕口不談大幅調高保費、增加被保險人和雇主負擔的必要之舉；是不是與她及她的政府只想一味討好選民的做法有關？！

對退休及退休金的曲解並惡意抹黑退休人員的問題

年金改革的討論展開以來，有一些支持蔡英文政府及民進黨的媒體、民代和所謂名嘴一直對退休和退休金加以曲解。例如，竟有人質問退休軍公教人員：「什麼事都不做，一個月竟拿幾萬塊，不覺得可恥嗎？」有一些年輕人竟然也跟著起哄，真是可嘆可悲。

什麼叫退休，誰都應明白，就是指一個人長期為社會為國家服務，到了一定的年限和年齡之後，從工作崗位上退下來，以安享餘年。退休後當然可以不必做事，當然可以什麼事都不做。關於退休金有很多理論、學說，有雇主恩給說、人力折舊論、社會安全制度說及延期工資給付說；不管什麼學說，享有退休及退休後可以取得退休金，已經是世界各國所公認的很重要的勞動契約、勞資關係中的一部份，也是受雇者所應享有的待遇和權利。明白地講，退休金也是工作待遇的一部分，而且是很重要的一部分。退休者領退休金本來就理直氣壯，哪來的可恥呢？

這一點很明顯的道理，有些別具用心的民代，媒體或「名嘴」，包括一些政府官員，卻故意要加曲解，以混淆視聽，固然為人所不齒。可是蔡英文政府內主持年金改革的相關官員竟然沒有人出來導正，顯然就是要加以放任，使其幫助達成污名退休軍公教人員的目的；這是哪門子的政府？

要知道，不少社會福利辦得不錯的國家，例如北歐國家和德國等，其退休人員（含軍公教退休者），因有優渥的退休給付，很多人在退休後都長期到亞洲國家如泰國等地居住享福，什麼事也不做。台灣為什麼不向人

家學學，反而要去羞辱退休人員？

年金改革談公平應有的做法及不同職業收入的差異性

民進黨政府此次搞年金改革，大談什麼公平。如果蔡英文政府要談公平，就要做到真公平。

就目前必須改革的軍公勞保，我們來看看各自的保費分擔比例。

勞保保費的分擔比例如下：被保險人（即受僱人，勞工）20%，政府補助10%，投保單位（雇主）70%。

公保呢？被保險人（即公教人員、受僱人）35%，政府65%。我們必須特別指出，政府對於軍公教人員而言，具有兩種身分，一為雇主，二為政府。

年金改革如果真要做到公平，真要做到所謂「拉近職業差距」，那麼在社會保險上就要把雇主（即私人企業和政府）、被保險人（即勞工、軍公教人員），以及政府（用純政府身分補助）三者負擔的比例，完全拉平，這樣大家就沒有話講。如果現在勞保的保費分擔比例是合理的話，那麼軍公教的保費分擔比例也要比照調整，也就是說被保險人（軍公教人員）負擔20%，政府補助10%，而雇主（政府）則負擔70%。這樣子才算真公平。假定做不到，請蔡英文政府不要再動不動就談什麼公平不公平了！

這一次有關年金改革的爭論中，也有人對不同職業收入的不同有意見，並認為大家不問在年金或退休所得最好都要一模一樣，不能有太大的

差距，也才不會有相對剝奪感，也才不會有職業上太大的差距。

　　說這種話持此種論點的人，完全不知或故意不願意知道職場中的真相。在全世界除了極少數實施共產主義的國家外，每一個國家、每一個地方，凡是不同的職類、職種和職位都有不同的責任、工作負荷及就業條件和任用資格，因而所得的待遇，必然不同。例如，蔡英文總統和她的部長們的薪資待遇，就遠遠超過一般的科員；又如在一般事業單位中，雖然同樣適用勞基法，但高階工程師或資深而技術好的技工，絕對比一般的作業員所得要高出許多。薪資和所得高，最後所獲得的退休金及老年給付，也一定會較高。如此明顯的道理，竟然還有人要曲解，也竟然還有人用以抹黑軍公教人員，並要用這個來挑起一般勞工階層對軍公教人員的不滿甚或仇恨。是何居心？令人感嘆！而蔡英文政府對此也竟然一直是緘默以對，使人不得不覺得現在的政府有加以縱容以分化勞工及軍公教人員的意圖，俾藉以排除它認為係年金改革阻礙者、絆腳石的軍公教人員所可能引發的反彈及抗爭。

政府做為雇主應有的責任問題

　　就軍公教人員而言，政府就是他們的雇主。

　　目前已退休的軍公教人員，當年要到政府服務，受僱於政府，並不是那麼容易，絕大多數要受一定程度的教育（大部分是大學以上），也要辛辛苦苦通過國家的考試，而這一批人也大多數是來自家境清寒或不富裕

的工人、農民、軍人或公教家庭，他們選擇當軍公教人員，當然也都考慮過國家依法令所公告的工作條件、待遇（包括社會保險及退休所得）。他們把一生奉獻給了國家，退休之時他們就應依法享有應有的退休給與。換言之，就法言法，從退休開始，他們就是退休金的債權人，而國家（政府）作為雇主就成了退休金的債務人了。

我們的勞基法及勞工退休金條例都明文規定，勞工一旦合乎退休條件退休或開始受僱，其雇主就應給付退休金或撥付勞工退休金專戶應付的基金，違反者應受法律的制裁。

請問，如果政府作為雇主不依法、依原規定給付其受僱人（即軍公教人員）應得的退休金，則其對違反前述勞基法和勞工退休金條例的民間雇主，能有充分的正當性來處罰嗎？

因此，對於已退休的軍公教人員的退休金所得，在此次年金改革中，要如何去變動，要非常非常地謹慎的處理、溝通，千萬不能有「我要怎樣就怎樣」的想法與做法。

法治社會中所非常重視的「信賴保護」及「法律不溯及既往」的原則，要充分加以考量。需知，如果隨隨便便就破壞此兩原則，那麼，今天改革後的立法，就會缺少應有的可信賴性，年青的一代也會認為現在這種依改革而成的法律，有一天也會成為具文，因為以後很有可能也會依需要再作改革再另立新法來取代它。

目前，政府完全不談政府做為雇主應有的責任，實在是一種逃避、一種不是負責任應有的做法。不去面對，就無法解決其所引發的各種問題，年金改革就做不下去。

政府所要做的年金改革，到現在為止，從相關的主事人員及蔡英文政府的支持者、附從者的談話來看，似乎只要對現在已退休的軍公教人員的年金和退休金所得大刀一砍，就可以做好，就可以解決，這是在模糊改革的焦點及把問題過於簡單化。

結　語

年金的改革必須同時放眼現在及未來，也必須建立在一個均富而非均貧的社會之上，也就是說，年金改革必須是使現在已退休者及未來的退休人，都能享有一個不虞匱乏的小康的退休生活。否則，改革就是失敗。

年金改革是必要的，對此相信沒有人會有意見。但是，蔡英文政府現在這種使社會走上職業、階層和族群對立，並使軍公教退休人員感覺受到屈辱、尊嚴受損的年金改革，如不在觀念上、態度上及做法上立即有正確的改變；對於相關的問題如不去面對、去釐清、去解決。那麼，不但改革難於成功，恐怕還會帶來非常嚴重的後果。（原發表於 2016 年 9 月 7 日**財團法人國家政策研究基金會國政評論電子報**）

第 11 篇

軍公教退撫及勞工保險老年給付制度改革之我見

目前政府已著手研擬有關軍公教退撫和勞工保險老年給付之改革方案。此一改革方向，因所謂可能發生之潛藏債務危機，早已精算其數目，而必須改革之方向不外是增加保險費率（或自提退休金比例）、延長退休年齡、減少給付，也就是大家所謂的繳得多，做得久，拿得少。對此等原則，現在社會似乎已漸有共識。惟到底應增加多少保費，退休年齡應往後延幾年，給付要減少多少才算合理，方能為大家所接受。以及所得替代率，應該維持什麼樣的水準，則有待近一步詳加研究、研擬方案，凝聚共識，才可使此一攸關全民及下一世代民眾的改革，真正可以解決其當前所面臨之潛在財務虧損嚴重、不同職業階層有令人認為不合理之給付差距、下一世代民眾將背負沉重包袱，和若干軍公教退休人員退休所得偏高不符衡平原則等等問題。因之，本人建議，此一改革，應特別注意把握以下原則：

（一）、要有社會保險應有成本觀念之認知，也應推廣「天下沒有白吃的午餐」（There is no such a thing as free lunch.）的觀念：台灣之各種社會保險之所以會面臨可能破產之財務危機，很重要的一個原

因，是長期以來受選舉影響，民粹主義盛行，各政黨一味討好民眾，所以，保費無法真正反映成本，民意機關對於由精算師精算之費率往往隨意降低、減碼所致。所以，政府必須費大力氣，教育民眾，特別是要協調民意代表尤其是立法委員，使大家瞭解「天下沒有白吃的午餐」的道理，及社會保險也要有成本觀念，才能破除目前社會所存在的「逢改必反」、「逢漲必反」、「盲目追求低保費」的不健康心態。

（二）、**應博採周諮，廣納建言，集思廣益，凝聚共識**：此一改革，不但與每一個國民有關，也與每一位下一世代的人相關。必須大家突破成見，尤應忘掉選舉、忘掉選票，跨越黨派，才能成功。此所以，我於今年 (2012) 十一月三日在國民黨中評會建議召開國是會議的原因。政府現既因認為國是會議已成為政黨角力之話題而不擬召開，則應盡一切力量，循其他一切可行之管道，多聽基層聲音，多聽勞工、產業主、軍公教人員和專家學者之看法，由下而上，凝聚共識，使此一改革具深厚之民意基礎，方可以完成必要之立法及推動必要之行政措施。如能由行政院召開一個類似退撫及年金改革之會議，由專家、學者、各行各業代表及立法院相關委員會之代表參加，共同研討，也是一種可以匯集各方意見、建立共識的可行之道。

（三）、**要有追求社會「均富」而非「均貧」的基本立場**：此次的改革非

常強調「平等」，立論正確無可厚非。但是，社會上似乎存有一種氛圍，即有些人持有「只要有人在退休所得拿得低，他人就不應拿得多」的偏見。需知，不問軍公教人員或勞工，均有高所得者和低所得者，其退休後之所得，因而有高低之差異。其高得不合理者，自應予以調低，但不應以低所得者為基準，將所有超過此一基準者一律拉低調降至此一低基準。否則，就是在追求「均貧」。我們應努力儘可能使所有退休國民，不問勞工或軍公教人員，皆可享有均富社會應有的生活。我認為政府在進行此次的退撫和勞保老年給付的改革時，應有此種基本認識。

（四）、應重視「法律不溯及既往」及「信賴保護」的法治精神：對於已退休之軍公教人員，就其退休後之各種所得，其確屬不合理者，和所得替代率確屬不合理地偏高者，應加以合理調整改變；至於其他人，則應本法律「信賴保護」原則，和「法律不溯及既往」之法則的精神，儘可能予以維持。否則，民眾對於此次之任何改革，將不會產生信任，也就不會支持，因為以往已有法令所明定保障之退休所得，於領取之過程中，現在政府既然可隨意加以改變降低，則民眾自然會擔心現在改革後所確定之退休所得，以後政府會不會又以新的藉口予以調降。因此，對於所謂十八趴之變革，應在上述精神下，採階段式、漸進式之做法，不可一次遽予廢棄，而影響退休者之生計，及法令應有之威信。對勞工有關

退休後生活之保障,應努力做到使其勞保老年給付所領加上就業退休金所得,可達到至少原工作期間所得 70% 之替代率。

(五)、**軍公教之退休制應採「確定提撥制」且年金化**:軍公教人員之退休,宜參照現行勞工退休金條例之做法,今後改用「確定提撥制」(Defined Contribution Plan)且年金化。並且鼓勵軍公教人員多運用自提制度,在個人帳戶上多自行提撥,以增加將來退休後之保障。

(六)、**所得替代率不宜太低**:不論軍公教人員、勞工,其退休後之所得替代率,不宜壓得太低:為使退休人員其退休後之所得,實際上確可維持一符合其個人尊嚴之生活所需,其退休所得替代率,應至少維持在 70% 以上。

(七)、**現行之軍公教人員保險的老年給付、勞保之老年給付,以及老農生活津貼,暨國民年金等應加整合**:上述之給付、津貼和年金等在性質上均屬國家負大部分辦理責任之社會保險,亦即屬於世界銀行所提保障退休者生活之三個支柱(層次)的生活保障制度 (Three Pillar Old Age Security System),或多支柱(層次)制度 (Multi-Pillar Old Age Security System) 中的社會保險。為求公平起見,此一社會保險之老年給付保險,國家支付之保費比例,不論軍公教、勞工保險及國民年金,應力求一致。未來,現行軍公教保險和勞工保險暨國民年金,在老年給付方面,如無太多困難,

應逐漸加以統合、整合；至少，應於此次改革中，將未來之最終完成統、整合，列為努力目標。

（八）、**應鼓勵民眾多做養老儲蓄**：前面所提之世界銀行的確保退休老人生活保障之模型，不問三支柱型或多支柱型，都強調個人儲蓄之重要性。因此，政府應採具體可行措施鼓勵國人自青壯年開始，即未雨綢繆有計畫地從事養老儲蓄，並且以稅負優惠之方式鼓勵保險和金融業者開辦養老保險及有較高利率之養老儲蓄，以強化退休者應有之生活保障。因在世界銀行之構想中，個人儲蓄（包括投養老商業保險），應該也是退休者生活保障所需的一大來源，一大支柱。

（九）、**應加強做好對勞保、勞退、軍公教人員退休及保險等基金之管理運用**：除國家應負最終保證責任外，應透過更嚴謹可行之規劃，使此等基金可不斷增加收益，並減少甚或消除虧損之風險，以強化其對退休人員之保障。

又有鑒於最近社會上在就軍公教退撫及勞保老年給付問題討論、爭辯時，產生了一些使人不得不憂心和重視的現象，特於此再提出以下兩個意見供大家省思、參考：

（一）、**應儘快消弭不同職業階層的可能對立**

近來由於軍公教退撫和勞保老年給付的問題，社會上漸漸出現一種不

應有和不必有的階級意識和不同職業階層或階級的對立趨向，實在令人十分憂慮。

台灣社會由於統獨問題，已經存在著某種程度的政治對立，我們實在不可再有任何其他方面的對立和分歧。

台灣基本上是一個沒有所謂階級意識和階級對立的社會。蔣故總統經國先生當年曾很生動地舉出一個例子，來說明我們社會沒有階級對立的問題。他說台灣不少地方的公寓大廈裡，常常同時住著教授、中小學老師、中小企業主、工廠老板、賣菜的、開計程車的，大家和睦相處、相安無事。這種社會不同職業階層的融合，現在還是沒有多大改變。因此，政府應在權責範圍之內，和社會各有關方面，一起努力強化此種不同職業階層彼此相互包容，大家可和平相處互相尊重的無階級意識和對立的優良社會特質。

其實，今天，絕大多數的軍公教人員，都來自於工農家庭，而不少軍公教人員的子弟，很多人都是擔任受僱的醫生、律師、會計師、工程師，也就是在身分上屬於受僱者，屬於我國現行法律（例如勞工保險條例、勞動基準法等）所指的「勞工」。所以，台灣，絕大多數的家庭，其成員同時有軍公教人員和「勞工」。因此，我們實在不應該讓所謂不同職業階層或不同職業團體的對立，在我們的社會出現。所以，我建議，政府不妨將現行有關法律如「勞工保險條例」，改名為「就業者（或受僱者）保險條例」。我也希望總統及相關政府首長以及社會各界，能確實瞭解上述我們

社會人民就業結構的真正狀況，也就是我們是一個有社會學家所指的具很強「社會流動力」(Social Mobility) 的社會，將當前因為退撫問題的討論而正慢慢滋生的職業對立，設法消弭於無形。

（二）、應維護軍公教人員的尊嚴及強化做為軍公教人員應有的自豪感

最近由於討論勞保老年給付及軍公教人員的退撫問題，特別是所謂十八趴的問題，使軍公教人員好像成了「過街老鼠」，令許多軍公教人員覺得似乎得不到應有的尊重，有些人感到心灰意懶，甚至有選錯行、走錯路的感慨。

一個國家，如果沒有好的軍公教人員，或如果好的人才不願選擇軍公教做為職業，則國家行政和教育一定不會有進步，這是國家的不幸。因此，建請總統及相關政府首長和社會有關各界於此時此刻，特別要為現任軍公教人員打氣，多多鼓舞他們的士氣，凡是軍公教人員應享有的權利和福利，就應堅定不移地予以維護。

對目前的勞保老年給付、軍公教人員的退撫問題的解決，政府應集思廣益、廣納建言，在公平、合理的原則下去謀求解決。在此前提下，軍公教人員的尊嚴，政府要大力予以維護，讓優秀的人才願意出任、留任軍公教人員來為全民服務、為全民謀福利。

結　語

當前政府所擬進行的軍公教退撫和勞保老年給付的改革，猶如「七年

之病，求三年之艾」，針對此種長年所累積而成的問題，或者也可稱之為沉痾，千萬不可急就章，不可病急亂投醫，必須認真找出問題之真正根源，對症下藥；不可頭痛醫頭，腳痛醫腳；也要廣徵意見，博採眾議，凝聚共識，才能化解改革所可能遭遇到的障礙和阻力，以落實必要的變革，而達成一個沒有不良後遺症的改革成果。（本文主要內容原係作者於 2012 年 12 月 6 日在總統府資政座談的發言重點之一，後經充實增修於 2012 年 12 月 18 日發表於財團法人國家政策研究基金會國政評論電子報）

第 12 篇

關於基本工資的一些意見

──兼論基本工資可不必年年調但不能加以廢棄

行政院陳冲院長最近接受商業周刊雜誌 (1298 期，2012 年 10 月) 訪問時，就基本工資問題發表了一些論點，且似有廢除基本工資之傾向。陳院長於訪談中所展現的促使經濟儘速振興的苦心，令人感動。但其關於基本工資的若干看法，則有很大的商榷餘地。故特提出以下意見，敬請馬總統參考指正，也請陳院長指教。

壹、基本工資制度何以重要而受勞工和各界之重視

保障受僱勞工於職場中的工作所得不低於一定的水準的最低工資 (Minimum Wage，即我國之基本工資，本文以後即使用基本工資一辭) 制度，和工作時間不可超過一定上限的最高工時 (Maximum Work Hours) 制度，為 19 世紀末、20 世紀初，歐美社會主義者、人權鬥士、社會運動家，結合工人、工人組織，為反對血汗工廠 (Sweatshop) 並確保勞工享有合理之勞動條件，經不斷抗爭、奮鬥甚或流血所獲得之產物；於第一次世界大戰後由國際聯盟所成立之國際勞工組織 (International Labour Organization,

ILO)，就將此兩制度訂為受僱勞工所應享有的最基本的權益。從此，歐美國家先後立法加以採用，其他地區之國家於二次世界大戰前後亦紛紛跟進。根據ILO之統計，全世界現有90%以上之國家均以立法訂有基本工資。美國於 1930 年代，羅斯福總統實施「新政 (New Deal)」以因應「經濟大恐慌」(Great Depression) 並振興經濟所採取的重大措施之一，即正式立法在美國實施勞動基準法和基本工資制度。目前，美國，歐盟絕大多數之成員包括英、法、德、意在內，日本、韓國等均有基本工資制度。可以說，基本工資已成為保護勞工基本權益的象徵，亦已構成舉世公認的最根本的勞動人權的重要部分。

貳、基本工資在我國之實施與爭議

一、 基本工資之實施

我國早在民國十八年公佈、二十年實施之工廠法中即訂有最低工資（即基本工資）制度，並於民國 25 年公佈「最低工資法」，但事實上因戰亂並未訂有基本工資付諸實施。至民國 73 年公佈實施勞動基準法（勞基法），乃開始全面性地實施基本工資制度。

勞基法研定期間，即遭逢不少工商人士之杯葛或公開反對，也有一些經濟學者表示極大之異議。但當時之蔣經國總統、孫運璿和俞國華兩位行政院長（孫、俞兩位均具極強之財經背景），為保護勞工基本權益，擺脫依賴低工資發展經濟之做法，促進產業升級，增進勞資和諧暨健全經濟與

社會之發展，毅然決定制定勞基法，乃有民國73年勞基法之公布實施。

但有關勞基法之爭議依然時有發生。曾出現有一相當有名之經濟部長，公開於立法院大肆批評勞基法而被立法委員嚴詞指責後，不得不公開道歉並收回發言之情事。

自民國73年起，從蔣經國總統、俞國華院長開始，迄吳敦義院長為止，歷經國民黨與民進黨前後4位總統、12位行政院長，不但從無一人主張廢除勞基法或基本工資，而且一再擴大勞基法適用範圍，何以故？因工商人士所擔心之勞基法或基本工資可能妨礙經濟發展並未成為事實，而勞基法及基本工資之實施，又更代表著我國經濟及社會發展之日趨成熟，暨對勞工權益之保護已符合國際潮流、世界基本勞動人權理念和普世價值也。

二、 基本工資的爭議

自有基本工資制度以來，西方部分經濟學者即以基本工資對其所欲保護之勞工不僅無法帶來好處，反而造成傷害為由，而加以反對、否定，台灣亦有一些經濟至上的學者加以引用附和。但此說並未為絕大數國家之政府和立法者所採納，此所以如前所述包括被公認為資本主義國家和自由經濟制度象徵的美國在內的絕大多數的國家，均有基本工資制度的原因。

台灣每次研訂調整基本工資時，幾乎都不免會發生爭議或爭論，因勞資雙方甚至於政府主管勞工行政與經濟行政之部門間往往各有立場、各

有堅持所致,為一自然現象。依我國現制,一旦勞工與經濟行政之最高主管部門於基本工資調整問題上,發生歧見,行政院就要站在國家整體發展與兼顧勞資雙方利益之立場,予以調和或做最終之裁決。我們期盼現在的陳冲內閣也能不預設立場地本勞資雙方利益兼顧的原則,面對基本工資問題。

三、 基本工資保護了哪些勞工?又這些勞工是否應該加以特別保護?

陳院長於接受訪談中一再強調因無基本工資受惠勞工之確切數據,所以,難於決定基本工資應否調整(升),並暗示基本工資可能獨厚於外勞。關於基本工資,我認為政府所應重視者,乃它到底可以嘉惠哪些勞工,以及對這些勞工應否給予特別之保障;而不是問基本工資實際影響多少人,並斤斤計較其確切之人數。

基本工資保護的對象,即受惠者,可分為直接受惠者和間接受惠者兩類。(一)直接受惠者:包括:(1)初入就業市場者,(2)低技能、低年資的就業者,(3)殘障而受僱者,(4)中高年齡而重入職場者,(5)家庭主婦為彌補家用而就業者,(6)部分工時工作者,(7)勞動派遣之勞工,以及(8)其他非典型就業者。上述(6)、(7)、(8)類之勞工在台灣有日益增加之勢。(二)間接受惠者:指於職場所得僅略高於基本工資者,多數屬於年資較短的基層勞工,他們的薪資會因基本工資的提升而「水漲船高」有所增加。必須指出,不管直接受惠者或間接受惠者,其數量均隨時在變動,實在很難有

一個確切的數字。

　　我要強調的是，上述的工作者在我們的職場中是存在的，而且有幾類還繼續增加之中。他們都是職場中的弱勢者，當然需要給予特別的保護。他們的人數至少應在 150 萬人以上 (不包括外勞)，自然不能加以忽視。陳冲院長說他要知道確切人數，才能知道基本工資調與不調的衝擊大不大。因而，在此奉告陳院長，受基本工資影響之勞工為數不小，調與不調衝擊也不小。如果再考慮勞、健保保費與勞工退休基金的提撥因素，則人數就更多了。再說，凡是需要政府給予特別照顧的人民，政府不能以其人數不很多，就不給予照顧。例如，低收入戶人口現在大概有 33 萬多人，難道可以說它只有 30 多萬，只佔總人口的百分之 1.5 左右，就應對他們不聞不問嗎？行政院陳院長一再要找到受基本工資影響的確切數據 (事實很難)，言下之意似乎只要人數不多，衝擊不大，就可以不考慮調升；果真如此，這就有違政府的職責了。再者，假定人數真的不多、衝擊不大，則調升基本工資對整個勞動市場和薪資水準的影響、衝擊也不大，為何不調呢？數據當然是做決策時一個很重要的參考資料，但絕不是唯一的依據；更何況很多政策考量和目標是很難完全量化的，像勞工權益、社會和諧、人民感受等等就是。陳冲院長說他要確切的數據，「好讓以後的人不要像我這樣痛苦」。本人擔任勞委會主委期間，歷經俞國華、李煥、郝柏村和連戰等四位院長，他們面對基本工資調整這個政策性和原則性的問題時，似乎並沒有因為未能完全深入獲知事實上經常在變動的直接受基本工資影響之勞工的確切數據而痛苦過。不知陳院長的痛苦何所來？

四、 基本工資可否分區分業訂定

陳院長提出按區按業等訂定基本工資的想法。事實上,基本工資當然可以按地區、行業之不同來訂定不同的標準。例如,美國和中國大陸各地的基本工資就不相同。在美國,聯邦有聯邦的基本工資來規範跨州經營的行業,各州也各有其各自的基本工資,甚至於有些州還允許在其州境內各郡或各大都市可以自行訂定其基本工資。中國大陸各省的基本工資數額也互不相同。即使一省之內,各市也可各自訂定其基本工資。歐洲有些國家允許依行業之不同而分別訂定不同之基本工資。不過,美國、中國大陸及歐洲國家,其幅員都不小,故分區訂定基本工資較有實質意義,也較不會造成不良後遺症。

我們台灣是否也可分區訂定基本工資呢?早在20多年前,本人服務勞委會期間,即請相關同仁及專家研究是否可分區訂定基本工資。結論是不宜實施,理由是台灣地方太小,人口流動快而易,如果分區訂定,則基本工資較低地區的勞工勢必紛紛流向基本工資較高之地區。如此,將使基本工資較低地區(通常均為經濟發展較落後縣分),陷於勞力不足而難於引進產業之困境,以致使其很難趕上較發達地區之發展。這將使台灣各地均衡發展之目標更難於實現。再者,台灣各地間工資之差異並不很大,分區訂定基本工資,實質意義也不大。

至於在台灣以分業訂定基本工資,則似可考慮。因為在我們台灣,不同行業間之薪資水準存有不小之差異。如果,能將缺工較嚴重之三K

行業（即辛苦、危險、骯髒性之行業），以及高附加價值之行業之基本工資訂得較高，相信將有助於吸引較多勞工投入此等行業，而紓解其缺工問題。不過，如不將按分業訂定基本工資之做法僅限於上述之行業，則有使原本薪資較低之行業之受雇員工，陷於長期難於提升其薪資水準之困境的疑慮。

五、基本工資制度是否妨害經濟成長以及基本工資可否廢除

（一）基本工資並不妨害經濟之成長

反對基本工資制度的人，常常危言聳聽地說基本工資制度違反自由經濟原則、限縮勞動市場的彈性，妨害了經濟的發展。

台灣從民國 73 年實施勞基法開始即有基本工資，迄今已有 28 年的歷史，其間曾多次調升基本工資。如果基本工資妨害經濟發展，則從民國 73 年起，我們的經濟就應該逐年衰退和不振，但事實呢？過去這 28 年之內，台灣經濟曾有長時期的興旺榮景，只有相當短的期間包括目前在內，因受內外在等因素影響而有所停滯或呈現蕭條。

如果基本工資妨害了經濟成長，那麼何以長期有基本工資制度的美國和歐盟主要國家、日本，以及中國大陸都發展成為世界上舉足輕重、名列前茅的大經濟體呢？南韓也有基本工資制度，其經濟發展近幾年來一直呈現蓬勃增長的景象，而且在很多方面都超越了我們。

所以，所謂基本工資妨害經濟成長與發展的論點，根本就是無稽之

談，是一種經不起事實檢驗的偏頗之見。

（二）基本工資可以不調升，但不可以廢除

陳冲院長要相關部會研究基本工資的存廢，意思似乎就是他認為有必要時要加以廢除；至少顯示廢除基本工資也是他的決策選項之一。

本來，任何制度只要不好、妨害了社會的發展與進步，都是應加以廢除的。

全世界有超過 90% 的國家都有基本工資的制度，而且 ILO 認為它是勞工基本人權的一種象徵，顯然基本工資制度不是壞制度、不是有害人類社會的發展與進步的。

我們台灣的基本工資制度，從民國 73 年實施以來，歷經國民黨和民進黨前後 4 位總統，迄吳敦義院長為止，共有 12 位行政院長，儘管有一部份工商人士或經濟學者始終不喜歡基本工資甚或強烈反對，但從沒有一位總統或行政院長公然主張或公開考慮要加廢除，顯見這些總統和院長都深以為基本工資不但無碍經濟發展，而且還有益於社會安定、勞資和諧和保障勞工權益，暨具維護必要的公平與正義及促進產業升級的功能。

陳冲院長如果問工商界人士、雇主和一些經濟至上論的經濟學者，相信很多人會主張應該廢除基本工資，因為他們向來如此；但如陳院長肯移樽就教甚或不恥下問地去詢問一般基層勞工、工會領袖、人權人士和為弱勢族群發聲爭權益的學者和專家，那麼相信他們都會一致地主張應該保

留基本工資制度。兩者之間，陳院長當然應該有所取捨；如何取捨？當然要看陳院長是不是認同國際潮流？是否願意體認以前四位總統和十二位行政院長維護基本工資制度的政策考量和苦心之所在，以及是不是心中已存有為了救經濟不惜犧牲一切的定見？陳冲院長有權力可以決定廢除基本工資，但是否能獲得廣大人民的認同和支持，是否因此救經濟還沒救成而先造成了社會的不安。均請陳院長三思。

基本工資本來並不是年年都要調升，如果經濟狀況實在很壞，自然也可以調降。

本人於擔任勞委會主委期間（民國 78 至 83 年），因我國經濟發展一般尚稱平穩良好，故年年調升基本工資。但民國 86 年至 89 年，基本工資即未作任何調整；而民進黨執政八年期間，也只在 2007 年調升一次基本工資。

所以，基本工資調與不調，完全要依當時的經濟社會情勢做客觀判斷後來決定。

結　語

在此，我要強調，歐美國家，大多有組織嚴密、強而有力的工會，而工會也常常可以透過集體協商（collective bargaining）與雇主或雇主團體就包括工資在內的各種勞動條件進行討價還價，協商談判，必要時也常會訴諸罷工，以期逼使雇主接受其條件。雖然如此，他們還是保有基本工資（最

低工資）的制度。在我們台灣，工會團體除了極少數公營事業的工會外，大多數都不具備可和雇方相抗衡的實力，也缺乏與雇方協商談判討價還價的能力，當然，更需要基本工資之類的保障了。

所以，我強烈認為，基本工資可以不調，但基本工資不可廢；否則必將造成我國人權，特別是勞動人權的大倒退。

如前所述，全世界有90%以上的國家（而且都是主要的、重要的國家）有基本工資的制度，為何我們一定要逆勢而為，從進步的絕大多數的陣營退出，而背離潮流選擇加入未滿10%的極少數呢？難道我們的經濟已經壞到必須要病急亂投醫、飢不擇食了嗎？有人說廢棄基本工資就是實現法令鬆綁、落實經濟自由化。然而，談勞工法令的鬆綁，我們看到有些國家在工時制度任由勞雇雙方去協商（但仍不可違背最高工時的規定），但沒有鬆綁到完全放棄基本工資（最低工資）的要求的。

因此，如果政府並無廢除基本工資之意，則請馬總統或陳冲院長儘早於適當場合予以宣示，以消除社會疑慮，並杜絕不必要的爭議。（本文係作者於 2012 年 10 月 17 日以總統府資政身分寄送馬英九總統關於關於基本工資問題的建言，於 2012 年 10 月 22 日發表於財團法人國家政策研究基金會國政評論電子報）

第 13 篇

談外勞不得與基本工資脫鉤

　　據行政院有關負責人表示，未來開發自由貿易港區時，將考慮區內所僱用之外籍勞工，其所得薪資與基本工資脫鉤，亦即外勞所得可低於基本工資。相關行政院負責人並表示，如此一構想，可付諸實現，則因產業創新條例通過後所預期的產業「鮭魚返鄉」，將演變成「不只是鮭魚，甚至連鯨魚都可能返鄉」。此一說法及想法，實令人詫異，本人完全不能苟同，因為不問從基本人權觀念、台灣走向國際化之需要、保護本國勞工之立場，或促使我國產業發展及升級之觀點而言，外勞之薪資皆不應也不宜與基本工資脫鉤。理由如下：

　　一、從基本人權與勞動人權而言：全世界凡自稱為文明法治國家者，皆反對任何形式之歧視（Discrimination），皆主張法律之前人人平等。所謂基本工資，即凡在我國法律效力所及之地區，所有應適用勞動基準法行業之勞工，不問本國或外國受僱者，其所得均不得低於法定之基本工資。如我國竟立法規定，基本工資之保障不適用於在我國自由貿易港區工作之外籍勞工，則無異明白表示我國之法律對外勞有所歧視，如此不但顯然違背基本工資立法之原意，亦有違「反歧視」及「法律之前人人平等」之基本人權觀念。去（2009）年 5 月，馬英九總統鄭重其事大張旗鼓地代表我

國簽署參加聯合國公布的《公民權利和政治權利國際公約》及《經濟、社會和文化權利國際公約》，對於「法律保護平等權」及「同工同酬」之工作權均有明文規定。所研擬實施之所謂外勞與基本工資脫鉤顯與上述兩公約之精神及規定有所牴觸，不知將來政府如何就此來自圓其說？

再者試問如日本或美國之法律特別規定，凡我台灣之國民在日本或美國工作，不受其基本工資之保障，則我國政府能坐視不管嗎？我國國民願意接受嗎？由此一淺顯道理，即可知，外勞與基本工資脫鉤之想法，根本不合理，也不可行。

國際勞工組織（ILO）關於外勞之保護，訂有《移民就業公約》（1949）及《移民工人公約》（1975）；聯合國則於 1990 年通過一個於 2003 年開始生效之《聯合國保護所有移民勞工及其家屬成員之權利公約》。上述三個國際公約均保障外籍勞工在外國工作就業時享有「同工同酬」及「受法律平等保護」之權利，此並已成為國際上所接受之基本法則。如我國竟然立法通過外勞不必受基本工資保障，等於明白表示在我國，外勞與我國工人「同工而不同酬」，在法律之前並不平等。此顯然違反國際上所已接受之基本法律理念，也嚴重違背國際勞工組織與聯合國有關外勞之規定，不但使台灣很可能在國際社會上成為廣受攻擊的眾矢之的，特別是極可能引發國際勞工團體的抗議和聲討，此對於極為重視在國際上拓展活動空間，提高能見度及提升受人肯定接納和尊重度的我們台灣而言，將造成嚴重損害國家形象的結果。

二、從保護我國勞工權益而言：當年開放外籍勞工並非在求以較低廉之外勞取代我國勞工，而係引進外勞以補充我國勞力之不足，故不損及本國勞工就業權益一向為我國所標榜的重要外勞政策原則之一。如果在所謂自由貿易港區竟以法律允許外勞可不受基本工資之保障，則外勞之工資必遠較本國勞工之工資為低，雇主必將選擇僱用外勞，而不僱用本國勞工，如此一來，此種脫鉤政策，勢將嚴重損及本國勞工之就業權益。政府怎可採行呢？

　　三、從促進產業升級及強化我國產業競爭能力而言：所謂基本工資多年來均僅佔實際之平均工資的百分之四十五左右。換言之，基本工資與職場上絕大多數受僱者所賺取之工資有頗大之差距。如立法將外勞與基本工資脫鉤，此等於宣示雇主可以與國內平均工資有相當大差距之工資雇用外勞，並以此來作為吸引在外之產業返台投資之誘因，此無異於表示政府鼓勵低工資產業，鼓勵產業從低工資中去賺取利潤，也必將使產業更將依賴廉價勞動力。試問如此怎能促使我國產業提升產品品質、提升產業營運層次、提升產業競爭能力呢？因此，外勞與基本工資脫鉤，必將有損於我國產業之升級及競爭力。

　　基於上述分析，外勞與基本工資脫鉤實在萬萬不可行。如政府執意進行所謂外勞與基本工資脫鉤之立法，本人深恐產業回鄉者不是鯨魚，而是低工資、低技術、低競爭力之產業；而台灣也必然會承受來自國內外勞工團體、人權團體及人士之批判與責難。（2010 年 4 月 30 日總統府國策顧問產業領域座談會作者所提書面意見之一）

第 14 篇
外勞政策的調整要確實對我國有利
也應顧及公平與正義

前 言

最近外勞政策再度引起各界的關注，政府也以協助提振經濟發展為名，決定大幅增加外勞引進的配額，並且多方透露有意實施極具爭議性的所謂外勞與本勞基本工資的脫鉤。本人身為當年開始開放引進外籍勞工並制定相關管理規範的主要負責人，深恐此一政策調整，如不能守住應有的基本原則，必將造成對外勞不公、陷我國於不義，和對我國的社會、產業及勞工不利的後果，實難保緘默，特提出下列看法，供馬總統和有關政府首長參考：

壹、外勞與本勞基本工資脫鉤的不可行和不應行

所謂外勞與本勞基本工資的脫鉤，既不可行，也不應行。理由如下：

（一）、**違反基本的勞動人權**：「同工同酬」、「僱用與職場中，不得有任何歧視」、「受僱工作者人人應享有最基本的勞工權利保障」以及「受僱者受法律保護一律平等」，長久以來，已成為國際上有關

勞資關係和勞工權益的普世價值和根本原則。所以，像聯合國、國際勞工組織、經濟合作和發展組織 (OECD) 和歐盟等重要國際組織，都在相關的公約、建議書或宣言中，強調、揭櫫或採納這些原則。一九九○年代，美、加、墨西哥三國簽訂北美自由貿易協定 (NAFTA) 時，還特別另外簽署了一個北美勞工合作協定 (NAALC)，重申對前述勞資關係、勞工權益基本原則的尊重和加以落實的決心。

馬英九總統所引以自豪的推動實施的《公民與政治權利國際公約》和《經濟、社會和文化權利國際公約》兩公約，其中也規定或強調了「反歧視」、「法律平等保護權」以及包括「同工同酬」在內的勞工基本權益。我們任何勞工政策的制定與調整，都不應違背上述的普世價值，否則，除了必將產生不公外，也必會使國際社會認為我國不重視人權、不重視基本勞動人權而陷我國於不義。這樣，對我們這個一天到晚努力在國際社會爭取能見度，爭取友誼、尊重、好感與支持的國家，將極可能帶來不利的影響。

（二）、**傷害本國勞工權益及產業健全發展**：主張基本工資外勞與本勞脫鈎的人，說穿了，就是希望能以低於基本工資的薪資，來大量僱用外籍勞工。如果脫鈎成真，必然會造成雇主們儘量優先大量僱用外籍勞工，也會造成國內的工資不正常地停滯或下滑，不但會嚴重剝奪本國勞工的工作機會，也會影響本國勞工的收入和權益。根本無法實現政府所謂「外勞與本勞基本工資脫鈎將為本國勞工創造就業

機會」的想法，反會使本國勞工蒙受其害。更不用說，以低於基本
工資大量引進外勞，勢將鼓勵很多低工資、勞力密集和高污染之類
的產業回流。這對我們的勞工、社會和產業的振興發展難道不是一
種傷害嗎？

（三）、**造成不公平和歧視**：基本工資，實際上即國際上所謂的最低工資。
多數國家包括美、日、韓及絕大多數的歐盟成員，都有最低工資的
制度，以保障受僱員工可有最低的工資所得，連中國大陸亦復如此。
沒有一個實施最低工資制度的國家，敢明目張膽地以立法或行政命
令規定其最低工資的保障僅及於其本國人民，而不及於在其國家境
內工作的外籍勞工。因為這將造成不當的差別待遇和歧視，顯然不
公。試問，如有我國國民在美國或日本受僱工作，而美國或日本政
府規定其最低工資的保障，只適用於其本國國民，而不適用於我國
國民，我們願意嗎？我們會接受嗎？

（四）、**易使我國被控進行不公平的貿易競爭**：我們中華民國是世界貿易
組織的成員，也以追求自由貿易自許。世貿組織所重視的是公平競
爭和自由開放。假定，我們以法律或行政命令使外勞與本勞在基本
工資上脫鉤，讓大量勢必較本國勞工低廉的外籍勞工，可以為本國
的產業所用，很可能會遭致我們的貿易伙伴指控我們進行不公平的
貿易競爭，亦即從事「社會傾銷」(Social Dumping)。這樣勢將有損
於我國的外貿關係。

貳、增加引進外勞應堅守有關必要的政策底線

當初開放引進外勞，決定了遵循「外勞引進不得有礙產業的升級」、「不得使外勞成為變相的移民」、「不使外勞引進帶來治安和衛生保健問題」，暨「引進外勞應採補充性原則」等基本政策底線。這些底線，旨在防止引進外勞所可能造成的不良社會後遺症（例如，破壞社會治安、帶來傳染病等），也在維護我們產業的健全發展與勞工的就業權益，依然切合當前我國國情需求和社經情勢發展，請陳冲內閣在決定及執行增加引進外勞時，一定要加守住。

所謂補充性，即引進外勞，應純在於填補國內勞動力的不足，而非用以取代本國勞工（本勞），也就是有本勞可用時就要優先雇用本勞。這個補充性政策，從同意開放引進外勞的俞國華院長開始，以迄吳敦義院長為止，歷經國民黨和民進黨前後十二位院長，從未鬆動過，即使其間我國經濟也有過類似目前的不振、不景氣的遭遇。希望陳冲內閣也能加以固守。尤其於現在「解僱潮」、「裁員潮」又起，而失業率又上升的情形之下，更應如此。

所以，必須國內確有缺工，才可引進外勞。而缺不缺工，我們早有一個政策要求，那就是必先經由一個客觀、公平又務實的機制來評定。這種評定機制，也不可放棄，應續堅持。因為只有做到評定公平，才可以為勞資雙方所接受而不生爭議；也只有達到務實，才能真正解決問題。像國內有很多人或因老或因病不能自理生活，而他們的家人又因有工作而無法給

予必要的照顧，所以我們引進監護工來協助照料他們。可是，我們政府卻一度把僱用外籍監護工的門檻，愈訂愈高，這就是不務實。

參、對外勞既應「慎用之」、「善用之」也應「善待之」

台灣引進外勞已有二十多年歷史，但國人中仍有人於潛意識裡總認為外勞的薪資拿的太多，總以為外勞憑什麼也要受基本工資的保障？總不願意給予外勞較公平合理的待遇。須知，外勞來台工作，必須離鄉背景、拋妻（夫）別子，也很可能要面對不肖仲介的居中剝削，付出的代價實在不小。再說，遠離家鄉去容易賺更多錢的地方工作，是經濟較不發達國家的人民所不得不承受的命運。當年我們台灣在民國七十年代以前，不是很多人到美國去打工、到德國去當護士、到中東去築橋修路嗎？我們應將心比心去想一想。

外勞來台幫我們解決了家中長輩的照顧問題，幫我們完成了重大工程的建設，幫我們充實工廠中必要的人力。所以，他們是我們的幫手(Helpers)，而不是乞討者。我們對他們應心存感謝，不要有佔他們便宜或加剝削的心理。所謂「外勞與本勞基本工資脫鉤」的想法，是否有此種佔便宜心理的反映，值得大家深思。最近台北火車站驅趕外勞、北部某一社區公然不歡迎外勞進住，這些也都值得我們去反省。我們不要只知利用外勞，而不知給予他們起碼的公平待遇。對於外勞，我們既應「慎用之」、「善用之」，也應「善待之」。至盼政府在大幅增加外勞引進名額之同時，應特別強化對外勞的服務、協助、輔導和管理。

肆、突破當前外勞問題困境的幾個可考慮的方向

政府如確為解決國內缺工問題，可在不實施「外勞與本勞基本工資脫鉤」，並不傷及國內勞工就業權益之前提下，考慮採取下列措施：

（一）、以工業區、科學園區等為單位，依其實際缺工狀況，考量決定其得聘雇外勞之總數，而不考慮其業別，並酌增各該區配額比例及數量。

（二）、增加可聘雇外勞之產業別，並酌增各業之聘雇配額及百分比。

最近政府似已決定採（二）之方式，惟鑑於若干工業區缺工現象確屬嚴重，（一）之方式似亦可兼用。

政府如果仍堅認為外勞之薪資應完全任由勞動市場供需狀況來決定，並有意以利用外勞較低廉之工資來降低勞動成本，則唯一可行之道就是：（1）廢除基本工資制度；或（2）在特定區域之內立法不實施基本工資制度；或（3）實施分區訂定基本工資制度，按各不同區域之社經發展情況與需要，分別訂定不同之基本工資金額，並於需用外勞較多之區域訂定較符合勞動市場供需實情之基本工資數額。如此，幾乎所有因「外勞與本勞基本工資脫鉤」而產生之問題及疑慮，便可自然消失。但上述 (1) 的做法，本人並不贊成，因它等於台灣勞動人權的大倒退。不過，政府如一定要這樣做，必須要提出可令民眾尤其是廣大勞工朋友信服的理由和說明，否則必然會引起國內勞工團體和勞工朋友之極大的反彈和不滿。政府必須付出極大的代價，值不值得做，政府應非常審慎地研酌。（2）的方式則有可能會遭致我

們的國際貿易伙伴指責我們進行不公平的貿易競爭，而且也會引起本國勞工的疑慮和反彈。至於（3）的措施，由於台灣地方不大，以前勞委會經多次研究後，認為並不可行。現在看來，依然不具很大的可行性。

勞工政策固然應該是經濟發展的助力而非阻力，但經濟發展也應顧到最起碼的公平正義。這樣才能做到馬英九總統所宣示的「在勞工權益與促進投資中取得適當平衡」。最後，我要強調，當前經濟的困境，眾所周知，原因很多，其中屬於政府治理方面的問題也不少；如果過分地在勞工因素和外勞問題上去做文章，難免會使人覺得在振興經濟方面，主其事者似已「無計可施」了，也容易使人認為政府將勞工及勞工因素視為救經濟的絆腳石，如此會使正在殷切期盼經濟早日復甦的廣大藍領和白領的勞工朋友失望與傷心、甚或不滿。（2012 年 10 月 11 日作者以總統府資政身分寄送馬英九總統關於外勞問題之建言全文，於 2012 年 10 月 22 日發表於財團法人國家政策研究基金會國政評論電子報）

【附記】

外勞與基本工資幸未脫鉤

為使社會大眾對外勞問題有正確之認識，作者又將上述論述之較重要者摘要分別在 2012 年 10 月 8 日於聯合報民意論壇以《外勞工資脫鉤，本勞受害》為題，及於 2012 年 10 月 16 日在中國時報時論廣場以《增加外勞，善用之善待之》為題發表。所慶幸者，所謂外勞與基本工資脫鉤之想法，迄今未付諸實施。（2020 年 8 月）

第 15 篇
對蔡英文新政府的幾點起碼的謙卑期望

再過幾天蔡英文女士就要正式接任中華民國的總統，她所任命的行政院長及其部會首長，也隨之就職，首先謹致恭喜及祝福之意。

蔡女士於今年一月發表當選演說時提醒民進黨和她的支持者，要謙卑、謙卑、再謙卑。因而第一我要請蔡女士務必不要忘記她的此一叮嚀。拿到權力後萬不可就得意忘形，而加濫用、誤用和過度使用。民進黨上一次執政時，從總統、總統夫人到一些部會首長和政務官，曾有觸法涉貪被起訴甚或被判刑之事實。請新任的蔡總統一定要牢記在心，引以為戒、引以為鑑，切勿自我腐化；更要好好監督、約束、管控妳執政團隊的成員。

蔡女士當選時提到要謙卑，因而我也要以國民一份子的身分，用謙卑的態度和心情，提出幾點希望蔡英文總統最起碼要真正努力去做到、落實的施政建議：

一、 **希望切實維持兩岸關係的和平、穩定及發展**：兩岸關係涉及台灣的經濟、貿易和外交利益甚大，影響國家的安全與民眾的福祉。蔡英文說她要本著維持現狀、不挑釁、不會有意外、要溝通來推動兩岸關係。我們希望她說到做到。別使兩岸之間陷入緊張、對立而傷害

到了國家和人民。

二、 **追求轉型正義不要造成「綠色恐怖」**：蔡英文女士競選時一再提及要落實轉型正義。但我要提醒，轉型正義的目的是要針對一些有背國際基本人權和公平公義原則的不公、不義現象，來加以導正，並找出真相、止痛療傷，以求社會真正的和諧互諒，包容和進步。民進黨立院黨團已提出一個「促進轉型正義條例」草案，各界對此有不少看法，也有些人擔心此一條例如果原案通過，勢將造成一波波的清算鬥爭、反撲報復，對立和紛擾，而走向一個「綠色恐怖」。蔡總統，祈求妳的轉型正義真正做到促進社會的團結與和諧。

三、 **立即推動一個全國性的都市更新方案，維護民眾居住安全、提升民眾居住品質、振興國家經濟**：台灣位在地震帶，全台灣老舊住宅與建築極多，如果來一場大地震，後果將不堪設想。為強化民眾居住之安全及品質，希望拿出魄力立即推動一個以全國性為範圍的都更方案，由中央與地方合力執行，而且要立即修改必要的法令，讓都更不會受到不必要的干擾和阻礙。如果近期內能推動一個全國性都更，也必能發揮建築業為經濟發展之火車頭的功能，使台灣經濟快速復甦，GDP 快速成長，民眾也會有更多的就業機會，景氣一定會好轉。要知道，沒有經濟，台灣就沒有前途。請蔡總統三思。

四、 **真正為青年開創一條充滿希望的道路**：目前青年面臨著低薪、創業難、就業難、不敢結婚、結了婚不敢生小孩、房子買不起等等困境。

前途充滿著徬徨與不確定感。務必要從教育、社會福利、就業輔導、經濟發展等等各個層面來解除青年的困境，讓他們面對未來敢於築夢，有所希望。

最後，我要提醒蔡英文總統，「水可載舟，亦可覆舟」，如果不能使台灣的人民真正可以安居樂業，可以過不虞匱乏、有所保障的生活，那麼今天支持、擁護妳的人民，明天就會反對妳、唾棄妳。願蔡總統好自為之。（原發表於 2016 年 5 月 18 日財團法人國家政策研究基金會國政評論電子報）

第 16 篇

這樣的政府是在解決問題，
還是在製造問題？

2016 年 5 月 20 日蔡英文女士於就任總統的演講中，提到這樣的一句話：「人民選擇新總統、新政府，其所期待的就是四個字：解決問題。」但是蔡英文所領導的政府，從五月二十日就職以來，其所作所為、所言所行，以其實際所產生的結果和影響，很多方面給人的印象和觀感，卻不是在解決問題，而是在製造問題。這也難怪，民眾不問對蔡英文總統本人，或對林全內閣，其滿意度都在下降，而不滿意度則快速地上升。

我們現在就從幾個面向，來探討何以新政府上台執政以來，並沒有真正解決問題，反而為社會和國家製造了新問題。

處理罷工事件引來連鎖效應

發生於六月間轟動一時的華航空服員罷工事件，本來是可以預防的。但當時屬於目的事業主管機關而又是華航之實際上司的交通部，並未採取有效措施，解決空服員的訴求。而屬於勞資爭議主管機關的桃園市政府和勞動部，更未行使應有的職權來勸阻或預防罷工。終於使華航空服員走上

合法罷工之路。

　　而當空服員進行罷工之時，身為國家元首負有領導政府之責的蔡英文，竟說了一句：「華航空服員如果不是忍無可忍，不會走向罷工」的話，很多人都認為蔡英文的這句話，不但無助於勞資爭議的解決，反而對於罷工有火上加油的作用。蔡英文總統應該知道，全世界的政府無不希望勞資合作、勞資和諧，絕不會去做激化勞資對立的事。蔡總統及她的政府，也應該清楚，全世界的政府都會儘可能去防止罷工的發生；如果萬一罷工真的發生了，也會想盡辦法去儘快結束罷工。蔡英文講了那一句「忍無可忍」的話時，似乎忘了華航實際屬於交通部，是國營事業，也就是直接在她的管轄之下；她也忘了身為國家元首，面對勞資爭議，她應該維持超然、不偏不倚的立場和態度。不客氣的講，她的話是在激化勞資的對立。她當時應該說應該做的是，要求行政院，尤其是交通部和勞動部儘速依法處理這次罷工事件，並趕快使罷工事件落幕。這樣子，才是真正在解決問題。

　　華航空服員罷工事件，是在新任華航董事長對於空服員的要求，百分之一百的接受的情形之下落幕的。對於罷工的空服員而言，這是一大勝利，無可厚非。然而，如此的處理方式，已造成「會吵的小孩有糖吃」、「吵了就有用、才有用」和「只要敢吵敢要，要什麼就有什麼」的社會印象。果然，在華航空服員罷工事件之後，華航的其他員工、華信工會、長榮航空工會，乃至於中油和台電工會，及台鐵駕駛員工會等，紛紛有樣學樣，提出了訴求，也揚言不惜訴諸罷工來達成訴求的目標。

罷工本來是勞工的重要權利，應予尊重和保護。但罷工是手段而非目的，能避免就要避免。新政府對於華航空服員的罷工事件，能預防而未預防；處理的方式及內涵顯未考慮周延顧全大局和其可能的影響，已經陸陸續續在產生效應。看來，以後勞資對立甚至罷工的事件將層出不窮，愈演愈烈。所以說，新政府並沒有實際解決問題，而是製造了問題。

工商問題推給了工商界

2016 年 7 月 26 日中華民國工商協進會舉行會員大會。由於工商協進會是一個全國性的重要工商團體，歷年來國家元首都會應邀出席並講話。這一次蔡英文總統原本也答應要參加且致辭，但臨時卻以「公忙」為由取消了。據媒體的分析，真正原因是怕被解讀為站在資方一邊，唯恐勞工誤會。

其實，蔡英文總統真是太過慮了，也太過於操弄政治了。工商界有工商界的困難與問題，難道身為總統可以不去面對、可以逃避嗎？如果蔡總統自認為自己對勞工方面的承諾和政策，完全正確，符合國家和絕大多數國民的利益和需求，大可以很大方地利用與工商界代表見面的機會，去說明和說服，並爭取工商界的支持與配合。何必為了怕勞工誤會而不去參加工商團體的會議呢？難道將來如果在五一勞動節前夕，發生了勞資雙方重大爭議或對立時，為了怕工商界誤會，在慶祝五一勞動節時，就可以不依例與模範勞工和勞工團體的代表見面嗎？我們要正告蔡總統，逃避是解決

不了問題的。

　　這一次工商協進會向新政府提出六項建言，包括重振經濟、不貿然停用核電、勞動政策不宜偏頗、簡化稅制、檢討環評，以及留住人才等。這些其實都很重要也很全面。據說蔡英文不出席，也是怕對這些建言背書。如果真是這樣，那就顯得太沒擔當了。做為國家元首，蔡總統大可以利用此一場合闡釋她將如何解決經濟困境及工商界的問題，並非一定要完全接受工商團體的意見。

　　可以說，蔡總統之臨時取消出席工商協進會會員大會，使她喪失了一次可以說明政策、溝通意見與工商界共同解決問題的好機會。同時，也在工商界的心理上，產生了一個她迴避問題，畏首畏尾，甚或不重視工商界問題的印象。這不是在製造問題嗎？

　　七月二十九日，蔡總統終於在總統府接見全國工業總會的代表，大談政府要把勞工從低薪過勞的邊緣拉回來，這是對的，我相信工商界也不會去反對。然而，面對這些工業界的代表和領袖，她卻很霸氣地說：「我的工作不是來輪流討好誰的！」蔡總統似乎忘了，在競選總統期間，她在勞工面前就做了迎合勞工的承諾，而碰到資方則講資方喜歡聽的話；而且，不少還彼此矛盾。例如，她就在彰濱工業區當著廠商代表的面，表示她也覺得台灣勞工的假太多了。難道這不是輪流討好誰嗎？對著來向她反映問題與困難，也請求政府協助解決問題的工業界代表，她語帶教訓地說不輪流討好誰的話，是不是表示如果她或她的政府接受或聽進這些代表的意

見，就是在討好資方？這樣的心態，很不健康，也不是執政者面對人民應有的態度。事實上，她這一句話，讓人聽了不無有在耍官威、耍權勢的感覺。實無助於問題的解決。難怪長期親民進黨、親綠營的自由時報在評論時就批評其為傲慢。

不過，更令人不解的是，工總的代表前腳才離開總統府，蔡總統馬上在她的臉書貼文說她告訴工總代表，「其實有部分的答案（指工商界向她所提出的問題），在各位（指工總一行人）身上。」這使與會的工總代表相當錯愕，因為根據他們記憶所及，蔡總統在會見他們時，並沒有講過這樣的話。蔡總統臉書的這段貼文，引起很多的議論及批評。民眾有問題自己無法解決才會找政府，怎可說解決問題的答案就在民眾的身上？這不就是又把責任推給民眾了嗎？蔡英文見了工總代表後，認為要解決他們向政府提出的問題，答案就在這些代表身上，這無疑把工商界要政府幫忙解決的問題又推給工商界自己。這是政府、蔡總統應有的面對問題的態度嗎？這反映出蔡總與政府根本沒有誠意解決問題，實在是令人遺憾！

七休一決策的粗糙

我們的勞動基準法第三十六條規定：「勞工每七日中至少應有一日之休息，作為例假。」內政部就此於民國七十五年作一個函釋令，使其保有一定的彈性以適應某些行業實際營業的需求。三十年來尚無發現重大窒礙難行之處，也未在勞資之間引發重大的爭議。可是今（2016）年五月間因

為一位立委的質詢，在未經周延考慮也無任何配套措施之下，經行政、立法兩院之協調，就匆促於六月底廢除前述內政部的函釋令，亦即今後所有勞工每工作七天就應休息一天；同時決定這個新制自八月一日起要全面實施。這就是所謂的七休一。七休一是使勞工確實能享有一週有一個休假日的作法，立意正確也非常必需。可是在這個七休一推出之後，各方意見和反彈甚多甚大，也暴露和引發了許多問題。

受衝擊最大的是大眾運輸業。這個行業的負責人首先發難並紛紛表示，如果沒有配套措施，貿然實施七休一，他們勢必要減班甚至於星期假日和如中秋節等重要節慶時被迫減少運輸班次。面對業者的呼籲和訴苦，政府的做法，不是與業者誠意溝通和想出一些配套措施，而是擺出勢在必行毫無商量餘地的態度。主管交通的交通部表示，如果業者減班，就要依公路法處罰，勞動部則表示不貫徹七休一，就要依勞基法去處置，使業者陷入進退兩難的困局。

又據一向為民進黨和綠營講話的自由時報的冷眼集評論指出：「勞動部六月底逕行宣布要將適用三十年的雙週彈性工時取消，並且不待各業調適，立即要在八月一日施行，七月七日報業公會基於行業特性需要，曾前往勞動部陳情，居然得到若隨蔡總統出國訪問九天，『記者與攝影第七天要在飯店休息，不可以發稿』，否則即涉及觸法」的答覆。難怪該評論說此一回應「貽笑國際」。也因此，該評論批評蔡英文政府「這是什麼政府！」

受七休一影響頗大的旅遊業也指出，根據七休一的新制，無論是外國觀光客來台，或國人跟團出遊，領隊導遊都不能連續上班超過六天，陸客來台的八天七夜環島團，或歐美、紐澳七天以上的旅行團，領隊導遊都一定會超時工作，旅行社都將面臨違法受罰。業者因此感嘆：「這是什麼政府，不能這樣搞嘛！」

這些都反映出新政府是在製造問題，並不是在解決問題。

由於反對聲浪大，而即將到來的中秋假期大眾運輸很可能因交通班次減少而亂成一團。眼看火就快要燒到屁股了，林全內閣才在七月三十日匆匆開會決定，原訂八月一日開始實施的七休一新制要延至十月一日才上路，並且要對大眾運輸、旅遊、媒體等行業，作彈性的特殊考量。這又是新政府的一項政策大轉變，也顯現其當初決策的粗糙與草率，完全是「閉門造車」「紙上談兵」，可以說與民間生活、人民生計根本脫節；更反映出這個政府反應遲緩。但此一政策轉彎，又引起勞方的反彈抗議，也使勞資關係又陷入緊張的態勢。政府當初如能深思熟慮，並做好必要之配套措施再廢除前述的內政部函釋令，就不會帶來這麼多的問題和爭議了。

希望將來在推出也是頗具爭議的「一例一休」新制時，應切實考慮人民生活的現實面，該保持彈性的就要保持彈性。切勿步此次決策粗糙的後塵而走入顧此失彼的覆轍。

處理南海問題進退失據

七月十二日海牙國際仲裁法庭對南海爭議做出了完全偏向菲律賓的裁決，並指在我國有效控制並駐軍防守的太平島是「礁」而非「島」。這當然違反我國的主權並損及我國的權益。行政院與總統府都表示不接受仲裁的結果，也表示維護領土主權的決心。這些做法都是正確而應加肯定的。

問題是，在這之後，政府的一些態度和做法，就令人覺得費解和不可思議了。

首先當立院外交及國防委員會的朝野立委組團於七月十九日要到太平島訪視宣示主權時，曾在立法院公開表示如果早十年他當部長一定會把太平島建得比現在還大、也在立法院公開聲明要送四萬枚彈藥到太平島的國防部長馮世寬，竟不履行一定隨同前往的承諾而婉拒同行，也未派高級軍官陪同。

接著當屏東漁民組成船隊前往太平島作護漁、護主權的活動時，政府不但不予祝福，相反地還多方阻撓，放話要處罰。行政院發言人童振源竟於七月二十五日公開發言表示：漁民到太平島「國家主權將蕩然無存」。自己的國民到自己國家的領土會使國家主權蕩然無存，不知是何邏輯？雖然童振源次日又澄清，說他指的是將損及國家安全。可是，旨在公開護主權的本國漁民，動機純正而單純，沒有按規定申請手續進入屬於管制區的太平島，真會損及國家安全嗎？實在值得推敲！

這個已於七月三十一日平安返抵屏東鹽埔漁港的護漁、護主權的船隊，返台之後卻要面臨漁業署的處罰。這使人聯想起林全內閣就任第一天即迫不及待所作的一件事，那就是對強攻強佔行政院並有毀損公物事實的太陽花學運的一百二十六名學生和人士，以此一事件係「政治事件」為由，撤銷告訴。也使人不得不有「攻佔行政院無罪，自費護漁護主權要罰」的感嘆！新政府心裡面，到底想的是什麼？林全可以用政治事件來解決太陽花學運的涉案學生，難道不能以同樣的理由來對待護主權的漁民嗎？

　　新政府有關南海糾紛的做法，很多人以為是在仰承美國人的鼻息，做美國政府的跟屁蟲、應聲筒。果真如此，的確有失一個主權國家應有的骨氣和立場。

　　2012 年 8 月韓國的李明博總統刻意登上與日本有主權爭議的獨島（日本人稱為竹島），以宣示主權。馬英九總統於今年一月底，在所謂南海仲裁還在處理之中的時候，就以元首身分登上太平島，向全世界表明太平島是島、是屬於我們的。蔡英文總統為何就不能儘快到太平島看一看走一走去宣示我國的主權呢？

　　新政府對太平島迄今的作為，不僅沒有解決國人對太平島主權及臨近海域我國漁民漁權有所憂心的問題，反而增加了國人對政府面對此一爭議所採態度與立場的疑慮，這不是在製造問題嗎？

期待政府真正解決問題

　　台灣有很多問題，不論兩岸、國際、經貿和勞資等各方面都有。很多問題由來已久，蔡英文政府上台才二個多月，當然不能也不應苛求其一下子把所有問題都解決。

　　但是，蔡英文政府上台以來，很多關於國家安全和國計民生的重要問題一個都沒有妥善解決。然而，由於決策和施政的失當，和包括蔡英文總統在內的一些高級官員的一些言行，反而製造不少問題，甚至造成族群和朝野對立的更加深化。例如，新上任的交通部長賀陳旦突發奇想不顧反對在端午節連假期間，取消高速公路夜間免收費這個行之有年民眾也習以為常的規定，結果不僅沒有達成所謂減少事故的目標，反而增加高速公路的壅塞，等於製造了新問題。又如蔡英文政府上台之後，多次運用政府資源赤裸裸地干預和介入民間社團的選舉，徒然破壞民間社團原有的和諧與平順，也是在製造問題。而其他如兩岸關係、族群對立、朝野對抗這些蔡英文信誓旦旦要加改善，並倡言要本強化溝通、以促進包容與和諧的做法來解決的問題，蔡英文上台之後，不但沒有妥善處理，反而更加惡化。這些現象，都使人懷疑蔡英文總統所公開宣示要來解決問題的立場和承諾，是不是來真的，是不是確有其意、確有其事。

　　政府是大家的，其一言一行，其任何決策與施政，都會影響國民的禍福、關乎國家的盛衰。我們衷心希望政府確實拿出誠意與決心，有方法有效率地解決民眾與國家社會的各項問題。凡是誠心誠意要解決問題的施

政，我深信一定都會得到民眾的支持的。

　　蔡英文總統於七月二十九日在總統府會見工總的代表時，講了一句很漂亮的話：「沒有解決不了的問題，只有不想解決問題的人。」我們衷心而謙卑地期盼，蔡英文總統和她執政團隊的成員，今後不要變成不想或不會解決問題的人，更不要成為製造問題的人。（2016 年 8 月 3 日發表於財團法人國家政策研究基金會國政評論電子報）

第 17 篇

令人憂心的蔡英文政府執政百日表現

百日執政能看出什麼？

很多國家的媒體、專家和學者都喜歡對新選出新上任的領袖，不論是總統或內閣制的總理，就其到任後的第一個一百天的作為，加以評頭論足。不少人並用這一百天的表現，來推測甚或判斷這些領袖在其任期內的可能成敗得失。其實，這種用第一百天的表現來推論成敗的做法，是從美國第三十二任總統羅斯福 (Franklin Delano Roosevelt) 的百日施政開始。羅斯福於 1933 年就任總統之後，為解救陷於經濟大恐慌的美國，在其就任後的一百天之內，除了組成一個頗有想像力、開創力、行動力的優質內閣之外，並推動國會通過其所提出旨在刺激美國百業復甦、挽救許許多多已關閉或瀕於關門的銀行、改善勞資關係、解決嚴重的失業問題，以及幫助美國農業恢復元氣提升生產力及產值等等的法案，數量多達 105 個之多。由於這些人事佈局和法案，使當時幾乎陷入絕望、生計極為困難的美國人民，對自己和國家的前途重新燃起希望之火，一起投入國家復興的建設行列。羅斯福這些作為，就是他推動著名的新政 (New Deal) 的基石和開端。所以，羅斯福執政的第一百天，是為美國人提出新方向、喚起新希望也是很有作為的一百天。極具關鍵性。自此之後，第一個一百天的表現與作為，

便成為美國媒體、學者和社會對新總統任內的可能表現和成就的很重要的論斷依據；而每一位新總統也都努力在第一個一百天之內，不論人事佈局或施政作為，推出一些令人耳目一新的構想、法案及措施。總不想在第一個一百天之內，庸庸碌碌毫無作為。

美國的此一傳統，也影響到其他的國家，台灣也是其中之一。

那麼從一位政治領袖的第一個一百天的執政表現，能看出什麼呢？我以為至少可以檢驗出：（一）他或她是否已做好執政的準備；（二）他或她的行事風格和應對危機的能力；（三）他或她用人的偏好和所考慮的因素；（四）他或她有無施政的長遠規劃及他或她準備把國家帶到什麼方向、什麼地方。

我們的蔡英文總統上台執政剛好滿一百天。雖然，蔡英文總統說不要用她一百天的表現，來判斷她任期的成敗。但無可避免的是，社會及媒體，基於我上述的理由，一定會、實際也正在對她這頭一個一百天的作為，加以認真地檢驗與評論。

本文也是本著上面所提的原因，要對蔡英文新政府的第一個一百天的表現，予以客觀地批評論斷。目的是希望藉由此一檢驗來鞭策及敦促她在所餘的三年八個多月的任期內，能做出符合大多數人民的期盼，以及國家的最高利益的政績來。否則，便是人民的不幸、國家的不幸。

現在就從幾個層面，來看蔡英文政府這一百天之內的作為與表現：（一）用人和人事佈局，（二）施政風格及擔當，（三）經濟表現，（四）社

會融合與團結，以及(五)兩岸關係。

用人和人事佈局的有欠嚴謹和周延

「為政在人」，從一個政府用什麼人及有沒有用對人，就可以看出這個政府在施政上是否會有所作為、有所表現。用人和人事佈局，可說非常之重要。

蔡英文政府所用的幾個部長，如國防部長馮世寬，交通部長賀陳旦等等，短短一百天之內，就很明顯地看出來，非常不稱職，不適任；民眾或社會相關各界要他們下台的呼聲越來越高。這就說明，蔡英文總統和林全院長沒有識人之明；或者，在任用一位部長之前，沒有做好應有的檢驗、考核和甄選的功夫。為社會國家好，這些顯已不適任的部長，應該儘快自己走路。

在處理司法院長及副院長的提名人謝文定和林錦芳的問題中，更顯出了蔡英文總統及其幕僚，在人事任命問題處理上有欠周延嚴謹與擔當。蔡英文總統之所以迫不及待地不經大法官提名小組的審核就提名謝文定、林錦芳兩人並請立法院儘快行使同意權，是希望謝、林兩人早日獲立院同意任命，俾以司法院院長和副院長身分參與原定十月召開的司法改革國是會議。換言之，是把司法改革重任寄望於謝、林兩位身上。既有此想法，當初在提名謝、林兩人時，一定充分考量他們兩人的司法專業、歷練及操守、人品。而當初兩人被提出之後，所遭遇到的反對與批評是兩人保守有餘改

革不足；而批評和反對者指責最力的是謝文定因曾辦理過一些諸如美麗島事件和林義雄滅門案等政治案件而被指為係「威權統治的打手」，林錦芳則被指為所發表的論文涉及抄襲。但是謝、林兩人均對被指責之事加以否認。也就是說，他們兩位之所以被反對，主要還是因親綠的民間司改團體、社團及深綠人士認為他們「政治不正確」，不符合這些人士和團體的口味和愛好。亦即是意識形態的問題。類似此種意識形態的問題，在像美國這樣民主多元的國家，提名的總統一定力挺到底，盡量在國會拉票，就是沒通過也在所不惜。爭的是堅持自己提名的立場和想法。然而蔡英文總統卻不是採用此種可以顯現擔當與堅持的做法，而是在親綠和深綠的團體及人士的厲聲反對之下退卻了，逼得謝、林兩人只好被「自己請求辭退提名」。實在使人對蔡英文總統的擔當和抗壓勇氣，十分擔憂。此種人事任命受制於持特定政治見解和司法立場的團體及人士的現象，很難不使人憂慮蔡英文總統未來的司法改革，已被某些具特定意見及意識形態的人士和團體所綁架。實非國家之福。

又如，當已宣誓就職的駐新加坡代表江春男為警方查到酒駕而被移送法辦時，蔡英文總統沒有立刻做斷然的處置，而卻等到此一案件經過一個多禮拜，社會各界對酒駕批評不斷深不以為然時，才讓江春男「自行請辭」。這顯現她在人事問題處理上，有欠果決，而且還心存僥倖。做為一個國家領導人如此面對重要人事問題，是使人十分憂心的。

一味討好有欠擔當的施政風格

過去一百天之內，蔡英文政府最受人詬病的作為，是在施政上一味討好，有欠擔當，給予社會大眾一個很不可取的印象：「會吵的小孩有糖吃」、「只要吵就給糖。」

　　蔡英文自己講過，她不是來輪流討好誰的。然而這一百天的表現，證明事實上她及她的政府就是常常在討好誰。

　　最明顯的例子，莫過於華航空服員罷工和國道收費員補貼事件的處理。

　　華航空服員罷工，原可預防而不預防。而罷工發生後代表資方（事實上就是政府）的華航董事長，一位曾強力為蔡英文助選、蔡英文就任後所任命而被林全政府認為有能力溝通與處理的新董事長，在與華航空服員工會談判時，竟然百分之一百照單全收工會所有的要求，以致在社會上馬上造成一種會吵就給糖的惡劣印象，而且也形成一些非常不好的效應（很多公營事業的工會，已表示要有樣學樣了）。這也難怪，行政院林全院長最近公開承認，華航空服員罷工事件的處理，是一個失敗的案例。

　　然而，林全的話言猶在耳。蔡英文就親自出馬處理喧騰多時的國道收費員抗爭事件，決定對於國道收費員採專案補貼的方式來解決，並由她親自要求遠通董事長徐旭東分擔補貼費用，後來計算大概為三分之一，約二億元；而政府則負擔三分之二，差不多四億左右，當然是由納稅人買單。國道收費員屬於約聘僱人員，當年政府實行電子收費取代人工收費時，對於這些一年一聘的約聘僱人員已經依法從優給予補償，而且還有輔導轉業的措施。換言之，這些收費員，政府依法及依契約該給的補償都給了，而

且又加了一些優惠。收費員仍然不滿到處抗爭，固然情有可原。可是站在政府的立場，一切要依法行事，如果已經依法辦理了，且又有優惠，則政府該做的已經做了。這些收費員之所以經三年多抗爭，而相關政府主管機關在法上已經愛莫能助，原因在此。現在蔡英文政府為了息事寧人，為了怕抗爭，就把收費員抗爭事件當作「社會問題」，而用專案補貼（連他們出來抗爭的交通費、伙食費也補貼）的方式來處理。據實際負責和收費員協商的政務委員林萬億及勞動部長郭芳煜說，此次補貼係屬專案個案、不能援引。這種說法，實乃掩耳盜鈴自欺欺人。民眾會笨到不援引此一案例嗎？用人民的錢去補貼在法律上、契約上政府已無責任和義務再給予補償的社會抗爭事件的參與人，這種做法實在不無可議之處，難怪很多專家學者包含卸任的勞動部長，都認為這已創下了一個後果相當不好的惡例。蔡英文如果有辦法，就應該說服遠通公司吸收全部的專案補貼。假定這樣子做，她就會獲得掌聲。

不管如何，這兩個事例，還有不少本文限於篇幅未加引述的類似案例，已給大家一個牢不可破的印象和觀感，只要你敢吵、敢鬧、敢衝，不管在法律上站不站得住腳，不管是否在道理上說不說得過去，蔡英文政府一定會向壓力低頭，向抗爭妥協，你要什麼就給什麼。

政府可以這樣運作嗎？國家可以這樣治理嗎？

社會對立、撕裂不減反增

蔡英文總統在競選期間，一再強調要拋棄藍綠對抗，要謀求社會的和諧和團結。在她的就職演說中，她更呼籲大家要拋下成見、拋下過去的對立。她也強調要打造一個沒有被意識形態綁架的「團結的民主」。

然而，這一百天來，蔡英文總統和她的政府的一些作為和施政，卻與上面她的這些很好聽很感人的承諾及講話，背道而馳。結果我們的社會，不論藍綠對抗、勞資對立、族群對立，都愈來愈嚴重；看不到彼此的和諧、見不到相互的和解。

首先舉例來說，新政府在勞工方面提出的一些政策和承諾，例如七休一，一例一休及基本工資的調整等，都是在沒有事先做好勞資溝通、細緻準備、深入研究之前，就匆忙地推出，迫不及待地發表，但馬上出了問題，碰到了很多窒礙難行之處。然而，卻因此而造成了勞資各說各話，雙方對抗、互嗆事件和現象的層出不窮。勞資的和諧幾乎不見了。

蔡英文總統執政之後，應該把握機會對各黨釋出善意，大家面對面地溝通，坦誠地交換意見，以打造一個政治和諧的局面，消弭不必要的政治對立。

但是她並沒有這樣做。相反的，卻在剛剛執政的的第一百天內這個被一般新領袖視為黃金時刻的期間裡，不把攸關國計民生的重要法案提出來，卻匆匆忙忙地先把紅十字會法廢除，接著又挾其在立法院的優勢通過了極具爭議性的《不當黨產處理條例》。而依此條例所成立的行政院不當黨產處理委員會，如果蔡總統真有心公平客觀處理所謂不當黨產，她應該任命社會各方都能接受的公正人士來出任主任委員和委員。但是，她不此

之圖，反而任命一位深綠而對所謂不當黨產相當有成見的顧立雄來擔任主委，顧並且聘請被國民黨視為叛將的楊偉中出任委員。人事任命是有象徵意義的，顧立雄和楊偉中的任命，擺明了就是要和國民黨對著幹。如此怎能讓國民黨和其支持者心服呢？如此又如何能使人覺得蔡英文政府誠意要公正公平公開處理所謂不當黨產呢？。這對於長期藍綠的對立，只有加深而沒有紓緩的作用，與蔡英文在就職時所宣示的要化解對立，完全是南轅北轍。

蔡英文女士於當選總統的談話中，告誡她民進黨的黨員及支持者要「謙卑、謙卑，再謙卑！」，然而，她上任之後，她的言行之中幾乎沒有看到謙卑的表現。她在總統府與工商界領袖會談時的充滿霸氣的談話，還被親綠的自由時報在短評中批評其係權力的傲慢。而她所領導的民進黨，一些高級黨工和民意代表的言論，更帶著法西斯獨裁的意味，表現出凡是反對我的、不支持我的，就是造反，就要加以鄙視。例如，民進黨的副秘書長李俊俋在電視評論退休軍官為年金要上街頭抗議時，竟說這是造反。這位也是立委的副祕書長，似乎忘了退休軍官與一般平民無異，享有憲法所保障的集會遊行的自由，怎能說他們遊行抗議是造反呢？再如民進黨的著名打手立委段宜康，在民進黨於花蓮市長補選失敗之後，馬上在其臉書說他無法假裝不鄙視花蓮的選民。這些如果不是法西斯，那什麼是法西斯呢？然而，身為黨主席的蔡英文，對這些極為不當的言論，竟然沒有任何的譴責。實令人遺憾。

上述的這些案例和現象，只能加深社會的對立與撕裂，而這些正是蔡

英文政府執政第一百天的結果。

經濟方面看不到牛肉

經濟是每一位人民所最關心的事。蔡英文總統在就職演說中，大談要推動經濟結構的轉型，要打造台灣經濟發展的新模式，要優先推動五大創新研發計畫。然而，這一百天之內，我們看不到在經濟政策及作為方面，有什麼讓人耳目一新的措施，也沒有推動讓民眾有感的經濟建設，更看不到有什麼可以感動民眾讓大家對台灣經濟的發展可以有所期待，有所樂觀的施政。人們普遍的感覺是，在經濟方面，雖然景氣始終低迷，但不論政策規劃或施政作為，蔡英文政府並沒有端出可以使台灣經濟真正轉型並提升競爭力，也可使景氣好轉人民生活可以改善的牛肉。

蔣經國先生，在我國被迫退出聯合國人心惶惶之際，出任行政院院長並著手推動十大經濟建設，短短不到一百天之內就能振奮人心，而且使台灣走向了欣欣向榮的經濟轉型和發展之路。

美國的羅斯福總統，於就任之後立即大力推動公共建設，使美國經濟迅速復甦，民眾大量失業的問題也獲得解決。

上述這兩個案例，值得蔡英文總統和她的政府深思。

兩岸關係不進反退

蔡英文總統於競選期間及在就職演說中一再表示，她要維持兩岸關係

的現況，也將繼續加強與大陸的交流。可是，這一百天之內，兩岸關係不但沒能保持蔡總統競選時的「現況」，連她就職時的「現況」也保不住了。

基本上，馬英九總統卸任時的兩岸關係的「現況」為：雙方的陸委會和國台辦兩官方機構已有密切來往，海基和海協兩會也能充分互動，大陸人民大量來台旅遊觀光。但這些馬政府時代的「現況」，蔡英文繼任後都已不復存在了。國台辦與陸委會停止了互動；我們台灣的海基會和大陸的海協會，交流的關係幾乎完全停頓。而蔡英文總統就任已一百天，竟然還找不到一位合適的人來擔任海基會的董事長。成群結隊來台旅遊觀光的大陸人潮不見了，使台灣的觀光業大受其苦，有旅行社已宣布倒閉，更有許許多多的遊覽車業者、旅館業者已陷入營業行將難以為繼的困境。

面對這樣的局面，蔡英文政府束手無策；兩岸關係已很明顯地倒退，蔡英文的維持現況到哪裡去了？實在令人擔憂。

令人憂心的執政表現

蔡英文總統是帶著人民的支持和高度期望走馬上任的。她的就職演說也一時頗能激起人民對她及她的執政團隊的殷切期待。

可是，就在這一百天之內，人們看不到蔡英文政府有什麼可使國人振奮而充滿希望的作為。所以，民眾對蔡英文及其政府的支持度和滿意度急速下滑。

這一百天的執政表現，充分說明已經競選總統兩次，而且在此次總統

競選中早被大家預測一定會勝選，而當選之後又足足有四個多月的時間可以辦妥人事佈局及政策規劃的蔡英文女士，並沒有做好應有的執政準備。是以，不論政策、用人和面對突發事件，蔡英文政府都顯得手忙腳亂，面對抗爭與壓力時常常政策大轉彎。也因而被媒體批評一再地「髮夾彎」，也就是不斷地改變政策、改變做法、改變說法。這怎麼算是治國呢？

台灣還有將近三年九個月的時間，必須由蔡英文總統來領導。我們當然希望她和她的執政團隊有好的表現，來福國利民。

因此，我們希望未來蔡英文總統和她的政府至少要做到：（一）、徹底貫徹法治，一切依法行政，不能隨隨便便便宜行事。（二）、任何政策和施政作為，事先一定要充分研究、策畫、溝通，要照顧大多數國民的利益，不要只顧討好，不要顧此失彼；而且要有可行性。（三）、要進用有為有守的賢能之士，不要有酬庸分贓的心理，更不能找不適任的人來擔當政府要職，尤其要真正做到人事安排不為意識形態所綁架。（四）、不要再不把人民的錢不當一回事，隨隨便便拿去討好會吵會鬧的少數民眾；面對抗爭、壓力，要展現政府應有的立場、擔當與堅持。（五）、在經濟上要馬上做一些可以提升景氣、改善人民生活使人民有感的「實事」，不要再只喊一些華而不實的空洞口號。（六）、要認真設法打破兩岸交流停滯的僵局。（七）、要切實做到消除對立，強化包容與和諧。

希望蔡英文總統和她的政府，好自為之。（2016 年 9 月 2 日發表於財團法人國家政策研究基金會國政評論電子報）

第 18 篇

華航空服員罷工事件平議

前　言

　　桃園市華航空服員職業工會於今（2016）年6月24至25日進行合法罷工，其七項訴求，新上任的華航董事長何煖軒照單全收，空服員工會大獲全勝，罷工完全成功，空服員也開始恢復正常上班。但這個單一的罷工事件，看似圓滿落幕，卻引發了一連串的連鎖效應；有樣看樣的案例，接踵而至。就在此一罷工事件剛剛收場，華航管理階層及社會各界以為可以鬆一口氣的時候，華航企業工會，也要求地勤人員要比照空服員工會所獲得的承諾，提升他們的工作條件和待遇。華航管理階層最初還有堅持，但在企業工會要集體請假的威脅下，也對企業工會的要求照單全收。

　　事情並不到此為止。華航關係企業的華信工會，也提出了要比照空服員工會及華航企業工會所獲公司承諾改善他們勞動條件的訴求。而其他的國營事業，如台電、中油、電信和郵政等的工會，也紛紛醞釀必要時將透過罷工來贏得他們有關改善待遇的訴求。使經濟部長李世光不得不強調如台電員工罷工即使只讓電力停電一秒鐘，其造成的衝擊，遠比華航罷工二、三天還要嚴重。意思是應努力使台電不致於發生罷工情事。

由此可見，華航空服員罷工事件所造成的效應、衝擊和影響，還在餘波盪漾，可說方興未艾，令人不得不憂心和關注。

　　因而，本人想以曾主管全國勞工行政近六年的體驗，就華航空服員罷工事件，進行客觀檢討，並提出一些看法及建議，供相關主管機關及社會各方面參考。

罷工是手段而非目的，能避免就要避免

　　勞工的罷工權，是勞工最神聖、最重要的權利之一。國際上從聯合國的《世界人權宣言》、《公民權利及政治權利國際公約》和《經濟、社會和文化權利國際公約》，到國際勞工組織的公約，無不直接或間接地保障受僱者可以依法進行罷工的權利。各國法律也都有對罷工權保障的各種規定。我國工會法及勞資爭議處理法，也規定有相關的工會及罷工權保障。

　　但必須強調，罷工權的行使只是一種手段而非目的，非萬不得已不應行使。所以，有學者曾形容罷工權有如未出鞘的寶劍。我一向則將罷工權比喻成外科醫師的手術刀；因為高明的外科醫師絕不會隨便使用手術刀去進行手術，但一旦用手術刀，就要使病人恢復健康。罷工是在勞資雙方有關勞動契約的調整經協商破裂之後，勞方為迫使資方再進行協商所行使的爭議行為，其目的就在於要使勞動契約可以進行必要的修正和提升而回復正常的運作。就好比病人經過開刀之後恢復健康一樣。所以，罷工只是一種使勞資雙方的勞動契約，可以經修正改善而使勞資雙方均可接受的方法

和手段而已；絕不可以為罷工而罷工。

罷工所造成的衝擊和影響，往往相當之大。尤其是與社會大眾之生活、衛生、安全等較有重大關係的行業，其從業人員如罷工，勢必造成很嚴重的後果。例如，這次華航空服員的罷工，雖只有一、二天，但華航初估損失就要超過新台幣十億。由於華航的公股接近百分之五十，華航的十億新台幣虧損，差不多一半要由納稅人來承擔；另一方面，由於空服員突襲罷工，使華航航班調度大亂，不得不全面停飛，更使近二萬名旅客的權益受到影響，很多旅行社的營運也遭到打擊；更不要說，華航的商譽的損失有多大了。可以說，罷工對社會常常是造成極大的負面影響和衝擊的。

也因此，很多國家的法制，對於罷工，都採用了最後手段原則 (ultima ratio principle)，也就是勞資雙方應先窮盡一切協商調解程序無效之後，方可進行罷工。德國的勞動法就對罷工採用此一原則。我國現行勞資爭議處理法第 53 條，也有類似的規定。

亦即罷工能避免就要避免。那麼這一次華航空服員的罷工，可以避免嗎？

華航管理階層及相關政府主管機關的應變作為的檢討

首先必須先強調，華航空服員此次的罷工，完全符合我國相關勞動法律的規定，是一個合法的罷工，空服員所提出的訴求和所反映的問題，也

深獲同情和支持。我個人也支持他們這一次的罷工。

但由於罷工本質上就具有相當大的破壞性和衝擊性，而事實上這一次的罷工所造成的效應和衝擊，也非常之大。因而，就值得我們來探討，此次罷工是否可以避免。

空服員所提出的七項訴求，華航新董事長完全接受。因此社會不禁要問，既然新的華航董事長，也就是新的華航管理階層可以接受，何以原來的董事長，原來的管理階層不接受，而要經過一番罷工的折騰呢？使人不禁覺得華航「敬酒不吃，吃罰酒」，相信華航管理階層及其相關的上級主管機關應有「早知如此，何必當初」之感吧！那麼，華航「當初」何以沒有妥慎因應呢？

這就值得檢討華航管理階層及其相關上級主管機關交通部，在預防罷工上有沒有誤判和疏忽之處了。

從事情的演變來看，華航管理階層似乎沒有很嚴肅、認真地看待空服員的訴求，也似乎沒有預料到空服員真的會走上罷工之途。此為嚴重的管理和經營疏失，是應加以追究的。

華航的上級主管機關交通部，在華航勞資爭議協商期間，空服員醞釀罷工之時，好像也沒有善盡應有的監督之責，督促華航去積極而認真地面對空服員及其他華航員工的不滿情緒和訴求。一向喜歡講話似乎辦法很多的交通部賀陳旦部長在空服員罷工前、罷工中好像突然消失了。這些無不

給人一種交通部沒有做好預防罷工應有的措施，只是在袖手旁觀而已的感覺。如此交通部的作為，有關方面如監察院等，難道不應去加瞭解、追究嗎？

政府對於罷工權，應該依法加以維護，也應對合法的罷工給予保護和尊重。但全世界的政府，無不盡全力去防止和避免罷工的發生，因為社會和國家因罷工而必須付出的代價，實在太高太大了。

就華航此次空服員罷工而言，政府相關主管機關一為桃園市政府，另一為勞動部。社會應該要問，這兩個單位，有沒有盡其全力去調處、斡旋勞資雙方的爭議而防止此次罷工的發生。

再者，我們的勞資爭議處理法第 25 條第四項賦予主管機關（此次為桃園市政府，間接為勞動部）、目的事業主管機關（此次為交通部），可以透過依職權交付或申請仲裁（也就是強制仲裁）的方式，使調解不成立的勞資爭議，不致於走上罷工之路。此次桃園市政府，勞動部和交通部何以不採用強制仲裁，也應由相關部門加以調查、追究。

華航新任董事長在面對必須承擔鉅額損失之時，講了一句此次罷工原應可避免的話。對他的看法，我相信很多人是會認同的。然而，何以竟未避免呢？誰該負責，政府應該向國人做一個交代。

突顯的問題和連鎖的效應

當然，我們必須正視此次罷工事件所突顯的問題。我認為最值得注意的是，工時的合理和管理階層對勞工權益和勞動法令的認知和瞭解問題。不少行業的從業人員，長期以來有工時過長及工時安排不合理的抱怨和反映，勞動行政主管機關和資方朋友應加重視，及時予以改善，以免類似勞資爭議事件的發生。

從這一次華航空服員罷工事件可以看出，管理階層對於員工權益的合理化、公平化，以及相關的勞工法令，似乎並未認真重視或瞭解。相信不只是華航如此，不少公民營事業也有類似狀況，政府應加注意及改善。

這一次華航空服員罷工事件，所造成的連鎖效應，已日漸顯現，而且頗有燎原之勢。政府主管機關，應該妥善處理，否則一波一波嚴重影響人民生活的罷工潮可能會接踵而至，後果也將不堪設想。

在此要提醒政府的是，此次華航空服員罷工事件所發生的華航，是屬於政府幾乎可以完全掌握的半公營事業，勞資爭議是比較好處理的。如果民營事業也發生了類似此次華航空服員的罷工事件，勞資雙方的衝突、對立將更為嚴重、要處理也更為困難。

因而，如何使這一次華航空服員罷工事件，去促成更多更大的正面效應，而減少或預防其負面影響，是政府所有主管當局，都應該認真面對、探討並處理的課題。例如，此次華航空服員罷工，採「突襲策略」，就勞

工方面及罷工本身而言，是成功的。但使華航當局措手不及而造成重大損失，也是事實。很多國家的法律在保護罷工權的同時，也是非常重視公平和比例原則，所以規定罷工應事先預告。美國的勞動法也有政府可採「冷卻」的做法以防止或避免罷工的發生。這些制度，都值得借鏡研究，以使我們的罷工規範，更為周延。

結　語

蔡英文總統於接獲華航空服員罷工落幕的報告後，要政府以此一事件為師。我認為政府及社會各界應該從此一罷工事件學到的教訓為：（一）如何使勞工朋友合法合理的權益，獲得應有的重視和保障；（二）如何強化勞資雙方的溝通、互信與互利；（三）如何使政府相關業務和目的事業主管機關，秉持循一切合法合理的管道及措施去避免、預防罷工的原則，有效維護勞工的罷工權和妥慎處理勞資爭議；（四）如何使資方管理階層切實認識和瞭解相關勞動法令；暨（五）如何進一步完善勞工法令，使勞資關係可以真正做到和諧與合作，並使勞資爭議的衝擊，減到最小。也只有切實把這些教訓化為具體可行的方案並付諸實施，方可增進勞資雙方關係的和諧與互信，從而避免事實上對任何一方都沒有好處的罷工爭議行為。（原發表於 2016 年 7 月 1 日財團法人國家政策研究基金會國政評論電子報）

第 19 篇

平心靜氣談民怨四起的一例一休

　　一例一休政策的本意在於減少勞工的工時，增加勞工的休息時間，出發點不能說不好，當然更無可厚非。可是一例一休經過立法並付諸實施之後，卻是問題叢生後遺症一大堆。有不少民間相關團體及有關人士更指其為「三輸」的政策；也就是與其直接有關的勞、資、政三方，沒有一方面是贏家，每一方面都是輸家。換句話說，這個政策措施，使勞方減少工作所得，面對物價上升的日常生活壓力，實際上並沒有從這個蔡英文政府信誓旦旦要照顧勞工、造福勞工的措施得到好處；而資方所必須面對的是減少提供服務、減少生產、減少獲利以及人事成本和營運困難的增加；政府方面則是被指責決策過程一意孤行，脫離社會現實，不多方聽取和重視民意，不知民間疾苦，因而威信大損。

　　現在一例一休的後遺症不斷呈現，其所引發的民怨，更是勢如燎原，而當時受命硬推一例一休的勞動部長很顯然地被當成「代罪羔羊」，短短幾個月就被撤換下來，新的勞動部長也上台了，應該是對此一不得民心的政策措施切實重新檢討的時候了。因此，本人要以平心靜氣的態度來探討一例一休的問題，並找出補救之道。

一例一休政府是「事主」並非「公親」

首先，我們來評論蔡英文總統有關一例一休的一句話。在她於一月中旬訪問中南美途中，針對記者有關一例一休未能實際享受到的抱怨時竟說：「勞方都不自己去跟資方說，就是來跟政府抗議，政府公親變事主，……你們要自立自強啊！」蔡總統這樣說，如果不是弄不懂「公親變事主」的意思，就是搞不清楚政府應有的責任和立場。一例一休是政府力推的政策，當民眾特別是勞方向她（政府的代表）反映有問題時，政府應該做的就是去查、去瞭解、去堅決執行一例一休，更不能叫勞工「自立自強」。那我們要政府做什麼？一例一休的推動與落實是政策與施政的問題，不是勞資爭議，政府本身就是「事主」（當事人），而不是公親（協調人、調解人）。只有面對勞資爭議時，政府才可以扮演「公親」的角色。蔡總統的談話，顯然忘掉了政府應有的角色與責任。這使人回想起去年當華航空服員進行罷工時，當時剛好也是出訪中南美洲的蔡英文總統面對媒體詢問時，竟說出顯然偏袒勞方的講話「如果不是忍無可忍不會去罷工。」要知道，面對個別勞資爭議時，政府的角色是，要本不偏不倚的態度協調雙方解決爭議，這個時候，就是要扮演「公親」的角色了。

很遺憾地，身為代表政府的蔡英文總統在勞工事務上，該當「公親」的時候，不當「公親」，卻要當「事主」；必須當「事主」的時候，卻選擇當「公親」。此種角色混亂，不知道自己該做什麼，甚或不知道自己在做什麼的施政態度，的確叫人憂心。

一例一休衍生的問題與怪象

　　一例一休衍生的問題與怪象，多得不勝枚舉。其所造成的問題，可以歸納如下：

（一）、**勞工收入減少**：蔡英文政府一再強調一例一休要造福勞工、保護勞工。但實際上，一例一休實施之後，多數的勞工不蒙其利反受其害，因為他們的收入大為減少，生活飽受壓力。這種案例非常之多。而其中最讓人心疼也頗具震撼力的莫過於媒體廣為報導的一位宜蘭國小三年級生的憂慮。他在日記上記載著聽到他父母的對話，身為受雇者的爸爸說：「因為一例一休……日子愈來愈苦，快要沒飯吃了！」這那是什麼造福勞工啊！顯然，一例一休所造成對勞工最大衝擊，也是影響勞工收入與生活最直接，使勞工倍感生活壓力大增的，就是勞工的加班收入所得大為減少，甚至於完全歸零。

　　由於一例一休缺乏彈性，尤其對於服務業的工時制度頗有衝擊，而休息日的加班費幾乎近三倍，使不少雇主乾脆減少員工工時，盡量不要求員工加班，一些靠加班費增加所得的勞工，收入為之大減。一位計程車司機告訴我，他在一個食品公司上班的太太，在實施一例一休之後，每個月至少要減少六、七千元的收入；而被迫休息之後卻在家無所事事。交通運輸業的職業司機，一向都靠加班及相關的獎金來增加所得，一例一休實施之後，很多司機

每個月至少減少一萬元的收入。請政府不要小看這六、七千元或一萬元的收入，這對很多勞工家庭而言，可是攸關他們家庭生計的一筆很重要的金錢。再如百貨公司的櫃檯小姐以前在周年慶時，加班費最多可以領到五萬元，現在一例一休來了，原本五萬元的加班費大為減少，很多人都只能拿到數千元而已。

要知道，台灣很多的勞工，尤其是中小型企業，特別是那幾乎遍佈全台灣的家庭工廠的勞工，其加班費及相關的所得至少佔其每月總收入的三分之一，有的甚至於接近一半。在一例一休實施之後，這類的工廠，擔心觸法，乾脆盡量不使勞工加班，如此一來，這類工廠或小型企業的所僱員工，收入就大為降低。我們的政府在設計一例一休的制度時，顯然不瞭解民情，不知道台灣還有許許多多的勞工，其收入的很大部分是靠加班而來。難怪，我在許多小型工廠所碰到的勞工，對一例一休抱怨連連。

（二）、**民眾所能享有的便利與服務大為縮水**：大家都會注意一個消息，那就是郵局為因應一例一休，原準備全台灣一百四十多家的郵局要取消週六的營業，如此一來民眾所享有的便利就沒有了。交通部迫於民怨，強力介入逼使郵局放棄取消周六營業的決定，但卻要增加二億元的營運成本；郵局是公營事業，政府可以介入迫使其不可放棄周六的營業和服務，但其所增加的成本，卻因其為公營而事實上必須由全民買單。荒謬的是，民眾為了享有原所存在

的周六郵局服務，平白必須增加付出每年二億元的代價。事實上，不少服務業如餐飲、便利商店和交通運輸及醫療等與民眾日常生活息息相關的行業，為了減少成本支出，都選擇縮減服務，使絕大多數屬於受僱勞工的民眾，原本所能享受到的生活便利及服務，都大大地減少。請問，政府這樣照顧了平民百姓的生活了嗎？

（三）、**物價上漲，民眾生活壓力大增**：一例一休實施之後，可以說是經濟學者的行政院院長林全在接受媒體訪問時，斬釘截鐵地說，物價上漲是必然的。雖然林全後來為緩和壓力，稍為修正了說法，但實際上物價由於一例一休的實施是上漲的。例如交通運輸業，雖由於政府的強力施壓，原本的漲價擬議有所推遲，但最終還是漲了。其他像住宿餐飲、批發零售、娛樂業乃至於醫藥保健等都出現了漲價的現象。而不少經營者為了轉嫁其人力成本的增加，一定會調漲其產品或服務的價格。總的來說，一例一休帶動物價的上漲，乃一不爭的事實。而受此種物價上升衝擊最大的，係靠薪水過日子的民眾，也就是法律上所稱的勞工。

（四）、**資方被迫增加勞動成本，必須面對員工排班調度困難，營運面臨更多挑戰**：不可否認地是，一例一休實施之後必然帶來資方營運成本的大幅提升，這短短一、二個月期間，企業經營者，尤其是中小企業主，一直叫苦連連。因為他們已面對了兩大難題，一是

勞動力即人事成本大增，另一則是員工排班和調度的困難。這些已使企業經營者被迫咬緊牙關增加人力成本，或被迫減少生產和營業。不管選擇那一做法，都使企業的經營增加了困難和挑戰，甚至影響其獲利力、競爭力，乃至於生存力。現在，由於一例一休，小一點的企業很多已難以為繼，大的企業不少則考慮出走，這對台灣的經濟是好嗎？

（五）、**勞資爭議勢必增加**：一例一休有關工時制度和設計，使勞資雙方協議協商相互妥協的空間和彈性變得非常之小，任何一方有所堅持都可能引爆爭議。鐵路工會休假問題所帶來的紛爭，就是一個很明顯的事例。

一例一休所引發的怪象，也是不少。

春節期間，我回到中部鄉下過年，我所見到的人，不問中小企業負責人、經營者或賺取薪資的勞工親友，沒有一個人不罵一例一休。與他們的互動中，我發現一例一休實施後的幾個令人感慨的怪現象。一是勞工的出勤紀錄有兩套，一套是完全應付政府照一例一休實施的員工出勤紀錄，專供政府檢查用的，當然是假的；另一套則是真正的員工出勤紀錄，提供內部計算薪資使用的，是員工實際的出勤狀況。為了逃避政府可能的檢查與處罰，這些中小企業者（很多經營家庭工廠做代工），由於工作業務的需要及因應員工想多工作多賺錢的要求，讓員工加班，但凡是可能違反一例一休規定的員工加班，一律當場發給現金工資，不再經由銀行轉帳，隨做

隨發，不留紀錄兩相情願，受騙的是政府。另一怪現象是，為逃避一例一休可能的麻煩，甲公司員工到乙公司打工加班，乙公司的員工則到甲公司打工加班，相互支援解決勞力問題，也滿足了各自的員工想加班多賺錢的需求。這種到別的事業單位打工加班的現象，據傳在許多便利商店的員工中，也是頗為盛行。

一位外商公司的人事經理告訴我，她們也有一套可以說也是造假的做法。那就是上班時打卡，到了下午下班時，人事部門的人員就會提醒員工下班時間到了，應該去打卡了。員工依囑去打卡，但都心照不宣地繼續留下工作加班。

一種施政，如果會形成民眾造假，不願依規定去實施，就是錯誤的、失敗的，不可行的！一例一休就是如此。不知道政府有沒有真正體會到？！

其實，一例一休所帶來的怪現象還很多。例如，一向標榜全年無休24 小時照顧的社會福利機構，目前在周末都不願也不敢辦理有助於被照顧者身心發展的活動了。而一向強調對被照顧者（如殘障兒童等）有專人長時照顧並培養彼此感情的若干殘障福利機構，也被迫出現了要一天經常變換照顧者（如照顧媽媽）的窘象。有些幼兒園更有不敢讓老師在中午時間陪幼童休息或用餐的情事。更有檢察官出差辦案，有早上出門搭乘檢察署公務車，下午或晚上辦完案，因為司機受限於一例一休不再工作，而必須借用警車送回辦公室的不近情理的怪現象。

一例一休暴露政府政策的粗糙

一例一休之所以雖有改善勞工工時過長的本意，但卻引來包括勞工在內的民怨四起，主要就是蔡英文總統領導的政府和民進黨，太在意政治的操作，太想討好其所想討好的特定對象，急於要兌現蔡英文週休二日的競選承諾，卻誤判了民意和民情和對相關問題沒有深入研究瞭解所致。蔡政府所帶領的黨政團隊以為盡快通過立法，就能獲得他們要討好的廣大勞工的支持、認同和讚許。但卻適得其反。最主要就是他們不知道多數的勞工，尤其是中小企業和一般家庭工廠的員工們，他們需要有加班來增加收入。可以說，政府和民進黨控制的立法院根本沒有弄清楚廣大勞工在職場上希望什麼，真正處在一個什麼樣的環境，有什麼樣的困難。換句話說，就是不知民間疾苦。

其次，民進黨的政府和立法院在搞出一例一休的機制時，並沒有切實深入去瞭解各個不同行業的工時及薪資結構有其相異之處，因而弄出一個非常沒有彈性的制度出來。可以說，政府和民進黨掌控的立法院，在這個一例一休的問題上，溝通不廣不足，瞭解和認識得不夠全面，為求表現一意孤行，其結果是弄到現在想休假的勞工沒有真正休到假，要加班的勞工無法加到班。而且一例一休，整體而言，規定得太細太嚴，毫無彈性，連勞動部相關的主管官員一時之間都無法弄清楚。但卻未經一段緩衝時間就匆促上路，難怪弄得一團亂。真不知政府在急什麼。記得馬英九政府在立法將每週正常工時改為四十小時後，並未立即實施，而是讓業者及勞工有

幾個月的準備和因應期間之後，方始正式推動。一例一休之影響和衝擊，遠比正常工時改為 40 小時要來得大來得廣，卻一點緩衝與準備的時間都不給，馬上就生效。不知政府在急什麼、想什麼？我們只能說，他們似乎只要有快速立法的效率，而不管蒼生的感受、處境和實際的問題。

周休二日已經存在

民國 104 年 6 月勞動基準法修正，將每周正常工時降低為四十小時，而每日正常工作時間維持不得超過八小時，並自 105 年 1 月 1 日實施。實際上，這就已基本上達到了周休二日的目標了。要知道，勞動基準法規定的是法律所容許的最低勞動基準，即最起碼的法律要求，當法定每日工作不得超過八小時，每周正常工時不得高於 40 小時，這就表明，在一般正常狀況下，勞工已經可以有周休二日的權利和保障了。而且，當此修正實施之後，原所規定勞工每七天應有一天之例假還是存在。也就是說，純就工時制度而言，勞工如果不加班的話，要達成周休二日並不是不可能。另外搞出一個讓人感到有些複雜而難懂的一例一休來強行做到周休二日，實在是多餘。今天台灣勞工的問題，主要不在於工時制度，而在於薪資結構不健全及薪資過低，多數人必須靠加班才能獲足夠的收入來維持生活。所以，政府該做的是改善經濟發展環境，並設法健全勞工薪資結構及提高正常工時的所得，如此勞工自不必去拚命加班，而自然有足夠的休息時間了。從此一角度看，一例一休根本就是頭痛醫腳，沒有對症下藥。

一例一休應如何調整

由上面的分析，一例一休必須修正調整，乃是一無可否認的事實，亦可以說是包括勞資雙方在內的一般社會大眾的共識與期待。那麼應該如何調整，如何修正呢？

我以為今後一例一休要做修正與調整，必須至少符合下列要件：（一）、要使勞工想休假的能真的休到假，想加班的真的能加到班；亦即對勞工所承諾的好處，既要看的到，也要吃得到，不可像現在的一例一休所標榜的好處，被很多勞工指為看得到卻吃不到。（二）、要使雇主對勞工工時的安排及工作的調度與安排，不會有人人的困難。（三）、要使雇主的事業經營不會遭到極負面的衝擊和影響。（四）、要能照顧各種行業不同營運和工時的需求，換言之，要保持一定的彈性；變形工時制度要多多合理運用。（五）、要能創造勞資雙方就工時安排有合理的協商空間。

因此，一例一休應該把握以下的方向去做調整與修正：

（一）、在民國 104 年 6 月經當時的馬英九政府修正通過並自民國 105 年 1 月開始實施的勞基法工時制度，即每日正常工作時間不得超過八小時，每周正常工作時間不得超過四十小時，每工作七天應有一日之例假；每日連加班最長工時不得超過十二小時，及每月加班時間不得超過四十六小時；這樣的工時制度，如前所述，事實上，就已達到周休二日的要求，應加切實貫徹。

（二）、蔡英文政府所推出的一例一休，原則上可以維持；但一休的休與

不休，應給勞資雙方較大的彈性協商空間。

現在經修正後的勞基法第 24 條第二項及第三項有關休息日工作其工資的給付規定為：「工作時間在二小時以內者，其工資按平日每小時工資額另再加給一又三分之一以上；工作二小時後再繼續工作者，按平日每小時工資額另再加給一又三分之二以上。」「前項休息日之工作時間及工資之計算，四小時以內者，以四小時計；逾四小時至八小時以內者，以八小時計；逾八小時至十二小時以內者，以十二小時計。」此一規定看似在為勞工爭取更多加班費收入，但就是此一規定，使雇主不想也不願在休息日讓勞工加班，使勞工對於加班及加班費陷入「看得到吃不到」的窘境。而且，此一規定相當複雜，又不合理，因為勞基法是在規定最低標準，但此處提到加班費時都用了「以上」的字眼，不知「以上」的「上」要上至何程度？此種「以上」的規定，很容易引起勞資雙方的爭議，實在令人費解。是以這種休息日的加班費計算應加簡化，如果休息日全日上班，可比照例假日上班，給予加倍的薪資；至於加班以小時計算者，則可用原來勞基法第 24 條第一項所規定的那種計算方法。這樣子，雇主也比較願意讓勞工在休息日加班，勞工也可以真正可以加得到班，拿得到加班費。

至於新修正的勞基法第 34 條第二項所謂「勞工工作採輪班制者，更換班次時，至少應有十一小時休息時間」的規定，不知依何種

理論？為何不能休息八小時後就可繼續工作，頗引起質疑；此種規定一定會增加人力調派及排班的困難，也容易引發勞資爭議，應該重做合理的檢討與調整。

（三）、台灣勞工當前的問題，是很多人必須靠加班或額外打工才能賺取維持生活所需的收入。而在趨勢上，現在的勞工的實質薪資所得又遠低於十六年前，且蔡英文政府執政的第一年，勞工實質薪資所得又呈 0.77% 的負成長。所以，蔡英文政府應加緊努力把經濟搞好，讓勞工的實質薪資所得可以增加。前面提到，勞工之所以不得不要加班，實由於在正常工時所賺取的工資不足應付生活開銷之所需。蔡英文政府所最應該努力的，是讓勞工不必加班就可以賺取足夠生活所需的薪資。如此，談周休二日才有意義。

最後，本人要在此強調，所謂勞動基準是指透過法律來規定合理的最起碼的應有的勞動條件，也就是一種低標的要求，並不是要訂定最理想的高標準。當然，勞動基準並沒有限制勞動條件經由勞資雙方的協商或（及）勞動市場及整體經濟發展的影響，可以向上提升。它只是不允許勞動條件在所規定的勞動基準之下。這是我們談論勞動基準法所應有的認識。如果經濟社會環境改善，原所訂的勞動基準自然應該水漲船高，有所提高，這就是為何我們的基本工資會提高及我們的法定正常工時一直在減少的原因。

在此，我也想提一提去年七月發生於法國的一個有關事例，來供國人

特別是執政當局大家一起來省思。

　　一向親工會並以勞工為盟友的法國社會黨政府，在去年七月，為了挽救法國的經濟，減少法國人的失業率，不顧工會的強烈反對及長達二、三個月的罷工，動用了憲法所給予的特別權力，強行通過包括增加工時及允許企業自訂上班時間等使勞動市場更具彈性的改革法案。這告訴我們，有擔當的政府應顧全大局，照顧全民共同的最大福祉，不能只偏袒資方，也不可一味討好勞工。要知道，一個只想討好特定對象的施政或立法，其結果必然會顧此失彼有所偏袒而造成分歧、對立與爭議，對國家和民眾的整體利益，是毫無幫助的。

　　我們衷心期望民進黨政府和其所掌控的立法院，真正為廣大的民眾實際福祉為念，對一例一休的制度虛心檢討，及時作必要而合理的修正，使企業經營者安心經營不會難於營運甚或去出走，更使廣大的勞工朋友真正享受到一個合理的工時制度，並有機會在不必很辛苦拚命加班的情況下，賺取足以使其在生活上不虞匱乏的合理薪資。（原發表於 2017 年 3 月 6 日風傳媒電子報）

【附記】

一例一休終於被迫修正

　　一例一休的爭議不斷，各界反應非常不佳。導致主管部的勞動部長郭芳煜被當做替罪羔羊，「被請辭」走路；民進黨政府也在各方壓力之下被迫於 2017 年再做修正，並在 2018 年 1 月由立法院三讀通過，

3月1日生效施行。此次修法以「彈性化」為主軸，修正重點包括：休息日加班費取消做一給四（即做一小時給四小時的工資），每三個月內彈性調整單月加班上限，輪班間隔例外可縮短為八小時，七休一鬆綁為例外十二休二，特別休假可遞延一年，加班可1:1換補休。算是有了較為可行也較合乎職場實況的修正。但不少勞工團體對此修正甚為不滿，認係修「惡」，傷害了勞工權益。此一爭議也再度暴露民進黨政府決策之粗糙和顧此失彼，以及嚴重的脫離現實「不食人間煙火」。希望民進黨執政團隊能以此為鑑，不要再發生類似可嘆情況。

（2020年8月）

第 20 篇

轉型正義不應是清算報復而應是求真相和促進和諧與包容

　　蔡英文女士在競選總統時，提出了要優先落實轉型正義 (Transitional Justice) 的政見，民進黨因此在掌握立法院多數席位後，馬上提出一個叫做「促進轉型正義條例」草案，並挾其人數優勢於四月十九日強制表決付委。然而此一草案於公開以後，各方意見紛陳，對其內容質疑者不乏其人，更有人擔心，此一草案如照案通過，恐將造成一波新的報復清算而走向一個「綠色恐怖」。

　　轉型正義沒有什麼不好，但要看如何去真正加以落實。本來轉型正義之目的，在於就違背或不符國際公認的基本人權和公平正義原則的施政作為及相關現象，予以導正，並對於受害者給予止痛療傷，對加害者予以必要之處罰；但其最主要的目的，還是要找出真相，妥慎處理，最終實現公平正義、和解與包容，進而鞏固社會及國家的和諧與團結。

　　因此，如果假轉型正義之名行清算報復之實，結果必帶來國家的分裂、民眾的對立、社會的紛擾，那就不是真正的轉型正義了。

　　民進黨立院黨團所提的促進轉型正義條例草案 (以下簡稱促轉草案)，

標榜以落實自由民主憲政程序為立法目的,並要在行政院下設一「促進轉型正義委員會」(以下簡稱促轉會);而所謂促進轉型正義事項則包括:(一)開放政治檔案,(二)消除威權象徵、保存不義遺址,(三)平復司法不法,還原歷史真相,並促進社會和解,以及(四)處理不當黨產。

其實,開放政治檔案,我們已有檔案法及國家資訊公開法,在現行體制下並無困難,有必要另立專法嗎?而平復司法不法,還原歷史真相一項,在台灣最引起社會關注並廣被認為有轉型正義之必要的事件,莫過於228事件和戒嚴時期的叛亂及匪諜案件。而此兩類案件,有關於228事件部分,早有學者專家受政府委託做了相當完整的調查報告;兩者在法律上也分別訂定實施了《228事件處理及補償條例》及《戒嚴時期不當叛亂暨匪諜案件補償條例》。受害者或其親屬也都依法得到補償。不知道將來促轉草案通過後促轉會要如何去處理上述這兩大類案件,是對已調查者予以推翻重新做調查,還是接受原來的調查報告?對已得到補償者收回補償重新辦理申請,還是對已接受補償者就加以結案。這些問題,如不妥慎處理釐清,將會治絲益棼,所謂促進轉型正義也將會愈促愈亂。

至於不當黨產及所謂政黨附隨組織,如果不明確加以界定,將來執行時也一定會紛擾不斷、爭議迭起。至於什麼叫威權統治,促轉條例只說明何為威權統治時期,但那個時期也不能說所有統治行為都是威權統治。沒有將威權統治之意涵說清楚講明白,一定也會引發不斷地紛爭。監察院及民進黨上次執政時的行政院,曾對所謂國民黨不當黨產作了一些調查報

告。將來處理不當黨產時，還要重新啟動調查嗎？也應加認真考慮。

促轉草案規定行政院要設一個促轉會，這個促轉會享有相當大的調查權和規劃及建議權，但其委員之任命卻只規定消極資格而未明定其積極資格，也未對其行使職權之程序有所規範，難怪有人擔心其可能變成現代的「東廠」。

促轉草案規定「出現於公共建築或場所之紀念或緬懷威權統治者之象徵，應予移除、改名，或以其它方式處理之。」這個規定相當有針對性，顯然指的是蔣中正與蔣經國兩位前總統。不過，何謂威權統治者？又如何去認定誰為威權統治者，促轉條例均未規定。再說，任何一位國家領導者，都非十全十美，其歷史功過與是非，不是只憑一、二個事件就可以論斷的，更不是隨便立個法、設立一個委員會就可以下定論；一定要經長時間歷史的考驗，和專家學者的科學研究，甚或司法的公正審判才可以有讓人民信服的定論。隨隨便便將某人冠上「威權統治者」的身分，恐怕只會引發更多的爭議和紛擾。也許在民進黨或某些人的心目中，蔣中正對 228 事件及「白色恐怖」有其應負的責任，蔣經國也可能被指應對戒嚴時期的某些事件負責，因此兩蔣就是威權統治者；可是有經合法合理的認定程序嗎？。再說，這兩位前總統也有很多的追隨者和崇拜者，要大動干戈地移除有關他們的一些紀念建築，只怕會引起抗爭和抵擋，這怎可說是促進和諧呢？而且，今天又有誰能否定蔣經國推動十大建設提升台灣經濟發展的功勞呢？

在這裡，我想起在中共文革期間飽受迫害的鄧小平，當他當權時對實際是文革罪魁禍首的毛澤東用功過七、三開的方式處理，並且確定他功大於過，所有紀念毛澤東的建築物及銅像等一概未予破壞、移除。這樣的做法，值得蔡英文和她的同志們去深思。

國際社會中近代最不公不義的事件，就是南非少數白人壓制迫害多數黑人的種族隔離政策 (Apartheid)。可是黑人領袖曼德拉 (Nelson Mandela) 儘管曾被南非白人少數政府囚禁近 27 年，當他主政時，倡議轉型正義，組織了真相與和解委員會，他追求真相，對少數確實有罪者給予適當處置。但他並未肆行報復，進行清算鬥爭。相反地，他運用智慧去謀求和解，營建黑人與白人的和諧相處及相互包容。他並且刻意利用體育活動來化解黑白的隔閡及對立。南非的橄欖球運動，一向操縱在白人手中，球員幾乎清一色是白人，在很多黑人心目中，它也是白人種族隔離政策的象徵。然而，曼德拉當了總統之後，於 1995 年特別去參加跳羚橄欖球隊 (Springboks) 這支被視為白人球隊的賽事，更穿上這個隊的球衣；當同年在南非舉行的世界盃橄欖球賽進行決賽時，曼德拉更現身球場為進入決賽的南非跳羚隊加油，而且又穿了該球隊的球衣，感動了在場的白人和黑人觀眾，贏得白人的向心，化解了黑人對該球隊和對白人的芥蒂，巧妙地運用他作為國家領導人的身分及在橄欖球賽事他的現身與衣著，使黑白的和解共生更加地強化。所以，多數黑人執政後的南非，並未出現外人所預期的黑人向白人報復清算，黑白衝突對立，兩個種族流血對抗的情事。曾獲諾貝爾和平獎的

南非開普敦聖公會大主教也是黑人的屠圖 (Desmond Tutu) 於談到南非的轉型正義之時，特別強調，在南非進行轉型正義過程中，要的是真相，要的是對確實有罪者給予適當之處置，但更在於謀求黑白兩種族的相互包容、寬恕、體諒及和諧相處。所以他曾很驕傲地說：「讓南非告訴全世界如何去寬恕！」

當民進黨挾其取得政權及在立法院的多數優勢，迫不急待地要進行促進轉型正義時，我衷心盼望促轉草案的立法，一定要周延謹慎，博採周諮，廣納各方意見，不可草率為之；我更盼望蔡英文總統能好好去思考南非的做法，特別是曼德拉的智慧和他充滿寬恕包容的胸襟。（本文於 2016 年 5 月 18 日發表於財團法人國家政策研究基金會之國政評論電子報）

【附記】

促轉會社會形象受損

立法院於 2017 年 12 月 5 日通過《促進轉型正義條例》，27 日經總統公布生效。2018 年 5 月 31 日依該條例正式成立「促進轉型正義委員會」。同年 9 月間，該會副主委張天欽於內部開會時要求該會工作人員要運用該會工作打擊國民黨新北市市長候選人侯友宜，並表示促轉會就是等同明朝的「東廠」。經媒體披露之後，造成極大之風波，張天欽被迫辭職；10 月該會主委黃煌雄亦辭職。但此後該會之社會形象嚴重受損。（2020 年 8 月）

第 21 篇

不容轉型正義被扭曲，
不容威權統治來肆虐
—— 大家一起用選票來敲醒迷失正道的民進黨政府

最近蔡英文總統到宜蘭縣為其黨籍候選人輔選時，氣極敗壞地大叫國民黨憑什麼要用選票教訓民進黨。

敬告蔡總統，國民黨就憑它是反對黨、在野黨就有資格號召選民用選票來教訓執政不力的民進黨。

凡是在野的政黨對執政黨都要時時加以監督、加以批判，逢到選舉時，更會想方設法要把執政黨拉下台來。這是政黨政治、民主政治的特性之一。為什麼口口聲聲大談民主的蔡英文女士不知道呢？

其實，今天台灣之所以從北到南、從東到西一片批評、不滿執政的民進黨的聲浪與風潮，而且更出現被稱為「韓流」的韓國瑜現象，主要的原因，就在於大家普遍對執政的民進黨政府(包括民進黨掌控的立法院)之無法為民眾帶來生活的改善、之無法使青年感到有希望有未來、之不斷撕裂我們的社會，已感到十分的不滿、無奈和憤慨。所以，最想用選票來教

訓民進黨的，是一般民眾，是包括老、中、青在內的台灣人民。

民進黨多年來最喜歡用美麗的詞藻、文青的語言來大談改革、大談轉型正義、大談終結威權政治。可是，民進黨一旦取得政權，其所作所為並不是真正要落實轉型正義、或掃除威權政治，而是要利用轉型正義之名來行打擊異己之實，而口裡雖喊著要終結威權政治，但卻一步一步自己走向威權，濫用權力。

所以，本文只想來探討蔡英文領導的民進黨政府如何扭曲轉型正義，以及如何走入威權政治，並希望我們大家一起在此次的選舉中用選票來教訓民進黨；來喚醒民進黨，不要再一味地背離正道、背叛人民。

違反法治和憲政的改革

蔡英文政府最引以為得意的，莫過於其一意孤行所推動的年金改革。年金不是不能改革，也必須改革。但任何改革要可行能被接受，就必須要有合理性、正當性和合法性，就必須建立在符合憲法規範和法治的精神之上。依據我們憲法的規定，軍、公教人員的退休事項乃屬考試院所主管的職權範圍。但蔡英文政府卻任由行政院來主導、包辦統籌規畫整個年金改革方案，根本是違憲之舉。軍公教人員於退休之時所獲得之領取退休金的權利，乃係其對雇主 (政府) 所享有的債權，為其財產權之一部分，受憲法之保障，政府不可任意加以剝奪。又法治政治所最重視的根本原則為法律不溯及既往及信賴保護。蔡英文政府悍然違背此等法治原則。其沾沾自

喜的年金改革根本就缺乏應有的正當性、合理性和合法性。這也是為何退休的軍公教人員迄今仍堅決反對蔡英文式、民進黨式的年金改革的原因之所在。

被扭曲的轉型正義

轉型正義的根本目的在於探求真相，為不幸的政治或社會事件止痛療傷，並且促進國家社會的和諧。此所以當年曼德拉在南非所推動的針對白人少數政府所行之不公不義的種族隔離政策，而進行的轉型正義，廣受世人稱讚的原因所在。因為，曼德拉並不對白人進行報復、清算，而是設法在真相獲得瞭解並公開之後，盡全力來療治此一隔離政策所造成的傷痛，並想盡辦法促使黑白的和諧與團結。

但蔡英文政府所推動的轉型正義，二年多來似乎只專注在打擊政治異己，只在於要消滅政治的對手，並沒有任何止痛療傷、增進和諧的意圖和作為。所以，其轉型正義推動以來，我們的社會更為分裂、更為對立。

而最令人擔心和必然產生負面效果的，就是其所推動的轉型正義，也是建立在違反憲法規範和法治精神的基礎之上。

（一）違背法治與人權的不當黨產處理委員會

《政黨及其附隨組織不當取得財產處理條例》（以下簡稱不當黨產處理條例）所設立的不當黨產處理委員會，為一隸屬於行政院的行政機關。

這樣的一個行政機關竟實質上同時擁有調查權、告發權、起訴權與判決權，根本違反現代刑事司法所強調的起訴者與審判者應分立，應不得同屬一人一個機關的維護人權與正義的基本原則，也與無罪推定的根本精神相違背。我們談轉型正義當然同時要談實質正義和程序正義，缺一不可。美國憲法和刑事司法中有一個相當有名的「毒樹果理論」，即有毒之樹必然產生有毒之果，意即凡用不當之手段、方法取得之證據即使真正能證明被告有罪，也不可使用，因其取得方法根本就違法，就有悖正義。同樣的道理，民進黨政府用違反憲法審檢分立、違反刑事司法所強調的同一人同一個機關不得同時又是告發者、起訴者和裁判者之基本法則而設的不當黨產處理委員會，不管其出發點如何有道理，其所作任何裁定都是不符合公平正義、不符合法治基本精神的；都在憲法和一般法理及正義面前，站不住腳的。黨產如有不當取得，當然可以依法處理，但其不當之認定及處理，應有合理合憲之程序和判定。然民進黨挾其國會多數，硬幹蠻幹地製造出這個委員會來，是對轉型正義的嚴重扭曲，嚴重違背了轉型正義應有的精神，更是對人權的嚴重踐踏。

（二）抱著東廠的想法搞促轉會

　　民進黨控制的立法院，不顧法理、法治和憲法的規範，弄出了《促進轉型正義條例》和促進轉型正義委員會（以下簡稱促轉會）。當大家對促轉會還在觀望，甚或有所疑慮之時，促轉會的副主委張天欽在促轉會內部的會議上就公然大剌剌地為促轉會定性，說它就是個東廠。張天欽係台

大法律系畢業，又在美國留學也學法律，且以律師為業，不會對人權保障及公平正義原則毫無所知，也不會不懂什麼是東廠。但像他這樣在民進黨黨內與其黨政高層關係非常良好的人，之所以敢大放厥辭地說促轉會就是東廠，想必是對民進黨搞轉型正義的真正意圖，對民進黨黨內高層心目中的促轉會，已經心領意會瞭若指掌的結果。雖然張天欽已在輿論壓力下辭職，但張天欽的東廠說絕非偶然，一定其來有自。這種把促轉會當東廠的想法，怎能使人對民進黨的轉型正義有所指望，敢於相信呢？

愈來愈走向威權統治的民進黨政府

　　民進黨政府執政二年多以來，不問能源政策、兩岸政策乃至於像一例一休等的勞工政策，無不罔顧民意，「我想怎麼幹就怎麼幹」地一意孤行。前面所提的年金改革和所謂轉型正義，也是如此。充分暴露其威權統治的心態。而最近的打假新聞、假消息和動用國安局在網路蒐集所謂詆毀國家元首之訊息的做法，更使人不得不憂心，一天到晚叫喊民主的蔡英文政府，已愈來愈把威權統治加之於台灣人民之上。

（一）、打假消息、假新聞威脅言論自由和新聞自由

　　打假消息、假新聞最力者，莫過於美國那位狂妄自大的川普總統。川普對於批評他或報導他所不喜、或對他不利的新聞，幾乎一律稱之為假消息、假新聞。美國的主流媒體紐約時報、華盛頓郵報和 CNN 等等喜歡批評川普的媒體，幾乎無一倖免地被他視為假消息、假新聞的製造者。蔡英

文政府在外交上對川普政府一面倒，而在打假消息、假新聞上，更是師法川普。她恐怕應該也是川普之外世界上打所謂假新聞最用力的國家元首。她在國慶致辭中，在最近的競選造勢活動中，和在很多公開場合中都聲色俱厲地表示要打假消息、假新聞。而情治單位特別是警察機關也馬上成立打假新聞、假消息的專案小組，更把此一工作又加在為保護社會治安已經負荷極大的基層員警之上。真是用飛彈打小鳥，小題大作。

打假消息、假新聞涉及到新聞自由和人民的言論自由。而且何謂假消息、假新聞以及如何界定、誰來界定，是一個非常嚴肅而又相當困難且有很大爭議的問題。蔡英文政府將此一工作交由情治機關來執行，已在廣大的網路使用人中製造了恐怖的氣氛，也是對言論自由和新聞自由的一大威脅、一大挑戰。

要防制假消息、假新聞，應從政府本身做起。政府是所有消息、新聞的最重要和最大宗的製造者和發布者，只要政府切實發布正確的新聞和訊息，不扭曲事實，不隱瞞真相，不故意發布似是而非的消息，那麼所謂假消息、假新聞就可以減少百分之九十以上。如果像今天說因為缺電，深澳電廠非擴建不可，明天因選舉考量又說電量已足，深澳電廠可以不擴建此類出爾反爾的說辭；以及行政院院長賴清德說台灣勞工月薪已近五萬元此種嚴重背離事實的說法，不斷地出現，那麼人民有樣學樣，我們社會的假消息、假新聞就會不斷出現、不斷滋長。

眾所周知，民進黨選舉時最會製造假消息、假新聞，其事例俯拾皆

是。例如，謝長廷當年競選高雄市市長時，其陣營製造了所謂吳敦義的緋聞事件，以及陳菊競選時所製造的走路工事件，都是非常有名的製造假消息的案例。這一次選舉中，民進黨「老鳥玩不出新花樣」，其候選人也是不斷地製造混淆視聽、似是而非的假消息、假新聞來打擊對手。蔡英文總統如果真有意打假消息、假新聞，就要先從嚴約束她自己民進黨的所有候選人不要再玩此種騙取選票的「奧步」、爛招。

關於所謂假消息、假新聞，我以為大家要相信人民判斷是非的能力，由人民去分辨對錯真相，不要由政府勞師動眾浪費人民的納稅錢去做很可能傷及人民言論自由和國家新聞自由的不當管制行為；我們也要強化新聞媒體的自律與閱聽大眾對新聞媒體嚴格檢驗所形成的他律。

我們要提醒蔡英文總統，狂妄自大不守章法如川普之流，面對他所謂到處有媒體散佈假新聞的美國，他都不敢動用國家的治安機關像聯邦調查局去查什麼假消息、假新聞，妳這樣一個一天到晚講什麼民主價值的人，竟然如此地要將人民的言論自由和新聞自由置於情治機關的監視之下，不是濫用權力，不是在行威權統治，那又是什麼？

（二）、情蒐詆毀國家元首資料做法可議

我們的國家並沒有什麼詆毀國家元首罪。國家元首如果自覺受到誹謗，可以基於法律之前人人平等的原則去尋求法律的保障。可是，我們的國安局卻鄭重其事地要運用國家機器、國安機制去追查什麼詆毀國家元首的臉書網路資料。首先，我們要問，國家元首是不能批評、不能批判、不

能因其政策、作為而受指責甚或言詞攻擊嗎？在憲法及國家的法律，我們給予國家元首這些特權嗎？答案是否定的。況且，總統是最高層次的公眾人物，其本身及其所作所為，完全應受公評。所以，國安局的舉措，其出發點非常可議。什麼叫詆毀，這是國安局能片面認定的嗎？國安局是屬於總統直接管轄的單位，如果沒有蔡英文總統的默許或同意，國安局敢做此種可以嚴重傷害、威脅人民言論和閱聽自由的作為嗎？我們要提醒國安局的負責人，國安局依法所應效忠的對象，是中華民國和其人民，而不是總統個人。

今天的美國，在網路上，如推特、臉書和 Line 等，批評、指責甚或以非常不堪之言辭攻擊、謾罵川普者，所在都有，可說無時無刻無之。川普是有名的狂妄自大和自戀者，我們並沒有聽說川普因此要他的國安團隊去追查情蒐什麼對他這個當今世界最有權勢的國家元首的詆毀資料。

如果我們的國家安全，因為有人批評、指責甚或言語攻擊我們的蔡英文總統，就會遭到嚴重的威脅，那麼，我們的國家安全就非常脆弱可慮了，國安團隊就應該要再加油了。

記得，當年還在戒嚴時期之時，不少反對陣營的人，其中大部分就是今天的民進黨人，曾對那時的蔣經國總統肆意攻擊謾罵，但當時的蔣經國總統和那時的國安局也沒有公開大張旗鼓地表示要追查情蒐什麼詆毀國家元首的資料。

總之，蔡英文政府的此種作為，充分顯示其威權統治之心態，其對民

主與自由，是說一套做一套。

我們非常清楚，在此網路非常普遍發達的時代，境外網路的不法入侵，一定會有。但此為資訊安全的維護問題。蔡英文政府及其國安負責團隊應在此一方面去強化，而不是在人民使用網路方面去製造恐怖，去干涉、監視人民。

台灣要真正的轉型正義更不要威權統治

轉型正義沒什麼不好，台灣因為歷史原因而不幸發生 228 事件和所謂白色恐怖。國民黨執政期間，在 1990 年代就開始為這些不幸進行止痛療傷的工作，也訂定有關的法律，這就是轉型正義。本人曾擔任過 228 事件基金會董事長，對轉型正義非常支持。所以，二年多前，蔡英文政府上台之時，我曾充滿期待地寫了一些文章就轉型正義向蔡政府建言，也曾依法治至上的認知，建議蔡英文政府進行年金改革不可違背法律不溯及既往和信賴保護的原則。然而，二年多來，蔡英文政府不管年金改革、轉型正義、不當黨產處理，乃至於最近的打假新聞、情蒐詆毀國家元首資料等作為，在在顯示蔡英文政府嚴重扭曲了轉型正義，嚴重破壞了憲政和法治精神，更一步一步地加緊在台灣推動威權統治。而且，沒有把經濟弄好，人民之生活愈形困難者、收入大為減少者、以及青年對前途感覺無助無望者日眾；社會也愈來愈分裂。我們實在不能再加以坐視。民主社會中，人民最大的武器就是選票。希望大家一起來，用選票敲醒已在正道迷失的民進

黨政府，用選票來教訓沒有把國家發展帶上正途，沒有使人民更為安居樂業的民進黨執政的政府。（原發表於 2018 年 11 月 16 日風傳媒電子報）

【附記之一】

政黨及政治人物應知水能載舟亦能覆舟

　　這篇文章是針對 2018 年 11 月 24 日辦理的九合一地方選舉而寫的。在那場選舉的競選活動期間，民進黨因蔡英文執政團隊施政的一再背離民意，玩法弄權，和未能為人民帶來他們期待的幸福與希望，而大失民心，使「討厭民進黨」成了全民最大黨；民進黨果然在這一次的選舉中遭逢空前的大敗。逼得選後蔡英文大搞公關宣傳，並大談要大改變。可惜，2020 年 1 月總統和立委大選之前差不多快一年的期間之內，國民黨內部為了總統候選人的提名搞得烏煙瘴氣，而總統候選人又不斷有引發爭議的言行；更重要的是，中共的習近平發表什麼一國兩制的台灣方案，而香港又爆發反送中的長期騷亂，使蔡英文和民進黨有機可乘而大打「反中牌」、「抗中牌」，並大批國民黨擁抱的「九二共識」，結果鹹魚翻身，又當選總統，民進黨也再度控制立法院。不過，我們要誠懇提醒蔡英文總統和民進黨，「水能載舟，亦能覆舟」，如不好好治理國家，如還是背離民意，還是濫用權力為所欲為，那麼，民進黨還是會再成為人民最討厭的黨；「討厭民進黨」又會成為全民最大黨。（2020 年 8 月）

【附記之二】

令人失望而難於心服的大法官會議有關不當黨產條例的釋憲

當民進黨於 2016 年獲完全執政之後，以實踐轉型正義為名，通過《政黨及其附隨組織不當取得財產條例》（簡稱不當黨產條例）時，本人即在不少場合包括本文在內，一再強調政黨尤其是國民黨如有不當取得之財產當然可以依法加以處理，但不當黨產及附隨組織之認定，事關人民之財產權，應由法院依法去審判，而不可由一個其成員完全經由行政院任命而不經立法機關同意的不當黨產處理委員會來決定，因為這顯然違反憲法權力分立和程序正義的根本原則。台北高等行政法院的法官也是基於此一理由，和他們認為不當黨產條例存有違反憲法所保障之平等權，言論自由權，財產權，比例原則和結社自由等的疑慮，而聲請大法官會議釋憲的。現行的大法官會議的大法官們，很多在意識形態上傾向於民進黨，而就轉型正義和不當黨產等議題而言，不少大法官如許宗力、蔡宗珍和許志雄等在擔任大法官前，或者曾參與有關不當黨產條例初步的研訂，或早已公開主張國民黨之黨產就是不當黨產，亦即對此一釋憲案所涉問題，實際上早有定見，早有立場，如不迴避，那麼此一釋憲案的結果如何，實在也應該早有結論了，那就是必然是一切合憲的。果然，8 月 28 日大法官會議所做釋字七九三號關於不當黨產條例的釋憲，不出大家之所料，判定不當黨產條例一切合憲。對此，很多有識之士都很不以為然而均感失望無奈；難怪有媒體直指今日之大法官會議簡直就是民進黨的附隨組

織。

　　從大法官此次的釋憲文看來，好像為了轉型正義，所有一切有關的根本法治原則，如「法律不溯及既往」、「無罪推定」及「程序正義」暨憲法所保障的平等參政權、比例原則、權力分立等等都可以不顧、不管，這是何等的危險！對於黨產會以行政程序裁決處分有司法權性質的財產權，不符權力分立原則一節，大法官會議竟說因為有司法訴訟救濟程序，並未排除司法，所以並未違反權力分立原則，這是哪門子的邏輯？如果這樣可以說得過去，那麼今後立法院或各級地方議會都可以隨便立法賦予行政機關隨意去剝奪侵犯人民的財產權和其他權利了，反正人民最後還可以循訴願、再訴願和行政訴訟或其他司法訴訟去尋求救濟。大法官會議此次釋憲一再強調轉型正義很重要、國民黨黨產不值得保護，所以其他什麼法治原則、憲法保障都可以不管，那麼依此邏輯，我們可以說反正江洋大盜、殺人者罪大惡極，不必經法院以公正之審判程序加以審判，就可以就地正法隨便處置了！這樣子可以嗎？大法官會議此次關於不當黨產條例的釋憲，對國家的依法行政、法治的鞏固及憲政的健全，是有長遠的負面影響的。（2020年9月）

第 22 篇

民心思變、人民大勝利的九合一選舉

── 兼談今後朝野兩黨應何去何從

人民的大勝利

2018 年 11 月 24 日舉行的九合一選舉，已經在激烈的競爭中落幕。新的各級地方首長和民意代表，也已產生。台灣最新的民意，同時由台灣人民的投票明白地展現出來。

這一次的選舉，人民再度告訴所有當權者：「水能載舟也能覆舟」；凡是做不好，背離民意的，儘管曾經高票當選而風光一時過，人民一樣會把他們拉下馬，會狠狠地教訓他們。可以說，這又是一次台灣民主的大勝利、台灣人民的大勝利。

選舉結果，在中央完全執政的民進黨，受到廣大人民的唾棄，連一向被民進黨視為囊中物，看做它的所謂民主聖地或是它的堅固的地盤如高雄市、宜蘭縣等地，都藍天再現，都被選民用他們的選票終結民進黨的執政。台澎金馬 22 個直轄市、縣市首長中，民進黨從原來的 13 席大幅退縮為 6 席，治理的人口一下子減為 625 萬；而國民黨執政的直轄市、縣市則從原來的 7 個 (包括無黨籍縣長而實際親國民黨的花蓮縣)，暴增為 15 個，

治理的人口則達到 1447 萬。台灣的執政地圖，從原來的綠油油一片，變成了幾乎是處處有藍天。這是民進黨的大潰敗，是台灣人民用選票將台灣今後應走的方向和應遵循的政策整個大翻轉。

蔡英文政府期中考完全不及格

九合一選舉民進黨之所以被翻轉，被選民唾棄，主要原因是從 2016 年開始民進黨完全執政以來，其所作所為，並沒有為台灣人民帶來好的生活，也沒有使我們的社會更為進步更有發展更加和諧。相反地，其根本違憲、違反法治基本精神的軍公教年金改革，一方面嚴重踐踏所有退休軍公教人員的尊嚴，並使很多中下階層的軍公教人員的退休生活面臨愈老愈沒有保障、愈老愈陷入困境和窘境。因而，使幾乎所有已退休的軍公教人員和他們的家庭成員，對蔡英文政府和民進黨，都抱有「你既然不顧我死活，我也不會讓你們繼續囂張」的同仇敵愾的心理，大家抱著一定要好好教訓民進黨的決心。而拿著所謂轉型正義大旗所設置的不當黨產處理委員會和促進轉型正義委員會，更肆無忌憚地違背憲政和法治的根本精神，且明目張膽地，變成了打擊異己、要致政治對手於死地的東廠，嚴重傷害了人民對公平正義理念的認知和期待，撕裂了我們的社會，更暴露了民進黨政府的濫權、傲慢與霸道。

而其所謂照顧勞工的一例一休，根本窒礙難行，引起勞資雙方的抱怨，更使不少中下階層的勞工朋友收入大為減少，生計受嚴重影響，雖被

迫於短短幾個月之內又作修正，但蔡英文政府決策之粗糙無能，其嚴重地昧於民意的事實，已赤裸裸地展現於人民之前。

尤其嚴重的是，蔡英文政府充滿意識形態的兩岸政策，不但使台灣大多數的觀光業者無法生存，也使不少攤販和做夜市生意的朋友的生意和生計嚴重受到打擊，更使兩岸的關係陷入非常不安定和緊張的局面。

蔡英文政府的經貿政策、能源政策等等也都一樣被民進黨的意識形態所束縛、綁架。所以，人民的生活未能獲得改善，人民的幸福不能得到增進，青年人對未來更看不到希望。而其大力推動的新南向政策，不僅未能為台灣在東南亞和南亞擴大市場、增加商機，或為台灣帶來大量的觀光客或投資，卻實際上為台灣帶進了不少假觀光，真賣淫、真打工的所謂「觀光客」，也為台灣帶進了不少被仲介業者騙到台灣充數的假留學生。

上述的這些事例，使執政才二年多的蔡英文和民進黨政府，變成了人民心目中無能和阻礙台灣發展與進步的執政集團，也是極大民怨所匯集的對象。所以，在這一次選舉中，「1124 滅東廠，人民最大黨討厭民進黨」成為網路中流傳最廣的一個順口溜。民進黨之所以在此次選舉中遭逢重大挫敗，就在於人民要教訓民進黨，就在於民心思變，不想再為民進黨所玩弄，不想再忍受民進黨的濫權與無能。

大家都把這一次的選舉，當作對蔡英文政府的期中考。選舉結果，顯現蔡英文政府在此一期中考中，完全不及格。

在此，也要非常嚴厲地譴責中選會在此一公投綁大選其所負責的選務工作與應變措施的雜亂無章、荒腔走板。由於其事前未充分做好規劃、事後又沒有任何適當的因應對策，以致造成了幾乎到處都是投票人大排長龍的景象，很多人要等上一、二個小時才能投到票，有些地方至晚上七點多才投完票，更有台北市的投票所到半夜還在開票，以及這邊還在投票那邊已在開票等等史無前例、不可思議，更貽笑國際的亂象。這也顯示出蔡英文政府的用人之不當，以及這個政府所存在的嚴重瞞頇與無能。

韓國瑜現象和「韓流」之狂飆

在這一次選舉中，最引人注意、最衝擊選情的莫過於韓國瑜現象，和「韓流」之如海嘯般地狂飆。

韓國瑜以一個離開政治圈已多年，與高雄可說毫無任何淵源、自稱是「非典型的國民黨員」，被派到高雄市擔任國民黨的主委，並被提名代表國民黨競選高雄市長。一開始，大家認為這是國民黨在所有可以參選市長的人都畏懼不前找不到合適的人出來競選的情況下，只是死馬當活馬醫的無可如何的做法。民進黨人並認為就算隨便派個西瓜參選都會贏過韓國瑜，陳其邁陣營也認為就是躺著選也會當選。可是，這樣的一個人，用其在台北果菜公司當總經理的資歷自稱「賣菜郎」的人，竟然在短短幾個月之內就在高雄形成一陣政治旋風，在沒有太大黨部的奧援下，憑一己之力，打動了高雄人的心，形成一股愈滾愈大的巨大潮流，在沒有動員的情

況之下，一波一波的造勢活動，來自高雄、外地甚或海外的民眾動輒數萬甚至超過十幾二十萬所形成的人潮，自動而非常熱情的湧來、跑來。使大家十分震驚。民進黨也如大夢初醒般地開始對他抹紅、抹黑、抹黃。但是民進黨愈打他，他的聲勢愈強、愈大，最後他終於打垮民進黨提名的陳其邁，以近 90 萬的得票數，贏對方十幾萬票，讓對手不得不心服口服，而當選為高雄市長。而且，他還到處應邀為國民黨的候選人助選，強化了國民黨候選人的聲勢。這就是韓國瑜現象。

分析起來，韓國瑜現象之形成，應可歸納為下列幾個原因：

（一）二年多來大家對民進黨執政之濫權、傲慢和無能，已忍無可忍，累積的民怨和因生活無法改善之鬱悶都到了極點。

（二）韓國瑜用簡單的語言和勤跑基層及其柔軟的身段，把民怨引爆出來，把民心思變的怒火，點燃起來，讓民眾把他當成對當政的民進黨不滿和怨懟及希望有所改變並能改變的象徵。

（三）韓國瑜堅持超越藍綠，淡化政治、專談經濟，並用諸如「貨賣得出去，人進得來，高雄發大財」、「讓北漂青年都回家」以及「愛與包容」等等簡單易懂又切合民眾願望又非常接地氣的說辭，深深打動了高雄人的心，感動了高雄。

（四）韓國瑜的青年團隊善用網路為他行銷，使他獲得廣大網民的認同、肯定和支持，其聲勢因而如雪球般愈滾愈大，也使大批的青年成為他堅定的支持者。

（五）、韓國瑜堅持乾淨的選舉，不攻擊對方、不打悲情牌，使人有一新
　　　耳目之感。

　　韓國瑜現象，是台灣民主政治發展中的一個新傳奇，為台灣的選舉，
開創了一個新模式。那就是只要能打動人心，喚起民眾，為民眾點出問題
找到方向和對策，對民眾說實話，不必花大錢、不必罵人，也可以得到民
眾的支持，也可以高票當選。

　　韓國瑜現象說明，台灣民眾對於那種花大錢彼此打得你死我活想盡辦
法抹黑對方的選舉伎倆，已經非常之厭惡，台灣民眾已不想再為意識形態
所綁架；也告訴我們，台灣民眾是非常善良而有智慧的，沒有任何黨任何
人可以再隨隨便便來欺騙他們；他們要的是有好的政策、好的環境，讓他
們可以憑自己的努力來賺錢來過好日子。

　　這種韓國瑜現象和韓流已是台灣政治的一種新流行、新焦點、新力
量。執政的民進黨和在野的國民黨，以及所有想從事公職的人，都應好好
加以研究、好好地重視、好好地從其中去獲得啟發和教訓。

仍然活在過去與悲情的民進黨

　　這一次的選舉中可以看出，已經由以前從事街頭運動走到現在已完全
在中央執政的民進黨，並沒有與時俱進，反而不斷在退步；因為民進黨似
乎還活在過去、活在悲情之中。在此次選舉中，打到最後，尤其在選情激
烈的地區中，民進黨又搬出其一貫的選舉伎倆，大談什麼二二八事件、美

麗島事件、鄭南榕事件、大談統獨、大談悲情，企圖激發選民的台獨意識，和藉由歷史事件來打擊醜化國民黨。雖然此次的選舉只是一場地方首長和民意代表的選舉，但蔡英文以總統之尊，卻帶頭硬要把它打成為統獨對決，企圖像以前一樣能分化民眾而從中得利。然而，結果這一次民進黨大敗，顯示這種選舉操弄、玩弄統獨意識形態的把戲，已經完全失效了失靈了。對於大多數的選民，特別是年輕選民，根本無法引起共鳴；證明民進黨已在往後退步，還活在過去不幸的歷史事件之中，而不知道今天的台灣人民早已經不想再受制、受困於民進黨已成僵化而不務實的意識形態了。

如果，民進黨不想再被人民所唾棄，那就應該趕快走出過去、走出悲情、走出意識形態，放棄其一貫的抹紅、抹黑對手的選舉伎倆和奧步、爛招，好好地走入中道、正道、為台灣社會的和諧進步和人民的生活的改善而努力，並謙卑地傾聽和尊重人民的心聲。否則，未來還會被各式各樣的「韓流」所衝擊，所淹沒、所淘汰！

這一次選舉同時辦理的公投之中，人民已經否定了民進黨政府的能源政策，也否決了民進黨所默許的東京奧運我們代表隊的「正名」，更不許政府自日本福島核災影響區進口食物，另也要政府調整其同性婚的政策。希望民進黨政府要依法老老實實地接受人民的這些決定。否則，人民一定會在下一次的選舉中更加嚴厲地教訓民進黨。

勝利的國民黨應趁勢改造與改革

國民黨首先要認知，這一次選舉國民黨的勝利，最主要的原因是執政的民進黨做得太爛、太差、太使人民失望甚或絕望，以及國民黨個別候選人的條件不錯，而不是因為國民黨有多好、有多吸引力。

　　所以，國民黨不可因為此次的勝利而沖昏了頭，要非常冷靜而理性地從此次選舉中所發生的一切，去取得教訓和啟發，並據以進行及時而必要的改造和改革。

　　國民黨第一個應該去省思的，是韓國瑜現象所代表的意義。要深切去認識韓流之造成是由於韓國瑜走入基層、傾聽人民的心聲，韓國瑜了解民怨之所在、知道人民之所欲，並能提出可以打動人心、庶民聽得懂的對策；而更重要的是，韓國瑜敢用青年且放手讓年輕人去發揮為他做文宣，韓國瑜團隊非常有效地善用網路、吸引網民；而韓國瑜本身更有意志力、戰鬥力、論述力與說服力。因此，國民黨中央和各級黨部首先必須檢討，何以韓國瑜以及像韓國瑜這樣的人才被埋沒而沒有被發現、被進用；其次應努力去發掘物色此種具韓國瑜特質的青壯之人，加以歷練培養，成為國民黨未來發展的骨幹力量，才能使韓流在國民黨的人才的栽培、新血的注入及體質的改變上，發揮正面的影響作用。

　　這一次的選舉，是國民黨黨產被民進黨政府用「不當黨產」名義加以凍結、扣押並準備加以沒收的首次選舉，黨的候選人完全沒有雄厚的黨產可以運用和奧援；黨的候選人韓國瑜及所有直轄市、縣市長的候選人完全必須自力更生，自求多福，但依然勝選而將民進黨翻盤。國民黨應將此次

的經驗好好整理，作為今後黨的候選人從事競選與大家對他們輔選的範本。

　　國民黨一直以來被人譏為「內鬥內行，外鬥外行」。所以，應該利用此一次的勝選，刷新國民黨的形象。那些熱衷於 2020 年總統大位的人，應該要謹言慎行，自己衡量是否有率領國民黨打贏 2020 年總統和立委大選的民間聲望、優良形象，特別是有無可以吸引青年選票的能耐與魅力，而知所進退；更不可現在就為了爭取大位而進行任何讓黨的團結與形象受損的行為、動作與操弄。要記得，以往的「馬王政爭」和「換柱事件」，已對國民黨造成嚴重的傷害，千萬不可再重演。而那些必須為國民黨在 2016 年潰不成軍負主要責任的人，更要自我深自檢討，絕不可看到此次的勝選，就「見獵心喜」，又要出來攪局；除非過去這兩年多來，他們對社會、國家和黨已有可使廣大人民及黨員同志高度認同，並可使青年感動肯定的新貢獻、新作為、新思維和新表現，否則他們的參選一定會嚇走黨內的忠貞同志和一般的中間選民和青年的。我要提醒那些有意問鼎總統大位的國民黨人，此時的國民黨是應該趕快乘勝集氣，做好改革，鞏固勝利的果實，讓國民黨真真正正地又站起來，並一起幫助所有國民黨執政的地方首長去做好他們的施政，為國民黨厚實地方基礎，而不是爭權奪利。我敢斷言，誰第一個於此時此刻就表態要角逐總統大位，一定馬上會受到基層黨員及廣大網民指責過於猴急，被批評為只知為自己謀大位，而忘了黨的改革與發展。

　　國民黨經過這一次的選舉，不應該自我陶醉，而要切實從體質、作

風、習氣、宣傳、動員，特別是人才的吸引和培養等方面，進行認真而徹底的改造與改革，方可以再行號召民眾，繼續受廣大人民的信任、肯定和支持。

實現人民的願望和幸福才是政黨應有的努力方向和目標

由這一次九合一選舉，台灣的人民已明白地告訴所有政黨，沒有一個政黨可以永遠用意識形態綁架人民；沒有一個政黨可以將某些地方永遠當作其牢不可破的堡壘和地盤；沒有一個政黨可以往自己臉上貼金地自我吹噓是什麼台灣民主、台灣價值的守護神；因為台灣人民才是台灣民主、台灣價值和台灣安全與未來的真真正正的守護神。台灣人民所要的是真能發掘並解決人民之需求和問題，真正能為人民帶來好的生活、好的日子及幸福，和為青年帶來希望和好的未來的政治人物和政黨。（原發表於 2018 年 11 月 28 日財團法人國家政策研究基金會國政評論電子報；同月 30 日又在風傳媒電子報發表）

【附記】

為何 2020 年大選國民黨敗了？

2020 年 1 月的總統和立委的大選，國民黨未能將 2018 年此次九合一選舉大勝所贏得的氣勢發揚光大，反而於總統候選人提名過程和總統選舉競選活動中，出現了我在本文所提希望國民黨絕對應加避免的錯誤和狀況，結果遭逢慘敗，實在令人扼腕。（2020 年 8 月）

第 23 篇

如果蔡英文真的要改變

　　九合一選舉，民進黨慘敗，蔡英文總統辭掉黨主席，並表示敗選後「真正需要改變的人是我自己！」這當然是最起碼的必要表態。回想二年多前，蔡英文當選總統時曾誓言要「謙卑，謙卑，再謙卑！」何其感人！然而一旦上台掌權，她和她的民進黨政府卻處處表現出蠻橫、霸道與傲慢。所以，她的所謂要改變，現在大家只能姑妄聽之。不過也應嚴加檢驗。

　　假定蔡英文總統真的要改變，那應改變什麼，下列意見，請她參考：

（一）、立即改變傲慢與霸道的施政和治國的心態與做法。二年多來，蔡英文政府所推動的一例一休、年金改革、轉型正義、不當黨產處理、能源政策等等，那一件不是其濫用國會之多數，視反對意見和人民之聲音為無物，而硬幹蠻幹弄出來的。蔡英文等如再繼續如此傲慢與蠻橫，人民一定會更加嚴厲地給予教訓。

（二）、認真而謙卑地去傾聽人民的心聲，尤其要真正瞭解青年、農漁民、勞工和中小企業者所面對的問題與困境，好好發揮政府的功能，讓他們可以安居樂業過好日子，不要再用如勞工一個月賺 5 萬元之類與事實不符而又冰冷的數字，和一大堆美麗浮誇的說辭來搪塞與矇騙。

（三）、轉型正義不可再專事打擊異己，應回歸法治、正義與憲政。東廠之說已使人民對蔡英文政府的轉型正義失去信任，促轉會因而也毫無公信力之可言，應該立即將促轉條例做符合法治與憲法的修正，促轉會也必須完全改組。而不當黨產會以一個行政機關竟然實際上集調查、起訴和判決權力於一身，嚴重違反公平正義與憲政權力分立的原則；應將所謂不當黨產和國民黨附隨組織之認定，交由法院依法審判。不如此，這兩個機構有關不當黨產和轉型正義的任何處置，都將難逃打擊異己、扭曲正義的批判，也不會令人心服，更會加深撕裂社會。

（四）、停止踐踏、凌遲退休的軍公教人員，將違憲、違反法治精神的年金改革，做必要的合憲合理合法的修正，讓那些因年改而老年生活很可能陷入困境的中下階層退休人員，獲得必要的生活保障，也讓軍公教人員維持尊嚴，並使年改取得應有的合理性及合法性。否則，軍公教退休人員和他們的家庭，必將世世代代成為民進黨和蔡英文政府永遠的反對者。

（五）、跳脫意識形態務實面對兩岸的問題。中國大陸是台灣最大的貿易伙伴，也是台灣貨物最大的出口地。可以預見地，未來治理佔台灣總人口超過百分之六十二的藍營地方首長，為活絡經濟、振興產業尤其是觀光產業，以使人民受惠，一定會加強與大陸地區的各種文化、社會和經貿往來。請問蔡英文政府是不是還要死守僵化的意識

形態橫加阻撓，而置人民生活之改善於不顧？

上述的改變，為台灣好，也為民進黨好，是非常必要的。問題是，蔡英文和她的黨與政府，真的會改變嗎？（本文以「蔡英文願意改變嗎？」為題，發表於 2018 年 12 月 1 日中國時報時論廣場）

第 24 篇

國民黨應重視及協助解決青年問題，並加強做好人才之培養，暨協調督促從政黨員嚴格做好工業安全、職業安全和食品安全等公共安全的工作

壹、建請重視及協助解決青年問題，並加強做好人才之培養，為青年開創一個有希望的奮鬥環境

一、建請重視及協助解決青年問題

目前本黨（國民黨）執政之政府，雖然努力在解決青年問題，也為增進青年之福祉，做了不少事。但當前仍有不少青年覺得自己正面對著許許多多令他們困惑、迷惘和憂心的問題，這些問題包括對個人前途的何去何從無法把握；對自己的就業與人生發展，覺得沒有一個可以施展抱負、實現人生理想，可在社會上穩定立足之充滿希望的環境；甚至於連過最起碼的足以養家活口無所憂慮的生活，都感到有困難。換言之，很多青年人對自己的前途、自己的未來感到十分徬徨、無助，並且因而非常非常之憂心，

因此也充滿著相當大的不確定感。為什麼呢？因為在現實社會，他們的確面對著找工作不容易、找理想而有合理待遇的工作更是難上加難，買房子卻是到處是房價飆漲、到處是即使用一生之積蓄也買不起房子的現實；要結婚又怕養不起孩子，有了孩子又覺得育嬰、托兒是極嚴酷的挑戰。光是非常單純的每天油鹽醬醋茶的問題，他們很多人都有負擔不起的挫折感。

其次，對於很多青年人而言，他們於日常生活中，看到的體會到的，是一個貧富差距日益擴大的社會，是一個富者愈富並天天在炫富的社會，使不少人因而形成了「仇富」的懷恨而嫉妒的心理，有人且擔心自己的未來，很可能落入被富人剝削的一群。雖然，政府公布的統計數字顯示，貧富差距已有縮小。

再者，不少青年人覺得，目前的社會到處是爾虞我詐，官吏顢頇、貪污，商人唯利是圖，黑心食品事件一再發生，使民眾連最起碼的「吃得安心、吃得安全」，都無法獲得滿足。

另一方面，對於台灣的未來，到底要何去何從，很多青年人內心裡只覺得無助、只感到不知所措、只充滿著不安。因而，不少人乾脆就逃避，就不想去思考。因為，有關台灣的未來，他們所看到的聽到的，不是理性的探討、理性的辯論；而是無休無止的口水戰，是只有立場沒有是非的爭論，是爭辯的雙方彼此你罵我、我罵你的現象。因而，談到台灣、談到國家，不少青年人就有不知如何去認同，不知「要為何而戰、為誰而戰」的困惑。

總而言之，當前依然有不少青年人對未來、對前途，是不抱有太多希望、太多理想的。這是一個不容忽視的問題與現象。因此，建議本黨除了本身對上述問題和現象，能在黨內做到加以改善、解決者應立即去做外，更應發揮做為執政黨的優勢，協調要求所有從政同志，應該在下列重點特別去努力：

（一）要妥善面對當前大學教育素質向下沉淪、重量不重質及學生「學非所用、用非所學」的現象，好好檢討、改進；尤其要把當前大學教育所呈現的「校園政治化、派系化」，不少私校「只求生存、一味強調學生數量」和學生普遍不用功不重視品德教育等等現象，儘速力求導正。讓大學教育能真正為社會、為國家培養出有用而有理想、並對未來充滿希望的青年和人才。

（二）要正視並解決青年失業和低度就業的問題

　　　　三十五歲以下的青年，始終存在著高失業率的現象，政府應切實地去面對和謀求解決；而「所用非所學」、「所得偏低」、「工作時數不足」以及「高學歷低就業」等等低度就業（underemployment）的現象，在三十五歲以下的青年中，更是一種存在已久而不容忽視的問題。政府不能只喊口號、只重表面而舉辦什麼青年論壇，或是公布一些一時呈現好轉的數據來粉飾太平，而應切切實實地拿出使青年有感的可行做法來面對和解決。

（三）要為青年的住屋、結婚、育嬰、托兒的問題，提出妥善合理的對策和可行辦法

這些是青年所面對的切身問題。所以除了興建類似合宜住宅的房屋讓初入社會的青年，不管已婚未婚，都能有他們收入所負擔得起並且居住品質還不錯的住宅（千萬注意不要流入以往所謂國民住宅那種等於興建另類低收入集體住宅的覆轍）。尤其應設長期（至少二十年以上）低利（甚至於可以無息）的房貸，讓初入職場的青年可以購置自有房屋，這也可以有效鼓勵青年成婚；而公設或由政府專案獎勵設置的育嬰中心、幼兒園，更應普遍設立，尤其是社區型者，更應大量設立；而面對少子化所造成的不少國小廢校或減班的情形，更可考慮在廢校或減班的國小，增設托嬰中心及幼兒園，來解決青年父母托嬰、托兒無處可托或難於負擔的困境。

（四）要經常舉行經由本黨規畫而政府主辦、公正人士參與之有關國家建設、發展和前途的研討會：一方面可以讓青年經由理性的探討、辯論，瞭解國家建設與發展的實效，培養其對社會、國家的高度信心和認同；另一方面，也讓青年知道「應為誰而戰」「為何而戰」。除了研討之外，也應多辦理由青年參與的國家建設參觀，另也可以冬令營和夏令營的方式結合討論與參觀，使青年對社會、對國家有正確的認識，也使青年對社會、國家更有責任感、更願意付出。

（五）要重視及強化青年的品德倫理教育及正確價值觀的建立

倫理道德為社會正常而健全發展的根基。青年時期是人格與價值觀念形塑的最重要的階段。沒有一個不重視倫理道德的社會和國家，能夠繁榮、昌盛而永續發展。

因之，建議政府應積極發揮國政帶領者、政策規劃者及施政推動者的功能，好好在各級學校做好倫理道德的教育，使所有青少年都能知廉恥、明是非，並能恪守人類社會所共同依循的普世價值；尤應使青年有一個正確的人生價值觀念，使人人認知並力行下列各點：(1) 人的成功都是要經過一番奮鬥和努力而得來的，不勞而獲是不可能的；(2) 人在社會，固可享受國家社會及他人的協助，但也應對國家、社會及他人有所付出、有所貢獻；(3) 權利與義務是並行的，要享權利，就要盡義務；(4) 社會與國家的進步，要社會和國家的成員，一起去努力、去開創。

二、要做好本黨人才的培養工作

黨的基本任務之一，就是發掘人才、培養人才和進用人才。近年來，我們從若干政務官的表現，以及一碰到選舉，在不少地方常常面臨人才難求，找不到適當候選人的窘境。例如，在今 (2014) 年 11 月 29 日要辦理的地方選舉，很多選區，要嘛向地方派系和地方勢力妥協，要嘛空有理想而找不到適合的候選人，要嘛就是臨時抱佛腳，到處去「拉夫」、到處去找人競選，這就是平常疏於發掘人才、培養人才的結果。所以就出現了有現任者想退退不了，只好再披戰袍而被人譏為戀棧不肯交班、扒著權力不放；有些地方則十幾年來一直都是由一位一再選敗的候選人來與對方對決；而

有些鄉鎮甚至無人代表本黨競選。因此，人才的發掘與培養，在本黨已是刻不容緩。建議本黨應：

（一）立即訂定一個長期發掘人才、培養人才的政策並付諸實行。在中央及地方，都應依循此一政策去推動，不因人事之更動而中止。

（二）應責成本黨執政的直轄市和縣市首長，運用一級主管可以用政治任命的規定，以及執政的優勢，多進用優秀的文官，年輕一代有抱負、有理想而優秀者，以及經由選舉產生出來的優秀人才，來擔任有關局處長和相關機構和機關的主管，使他們有機會去歷練、去接觸實際政務，去走入群眾、去瞭解民意；再有計劃地從中特別加以培養，以使他們：(1) 有機會時可到中央擔任政務官；(2) 可成為文官體系中的優秀骨幹人才，和 (3) 需要時可代表本黨參與競選。

（三）本黨應在與本黨互動較頻繁和良好的重要民間社團中，去發掘年輕的可造之才，好好加以歷練和運用，使其成為本黨的後起之秀和接班人。

（四）本黨應加強透過類似青年工商負責人研討班的訓練，來發掘和培訓認同本黨、支持本黨，和必要時可為本黨所用和代表本黨競選的各界青年菁英人士。

再者，談人才之培養，也應注意如何去進用人才。為本黨之永續發展及發揮本黨為全民政黨之特性，本黨黨內及本黨執政之從政主管同志，在

進用人才時，應注意不可拘於一格，侷限於某一型態，甚或某一圈圈，此所以近年來外界對於大量進用學者擔任政務官有所批評的原因。進用人才應開闊心胸、兼容並蓄，應有「海納百川」的氣度，如此才能真正做到適才適所，才能真正培養好的人才，用到好的人才。

貳、 建請從高雄氣爆和今年的餿水油事件中，切實記取教訓，以執政黨的立場，協調督促從政黨員，嚴格做好工業安全、職業安全和食品安全等公共安全的工作。

今 (2014) 年 7 月 31 日及 8 月 1 日在高雄前鎮區和苓雅區發生石化氣爆事件，造成 32 人死亡，308 人受傷，以及不少民眾蒙受重大財產損失，和包括三多一、二路，凱旋三路及一心一路等多條重要交通道路嚴重受損的不幸結果。而自 9 月初爆發高雄強冠公司銷售餿水油之事件以來，全台灣不少食品業廠商，不少名牌月餅、鳳梨酥、太陽餅、餅乾和食品，以及很多頗具知名度、頗受消費者喜愛的餐飲業者，都受到波及，總共有兩千多家使用餿水油，影響所及遍布全台灣，可謂空前的食品安全危機事件。

上述兩者，都暴露了下列幾個問題和現象：（一）現有相關法令和規範仍有不周全和應加修正強化之處；（二）相關主管政府機關，尤其是地方政府，平常疏於管理、督導和檢查；（三）相關政府主管部門，平時協調統合不足，出事則互相推諉；（四）業者唯利是圖，缺乏社會責任感，

更缺少企業良心;(五)相關政府部門之檢查人力不足,而業者之自主管理,更不切實際,不符要求。

因之,建議本黨應基於執政黨向人民負責的認知與立場,要求所有從政主管同志立即做好下列事項:

(一) **檢討現行各種有關公共安全的法律**,如消防法、食品衛生管理法、健康食品管理法、商品標示法、廢棄物清理法、資源回收再利用法、毒性化學物質管理法、職業安全衛生法、商品檢驗法、農產品市場交易法、農藥管理法、道路交通管理處罰條例、工廠管理輔導法等等,以及有關的行政命令和措施,其不符實際,無法發揮規範功能、不能保證業者一定會做好自主管理者,以及其罰則無法嚇阻業者從事任何不法行為者,都應加以從速修正。

(二) **相關政府之檢查、稽查人力不足者,應設法儘可能予以充實。**並應輔導業者做好自行檢查,也應輔導成立各種民間代行檢查機構,以建造一個非常綿密的檢查網,而使不法經營行為、不法產品等等不再出現。

(三) **重新建立各種優良經營行為,優良食品之標章,如 GMP(Good Manufacturing Practice)、GHP(Good Hygiene Practice) 等等之誠信:**

類似 GMP、GHP 等之所謂優良經營行為之標章,在此次餿水油事件及去年劣質油事件中,其公共誠信度,已受到質疑。政府應

就如何重新建立彼等之誠信，以及應否普設此種標章，或應否建立新的標章，加以徹底之檢討，並採有效措施來恢復和建立其誠信。使民眾在採購各項有關產品時，能有所依循。

（四）於中央及地方政府設置公共安全會報，協調整合各相關主管機關強化人民公共安全之保障

應於行政院、各直轄市、各縣市政府分別設置公共安全會報，所有與公共安全有關之機關如工業安全、職業安全、交通安全、環境及生態安全、食品安全、藥物及醫療安全等等之主管者均應參加，並由首長親自召集，定期集合研商、檢討有關公共安全之政策、立法、執行、管理及檢查等等之事宜，以發揮中央及地方各相關政府機關橫向及縱向的切實協調與整合，俾有效統合政府力量為人民做好公共安全的維護工作，使人民食、衣、住、行、育、樂方面，都能安心、安全。（作者以國民黨中央評議委員會主席團主席身分於2014 年 9 月 15 日第 19 屆第 2 次國民黨中評會全體委員會議所提之書面動議）

第 25 篇

黨中央應請發揮必要之領導力並談總統、黨主席以及總統候選人三者之間應有良好之溝通協調機制

壹、黨中央應請發揮必要之領導力

黨中央負統籌指揮全黨黨務之責，應發揮應有之領導和凝聚功能，隨時隨地有所作為，對任何政策議題要適時提出主張，並強力宣導，使外界及基層可以感受到國民黨有一個具領導力的黨中央存在；過去幾個月，有關總統候選人問題之處理，實令人有黨中央似乎不在主導、黨中央似乎只能隨波逐流之感；有不少基層同志甚至認為黨中央好像不存在。此種現象，不可再出現。為 2016 年大選之勝選，黨中央應發揮應有之凝聚和強力之領導、指揮功能，化解各種不必要之阻力、強化黨內團結；必須要求各立委候選人切實配合總統候選人之競選，彼此相互支持、相互奧援，以營造全黨一心共求勝利之氛圍和作為。尤應積極爭取廣大民眾之認同和支持，更應動員各地之黨員同志從政同志確實用心投入輔選工作，以爭取最後之勝選。

去（2014）年九合一選舉，曾出現本黨候選人不肯在其競選宣傳看板

上張貼與黨主席合影之照片以及在競選活動中刻意迴避黨主席之情事。希望在這一次的大選中，黨中央一定要發揮應有的領導力，避免此種情事的再發生。我也希望朱立倫主席在領導風格、作風和作為上，要針對近來外界的批評，有所調整、有所改進。在此本人要送朱主席兩句話，一為魏徵對唐太宗的諍言：「兼聽則明，偏信則暗。」另一為孟子的話：「自反而縮，雖千萬人吾往矣！」領導者一定要有魄力，不應讓人覺得過於算計、瞻前顧後。

貳、總統、黨主席以及總統候選人三者之間應建立良好溝通協調機制，以贏取勝選

此次大選，本黨首次出現總統（馬英九同志）、黨主席（朱立倫同志）和黨之總統候選人（洪秀柱同志），雖均為黨員，卻分屬三位不同的同志的現象。如何在三者之間做好必要之協調，不論在政策主張或輔選作為，乃至各自之幕僚之合作，都應建立良好之溝通、協調及合作機制，方能發揮統合力量，使總統的行政資源、黨主席的黨務資源和候選人本身的資源，三者能相加相乘，贏得最後之勝選。（於 2015 年 7 月 20 日國民黨中評會全體中評委會議所提書面意見）

【附記】

可嘆的「三輸」

此次作者書面意見所提之大選，為 2016 年 1 月之總統及立委選

舉。過程中，國民黨臨時陣前換將，總統候選人由洪秀柱換成朱立倫；選舉結果國民黨大敗，不但輸了總統選舉，民進黨也首次取得立法院過半數的席次，國民黨淪為自 1949 年以來第一次的完全在野。2020 年的大選，國民黨挾其 2018 年地方選舉大勝之餘威，應可乘勝追擊，贏回政權和立法院控制權；無奈總統候選人之提名過程紛紛擾擾，若干相關人士私心作祟，和競選期間爭議不斷，終於，總統與立委選舉兩者皆大敗，落得非常難看的「雙輸」，如果把高雄市長韓國瑜最近在 6 月 6 日之被罷免算上，就成了空前的「三輸」。可嘆啊！可嘆！（2020 年 6 月註記）

第 26 篇

澈底在野的國民黨何去何從

完全在野處境空前艱難

2016 年 5 月 20 日民進黨籍的蔡英文取代國民黨籍的馬英九正式接任總統之後，國民黨就就澈澈底底地在野了。從此，不但於二月隨著新立法院的成立而淪為國會少數黨，完完全全失去了從民國三十八年 (1949) 中央政府遷台以來一直所掌控的立法主導權；更在行政上喪失了執政的權力，不論國家政策的釐訂、對外和兩岸關係的推動、國家總預算的編列、財經政策的推展、國防建設的規畫、教育方針的制定，或中央及地方施政的執行等等，都無法主導、無從置喙。從 1949 年政府播遷來台之後，國民黨處境從來沒有如此不堪、如此悲慘、如此落敗！

可以說，現在的國民黨完完全全被人打趴在地。就連地方政府的執政權，國民黨也是居於十分難堪的劣勢。

因此，目前國民黨所面臨的只有兩種選擇。一是一蹶不振，苟延殘喘，準備慢慢崩解散掉，從政治版圖上消失。另一則是重整隊伍、重振黨魂，尋求浴火重生，東山再起。

相信絕大多數忠貞的國民黨員，一定不願也不甘國民黨就在自己的手

中完全被打敗、被打垮。

　　也就是，會選擇東山再起之路。但這條路並不容易，一定會崎嶇難走，一定會有險阻與挑戰。因為今天的局勢，完全不同於 2000 年那一次的失敗，那時雖然失去了中央執政權，但國民黨仍是立法院第一大黨，大多數的地方政權依然掌握在國民黨的手中，而且國民黨可推出的政治明星還是不少。2004 年那一次總統大選，國民黨雖然輸了，但在立法院還是超過半數的多數黨，地方政府多數為國民黨執政。而今天，不僅中央執政權、立法權完全丟掉；執政的地方只剩一個新北市和六個縣而已，濁水溪以南一片綠油油全部為民進黨所掌控；更可悲的是，可以推得出來與對方一爭長短的政治領袖，真是寥若晨星。

要東山再起非做不可的要務

　　面對這樣的困境，要突破困局、重新出發，中興再起，我認為必須切切實實做好下列幾項工作，而且要劍及履及地立即去做：

一、穩住陣腳、安定黨心

　　國民黨相繼於 2014 年的九合一大選和今 (2016) 年一月的總統大選和立法委員改選大敗之後，很多地方，黨員的士氣非常低落，對黨失望、失去信心者眾，不少地方呈現一片軍心渙散不知何去何從的可悲狀態。

　　雖然，到現在為止還沒有出現黨員大量出走甚或向民進黨投靠的現

象。但民進黨現在氣勢正盛，一定會挾其在中央及地方的雄厚執政資源優勢對各地的國民黨組織進行挖牆腳的工作。不要忘掉，很多民進黨員無不想乘勝追擊將國民黨完全打倒打垮。

為今之計，一定要立即著手進行穩住陣腳、安定黨心的工作。中央及地方黨部一定要周密規劃從每一鄉鎮市區、每一直轄市、縣市，有計劃地去穩住黨員、鞏固黨的根本組織，和穩住在地方一向親國民黨的各種民間社團。洪秀柱主席不是任命了一大堆副主席和副秘書長嗎？各地方也依然有很多對黨忠心向心而有影響力的大老和地方領袖。國民黨應該善用這些副主席、副秘書長、大老和領袖，立即有計劃地找出黨員及社團領袖，和他們懇談、聯繫，讓黨員不致流失、社團不致轉向，也就是做好固本的要務。千萬不要等黨員、社團來找黨部，各地黨部和黨中央要主動去找黨員找社團，穩住黨的陣腳和陣營。

二、發掘人才、培養戰將

選舉靠人才、靠戰將。過去國民黨似乎並未善用執政的優勢做好人才與戰將的發掘、培養與新陳代謝，以致於很多地方找不到有活力和有吸引力的青年戰將代表國民黨參選，不少地方還是過分依賴派系、過分地用一些老面孔。

認同國民黨基本立場和肯定國民黨對台灣貢獻的人，特別是年輕人，還是不少。國民黨中央及各地的地方黨部應以主動積極、三顧茅廬的態度及做法，趕快為黨尋找可以代表黨參與選戰的優秀青年人才，並且馬上有

計劃地為其製造服務和露臉的機會，協助他們在地方紮根。有人才、有戰將才能在下次選舉中反敗為勝。如果國民黨在下次大選中依然慘敗，後果就不堪設想。

民進黨在本屆的立委中，有二十多位原本是立法委員的助理，可見他們在人才的培養及傳承方面做得很有績效。此一現象，國民黨中央及各地方黨部應加省思並借鏡。

三、調整論述 打動人心

國民黨過去打政績牌、安定牌和兩岸政策以贏得選舉。然而，前年 (2014) 的九合一選舉和今年 (2016) 的總統與立委大選，一個油電雙漲就使政績牌失靈；而一個太陽花學運和周子瑜事件，使兩岸關係和歷史性的馬習會完全無法為國民黨加分，甚至於還減分。再說民進黨現在有不少被稱之為諸侯的地方首長，形象包裝與政績並不錯，打政績牌似乎不應是國民黨的專利了。眾所周知，民進黨有親台獨的歷史，所以，很自然地獲得自然獨和有強烈台灣自主意識的選民的認同，這些人是民進黨打死不退的基本盤。而這些年來，台灣絕多數的民眾，對於台灣的未來，選擇的是維持現狀。

在這樣的環境之下，國民黨在論述上實在應該要有所調整。如何使兩岸關係此一傳統是國民黨的強項，恢復其對國民黨有利，的確應在論述上作適當的思考和改變。

國民黨要想給人民一個他必須支持國民黨的理由，這就要靠可以打動人心並與民進黨有所區隔的論述了。而且要基於此種論述創造議題、主導議題，掌握話語權，才能使民眾重新回到國民黨的身邊來。

　　2008 年國民黨在總統大選及立委選舉大勝，很大部分是由於陳水扁的貪污腐化。然而，國民黨要重新站起來並重新執政，萬萬不能依賴對方的錯誤或貪腐。

　　國民黨應該趕快調整論述，以能打動人心、吸引認同的立場和政見，積極向人民訴求，如此才有機會反敗為勝。

四、貼近人民　擁抱青年

　　國民黨在蔣經國時代強調要「苦民所苦」、「中國國民黨永遠和民眾在一起」，現在是重新找回此種貼近人民的作風與精神的時候了。

　　國民黨為何執政八年，也在很多直轄市及縣市執政，最後竟然被人民所拋棄呢？要說國民黨沒有為人民做有益的事，那是不公平的，因為國民黨過去在中央執政期間以及在其所執政的地方，也是很努力在為人民服務，替人民解決問題的。何以人民在選舉時不投給國民黨？因為，在不少人民關心及切身的問題上，國民黨沒有表現應有的同理心，或者國民黨根本不瞭解人民的需求的優先順序，或者是國民黨在人民特別是青年極感關切憂心的問題上，沒有表現出解決問題應有的急迫感及行動力。例如，油電雙漲在處理上就讓人覺得不知民間疾苦，而青年所面對的低薪、居住和

創業困難及素所不滿的貧富差距等問題，國民黨執政的政府未能適時提出解決的有效對應方案，以及貿然取消軍公教退休人員的年終獎金及半調子的年金改革，都使國民黨失去了民心，失去了選票。這些國民黨應好好檢討，切實導正，才能贏回民心。

國民黨有所謂青年團的組織，何以青年不支持國民黨，現在國民黨在野了，應該痛切反省檢討，拿出一套可以真正吸引青年、擁抱青年和贏得青年支持與認同的作法。

五、丟掉包袱、面向未來

國民黨有一些包袱，有些是制度性的，有些是歷史性的，有些是由於長期執政特別是戒嚴時期的一些施政措施所形成的，例如黨員結構不能有效而充分反映民意及選民結構的變遷，以及所謂不當黨產及白色恐怖問題等等就是。由於有這些包袱，使國民黨每逢選舉就會在提名作法上無法完全與民意相結合，也使國民黨常常遭受惡意的攻擊，往往造成眾口鑠金，而使選民受到影響選擇不支持國民黨。現在完全在野了，沒有太多的顧忌了，必須勇敢地丟掉這些包袱，國民黨才能站在公平的立足點上去和他人競爭。

例如黨產問題，現在就應澈底加以解決，主動邀請社會公正的團體及人士，調查黨產還有那些屬於所謂不當，並且由這些團體和人士提出處理方案，國民黨照建議方案實施，相信黨產再也不會成為一個打擊國民黨的議題了。

民進黨執政以來，大談轉型正義，其中有些頗具針對性，完全是衝著國民黨而來。我以為國民黨要積極去面對這個問題。事實上，推動轉型正義在國民黨執政時代就有了，像《二二八事件處理及補償條例》及《戒嚴時期不當叛亂暨匪諜案件補償條例》的通過和實施，就是國民黨執政時所落實的轉型正義。

現在民進黨也要推動轉型正義，國民黨應該好好去檢視民進黨所提相關立法草案的內容，以及監督其有關轉型正義的措施，如有藉轉型正義之名行打擊異己從事清算報復之實者，就要加以揭發反對，使民眾可以瞭解真相。當然，其確實符合轉型正義之目的者，就應給予支持，不必一味反對杯葛。這樣子，國民黨就可以不必再為可說很久以前的過去，在執政時的一些於當時可能不得不採取的措施，而背負原罪、背負責任了。

該丟的包袱就丟，國民黨才能無所牽掛地重新再起，走向未來。

做一個像樣而稱職的在野黨

最後，我以為國民黨現在應努力做一個像樣的、稱職的在野黨。這有幾方面應該特別注意：

（一）、善用立法院的舞台證明國民黨存在的價值

國民黨目前唯一能對國家性議題表達意見的舞台，就是立法院。雖然只有 35 席，但還是有一定的份量，還是最大的反對黨。國民黨應該切實珍惜善用此一舞台，務必要有高的出席率，好好

運用國事論壇、議事程序及質詢權等對執政的民進黨政府監督、批判,對不合理的法案要強力杯葛突顯其缺失,並提出替代法案,以示負責。

(二)、要能針對國計民生創造議題,要對每一重要議題的討論都不缺席

國民黨中央及立委黨團一方面要能創造議題以顯現對國計民生的關注;另一方面針對國民所重視關心的議題,不論是政治、經濟、社會、或文教、外交兩岸等等方面,國民黨都要有意見、有想法、有對策;同時要言之有物,言之成理;而且要及時而大聲地表達出來,以搏得版面爭取曝光,來展現國民黨依然有活力,是一個與民眾站在一起的政黨。

(三)、應嚴格監督執政黨,時時檢討其施政,防杜弊端,也要努力揭發檢舉不法貪瀆

最重要的是,對於執政黨不妥、不合理的施政措施,國民黨身為在野黨,應該及時提出替代和可行的方案,以向選民表示國民黨有隨時重新執政的準備和能力。

(四)、要為各種選舉儲備可以取代對手的人才,以挑戰對方的在位者

也就是,要在目前的民進黨及他黨的立委席位的所在選區,及其執政的直轄市、縣市等,找好可以代表國民黨去挑戰,去取代的人才,而且愈多愈好;並要好好加以儲備,培養其戰力,以為國民黨贏得選戰。

台灣的民主政治，要健全發展，不能再有一黨獨大的現象。放眼今天的台灣，也只有國民黨還有能力發展成可以和民進黨抗衡，並取而代之的政黨。因此，希望國民黨可以從這一次的慘敗中得到教訓，趕快重整隊伍，調整論述及方針，浴火重生，從失敗中再站起來。

【附記】

改革建議盼被採行

　　本篇係針對國民黨在 2016 年 1 月的總統和立委選舉的大敗，於 2016 年 6 月 2 日在財團法人國家政策研究基金會之國政評論電子報所發表之文章；另又於 2017 年 5 月吳敦義當選國民黨主席後，於當年 5 月 29 日稍作修改後發表於風傳媒電子報，期能供吳主席和其團隊參考。吳主席領導國民黨贏得 2018 年 11 月的九合一的地方選舉並且大勝。遺憾的是，2020 年 1 月，國民黨在總統和立委選舉中慘敗。本文所提出的各項改革建議，對於現在江啟臣主席領導的國民黨之改革，還是有其參考價值，至盼江主席能參酌採行。（2020 年 8 月）

第 27 篇

慘敗後的國民黨應如何浴火重生

前 言

2018 年九合一地方選舉，國民黨大勝，可是短短一年多一點的時間，國民黨在 2020 年元月的總統大選和立委選舉就遭受極為重大的慘敗；不僅重返執政和再掌國會多數的希望完全破滅，國民黨競選期間大喊要加以下架的蔡英文總統，卻以破紀錄突破八百萬的選票高票當選連任，民進黨更史無前例地在立法院繼續單獨得到過半數的席位。

何以致此？最主要的原因是由於國民黨在總統候選人提名過程中一再改變規則，製造出許許多多的紛擾，和難於復原的內傷，而所推出的候選人更具有極高度的爭議性，其所言所行尤其今很多人難於接受認同；而對於中共的強推一國兩制臺灣方案以及香港的反送中風暴，更無法及時提出強而有力且令台灣大多數人民可以信服的反應和說法，終於使佔大多數可以左右選情的中間選民和青年人背棄國民黨而投向了民進黨。

國民黨目前還在十五個直轄市和縣市執政，也掌握了絕大多數的地方議會，並非因此次的敗選就會潰不成軍完全解體。如果能及時而有效地改革，則要在二年後的地方選舉繼續獲勝，暨在四年後的總統和立委大選中

東山再起贏得勝選，並非不可能。

國民黨改革應有的重點方向

那麼國民黨應如何改變、改革呢？從此次國民黨挫敗的形成因素和民進黨致勝的原因而觀，我以為國民黨應立即從下列幾個層面去改革改造。

一、 創新以捍衛中華民國為基礎的國家主權和兩岸關係的論述

近年來台灣社會有一個值得重視和可喜的發展，就是中華民國或中華民國台灣已成為朝野各方的最大公約數。連被認為親台獨的民進黨也高喊捍衛中華民國，今年元旦升旗，蔡英文總統和她的團隊幾乎人手一面國旗也完整地唱完國歌。因此，國民黨要以捍衛中華民國為基礎來論述國家主權及兩岸關係。多年來國民黨所抱持的「九二共識一中各表」，已因中共單方面強以為九二共識就是「一國兩制」，並且從不提一中各表，所謂九二共識顯然已經沒有共識了；而由於香港的反送中，台灣人民更不分朝野都異口同聲地拒絕了「一國兩制」。在此種演變以及民進黨強力大推什麼守護主權的衝擊下，國民黨沒有必要再去花費太大的心力批民進黨是台獨黨，也必須檢討「九二共識」這種在台灣已被污名化，而事實上已被中共片面扭曲的兩岸政策方針。國民黨應該創新關於國家認同、國家主權和兩岸關係的論述，我認為此一新的論述至少應包括下列重點：

1. 捍衛中華民國：維護中華民國的國號、國旗、國歌和憲法，不使它

們被變更。

2. 以捍衛中華民國為根本，維護台灣的主權和獨立，不受外來任何的侵害，並繼續以主權國家的基礎擴展對外關係；也應基於捍衛中華民國的立場和需要，支持不斷強化台灣的國防自衛能力。

3. 在大陸與台灣共同尊重事實上雙方不相統屬，分屬不同政治實體的前提下，基於中華民國憲法和兩岸關係條例，持續增進與大陸的交流和維護臺灣海峽的和平與安定。

4. 於有關國家定位與雙方各自的政治地位問題上盡量求同存異的前提下，強化陸方的海協會與台方的海基會之間的互動和交流，共謀社會、文教和經貿等非政治領域的合作及互惠，以增進雙方的相互了解與信任。

5. 捍衛台灣民主自由與法治的生活方式和政治、社會制度，不受任何外來的侵害和干預。

二、建構生生不息的世代接替機制

　　一個政黨要能永續發展，最重要的條件之一，就是要能一代一代的順利接替，一棒一棒的緊密傳承。這些年來民進黨看起來似已能做到這一點。所以，當 2008 年民進黨幾乎被國民黨打趴在地之後，他們還能找到蔡英文出來領軍，而在蔡之前的所有居領導地位的民進黨人也幾乎全部退居幕後、第二線或淡出。反觀國民黨，從 2008 年一直到現在擔任中常委

和居領導職位的人，大多還是老面孔，而且中常委有人已成萬年中常委了，這樣的黨在中央可說幾乎沒有什麼新生力量，不敗也難。

現在民進黨下一次可以選總統可以領導其政黨的人，已經有好幾位夠分量的中生代政治人物浮出檯面，但國民黨卻陷入新人和中生代難於出頭的窘境。因之，國民黨當務之急就是要趕快建構一個可生生不息世代接替的領導階層的更新機制，否則就會重演此次總統大選候選人之產生毫無章法而結果又產生一個一身都是爭議的候選人的鬧劇。

三、 靈活掌握和因應青年相關的議題，並大力強化青年工作，極力增進對青年的吸引力

此次總統和立委選舉，國民黨不受青年的支持和認同，對國民黨而言，是個必須深切檢討反省的殘酷事實。青年不喜歡國民黨不外下列幾個原因：(1) 青年認為國民黨保守、不進步，(2) 在國民黨發展的機會與空間不大，(3) 國民黨在兩岸關係論述上過於親中，(4) 國民黨對青年關切的問題沒有可吸引青年的好論述與對策。

所以，國民黨要贏得廣大青年的認同、肯定和支持，對於青年議題與青年工作，要大大地加以關注和投入。有幾個方向，應特別致力：

(1) 對於青年所關心的切身問題，例如就業、結婚、住宅、低薪和前途發展等等要有很好的政策構想與論述，更要透過各種網路和社群媒體廣為推廣，也必須從中央至地方經常就這些議題和青年及相關人士進行對話

和溝通，傾聽青年的心聲和意見；(2) 要多去發掘具有發展潛力和選舉競爭力的青年，給予以志工的身分或專職的方式去參與黨務或在執政的直轄市、縣市加以網羅進用予以培植，或請黨籍立委 (尤其是不分區的立委)任用為助理使其有機會磨練發展；(3) 中央黨部的一級主管、副主管、直轄市和縣市的黨部主委和中常委要盡量避免老面孔，應多選用中生代或合格優秀的青年，(4) 未來在選舉提名候選人時，應跳脫家族和派系政治，大膽起用有競爭力、能獲廣大青年朋友所認同的三、四十歲甚或三十歲以下的青年去參選，並鼓勵和創造條件使一時不能當選的優秀青年可以在選區「蹲點」繼續服務和發展。

四、 改變中常委的結構和產生方式，建構能切實反映民意並能有效發揮決策功能的中常會

國民黨在蔣經國和李登輝領導的時代，中常委可說人人都是一時之選，也都是在黨政或工商文教界極具聲望的人士，中常會本身頗受各界重視，也能發揮應有的決策功能。但國民黨目前型式的中常會在馬英九擔任黨主席的時代早就有人形容它實為馬英九教授的講堂而已，因為只能聽馬主席在高談闊論，並未能有任何的決策作用。到了現在，中常會的成員多數都沒有深厚的民意基礎，更有不少在社會上知名度不高而影響力又小的萬年中常委，中常會除了可以讓中常委們高興地大發議論之外，已根本無法發揮真正反映民意的決策功能。之所以如此，問題出在中常委產生的方式。依現行制度，中常委是由所有黨代表票選出來的，因此有人就說只要

有心，只要肯全國到處去拜訪黨代表，只要逢年過節按時對黨代表送禮，只要懂得去養人頭黨員及搞什麼換票聯盟，要當選中常委並不太難。這就產生了不少被外人認為條件聲望都非常不足而社會影響力又極小的所謂「萬年中常委」。此種產生方式，也使很多經過選舉洗禮、有社會知名度、有民意基礎的直轄市縣市首長、中央民意代表或地方民意機關的首長和具優秀專業條件又有社會影響力的專家學者和從業人士，不願甚或不屑去參選。

中常會要真正成為黨的決策機構，一定要能接地氣、具真正的民意基礎，其組成分子要能反映國家社會的人口和職業結構，也要對國家大計、民生問題有深入的了解、體會和因應並可提出好的對策。因此，國民黨如真要改革，就要改造中常會，改變中常委的產生方式，確保前述那些經過國家選舉所產生的政府和民意機關首長，及立法委員可在中常委中占一定的比例，並切實杜絕目前那種透過勤跑送禮和養人頭黨員搞換票聯盟以競選中常委的怪象歪風，使其可擁有確實接地氣、有見解、有影響力的成員，而真正能發揮為黨作決策的功能。

五、 革新基層黨務建設完全可以接地氣在地方生根發展的組織體系

國民黨在這一次大選慘敗中，在不少被認為是藍軍的基本地盤、藍軍的堅強堡壘的選區也嚐到了落敗的苦果。顯示基層黨務工作也出了問題，必須重新加以變革強化。今後的地方基層黨務工作，應該切實做到在地

化，盡量用本地人去經營黨務，也應盡量擺脫傳統那種依賴派系、依賴家族的經營模式，用務實而與時俱進並與廣大群眾可以相連結的方法去發展組織，同時也應在推動黨務基層工作之時，重視網際網路發達和網軍及網路聲量已可左右選情的社會現實，在工作方法上做必要的因應與調整，才能為國民黨建立穩固的地方和民意基礎。

結　語

國民黨以前不是沒有敗選過，但這一次的挫敗不一樣，也應特別加以檢討。因為此次的總統和立委選舉一開始社會各界都認為也預期國民黨一定會勝選，但結果卻是慘敗。個中所暴露的問題與錯誤，國民黨應認真去面對並儘快去找出解決和變革的對策與方案。千萬不要以為把吳敦義主席拉下來選出一個新主席就是改革。國民黨最為人所詬病之處，就是每逢敗選，很多事實上也必須為敗選負重要責任的人，往往只知大聲檢討別人，卻忘了自我檢討、自我反省。這一次好像又已出現了此種現象，實在可嘆，應立即改正。國民黨針對此次敗選已提出了初步的檢討報告，但社會反應卻認為此一檢討還是不夠深入並且未能點出所有真正敗選的重要原因。希望國民黨在選出新的黨主席之後，能組成一個由外界專家和相關公正並具清望的人士所參與的小組，真正痛定思痛實事求是地再做一次檢討並提出改革意見；所提的變革建議並應認真去落實。

台灣已經是一個民主自由而常常有民主選舉的社會，選舉決定了我們

的領導人和民意代表。政黨的功能,在現在的民主社會裡最重要的作用就是要贏得選舉。因此,政黨要永遠記住,必須:(1)保持優良的政黨形象,(2)推出可以獲得大多數選民認同支持的優良候選人,(3)提出符合大多數選民需求、大多數選民可以接受認同的好政見,和(4)於競選期間有針對所有可能影響選情的偶發事件可妥善應變的機制和能力。國民黨要改革,要浴火重生,千萬要牢記這些可說是重中之重的要點與面向。(原發表於2020 年 1 月 19 日風傳媒電子報)

【附記】

堅持正確方向完成必要改革

國民黨於此次敗選之後,馬上改選主席,並由四十八歲的立法委員江啟臣當選。江主席上任以後也立即啟動改革機制,首先將中常會的組合作了一些調整,並進行檢討關於兩岸問題的論述與政策方針。方向正確。希望能堅持此一方向痛下決心,完成必要的變革;本文所提出的各項改革建議,至盼江主席也能參酌採行。(2020 年 8 月)

第 28 篇

2020 年大選的「三贏」期盼卻成了「三輸」慘局的感慨

2020 年元月的總統和立委大選，依 2018 年九合一地方大選大勝的氣勢和民進黨執政的不得人心來看，國民黨應該會贏得選舉的勝利。但結果是，總統大選與立委選舉國民黨都敗了，而且是慘敗；蔡英文以空前的得票數 (817 萬 231 票) 當選連任。在立法委員選舉方面，民進黨獲得 61 席 (比上屆少了 7 席) 依然繼續掌握立法院的過半數，國民黨獲 38 席 (比上屆增加 3 席) 還是淪為少數的在野黨。2020 年 6 月 6 日，國民黨籍的高雄市長韓國瑜被高雄市民以 93 萬 9090 票 (超過其於 2018 年當選市長時所得之 89 萬 2545 票) 的同意罷免票所罷免。至此，國民黨在 2020 年元月這一場大選的結果，落得一個「三輸」的慘局，身為國民黨的黨員，實在是感慨不已。

很多人都說，如果韓國瑜市長 2018 年當選市長後下定決心好好把市長做好，不去競選總統，則以他 2018 年選舉所打造出來的氣勢，去輔選國民黨的總統和立委選舉，國民黨即使無法贏得總統席位，也很可能會搶回立法院席位的多數，而韓市長在黨內將有無人可比的影響力，並為國民

黨穩住高雄市的執政進而在南台灣拓展。此種說法，我也認同，不過，現在一切都太遲了。

國民黨面臨今天的「三輸」，黨及有關的個人，當然都應去深切檢討反省，並就必須改正變革之處，妥慎思考研究之後，群策群力地去落實，則東山再起重獲大多數民眾之認同，不是不可能。

談起「三贏」變「三輸」，我不禁想起於 2019 年 7 月 29 日我以國民黨中評委主席團主席身分參加國民黨全體中評會的發言。我在發言中特別做了三點建議，希望將民進黨要在 2020 年大選使國民黨「三輸」的目標不能得逞，並且希望大家一起努力共同為國民黨創造贏得總統職位、贏得立法院過半數席位和保住高雄市長席位不被罷免的「三贏」。遺憾地是，我的講話被一些媒體和若干別具用心之人士斷章取義而說我指責韓國瑜好酒貪杯，更使人費解和痛心的是，有些韓國瑜的粉絲，沒有弄清楚我發言的全部內容及用意，就對我做不是善意的人身攻擊。我為了避免不必要的誤會，曾透過媒體做了一些說明。現在就把我在國民黨中評會發言的要點全文刊登如下，請大家參考。

我在第 70 屆中央評議委員第三次會議發言要點

2019 年 7 月 29 日

首先恭喜吳敦義主席及黨中央圓滿成功舉行第 70 屆第三次全國黨代表會議，順利產生本黨的總統及立法委員的候選人。

不過，我要提醒各位，民進黨早已磨掌擦拳要使本黨在明年大選三輸，即「輸掉總統大選」、「不能獲得國會過半」及「成功罷免高雄市長韓國瑜」。因此，本黨上下及韓國瑜的責任，就是要在明年的大選中創造三贏，即「贏得總統大選」、「贏得立法院過半的席次」及「打敗罷免韓國瑜的行動」。基於此一認識，本人提出以下幾點建議：

一、 本黨和韓國瑜市長要努力在高雄市政府建立堅強的市政團隊，專心一意更有效率地幫韓市長把高雄市政做好，特別是要努力去完成韓國瑜競選市長時所提出的各項政見。颱風季節馬上就到，韓市長及他的團隊要切實做好防颱準備。千萬不要颱風一來，高雄街上滿是坑坑洞洞。不要忘掉，去年韓國瑜的當選，是靠著陳菊市府所造成的坑坑洞洞作為一項重要的起點。韓國瑜要競選總統，就必須不使後院失火，沒有後顧之憂；要做到不使高雄市政成為對手攻擊的著力點，不能使罷免他的行動有了強大的說服力和藉口。

二、 黨中央要幫忙韓國瑜建立強大的競選團隊，為韓市長蒐集整理各項有關國家大針方針、兩岸及外交、經貿及社會等重要議題的相關資料，並針對各項議題提出對策。黨中央應請韓國瑜，而韓國瑜也應要求自己，認真消化、瞭解這些議題和對策。韓國瑜不能只靠身邊的一些幕僚去做這件事，國民黨有的是人才、有很好的智庫，可以為韓國瑜就有關國政的重大議題去研究並研究出對策，要好好運用

這些人才和智庫。最重要的是，韓國瑜要認真專心地去對這些重大國政議題及對策徹底去認識、瞭解和消化，如此才能和已經執政三年並且長期對國政議題深入涉及的蔡英文進行辯論；也才能讓要當選不能不依賴、爭取的中間選民，知道並放心韓國瑜並不是只會喊口號，並非「草包」，而是對每一個重要國政議題都深入瞭解並有很好的對策與做法的。

三、　黨中央及韓國瑜要認識到，民進黨對國民黨尤其對韓國瑜一定會從方方面面去攻擊和醜化的；而一般的中間選民和媒體也會隨時檢驗韓國瑜過去及現在的種種作為和他平常的一言一行。因此，韓國瑜如想勝選就要謹言慎行，不能犯錯。所以，像韓國瑜在雲林的農舍之類的問題，韓國瑜要妥善處理並讓外界知道。網路及電視媒體的談話節目，有人不斷拿韓國瑜的喝酒問題作文章。我誠懇建議韓市長對外宣布從現在起一直到他當選總統於總統任內會完全戒酒，這樣子做對他會加分的，而且可使喝酒問題不至於成為對手炒作攻擊抹黑韓市長的議題。韓市長在針對此一喝酒問題時說，他每晚睡覺前都會念心經。要知道，你喝不喝酒，跟你念心經是沒有關聯的。這種說法，一般庶民是不會接受的。

四、　請黨中央及韓國瑜應好好去引導韓粉發揮應有的正面力量。韓粉對韓國瑜的熱情與支持，是值得肯定的。不過，黨中央及韓國瑜應共同去提醒韓粉，從現在起大家共同奮鬥的目標，是去使倒行逆施，

使台灣社會不斷撕裂對立，讓兩岸關係愈來愈緊張，人民生活未獲改善，濫用國會多數及以轉型正義之名而設置很多明顯違憲、違反權力分立原則的如促轉會和不當黨產處理會之機構的蔡英文政府下架；不能使她再執政；讓民進黨無法再控制立法院而胡作非為。因此，韓粉們的一切作為一定要符合此一根本目標，千萬不可有任何使親痛仇快的作為和表現，更不可不小心地把朋友打成敵人。

總之，要團結，要結合所有善良而討厭民進黨，不想再被民進黨所矇騙的廣大民眾，一起努力，才可以在明年完成上面所提的「三贏」。

第 29 篇

從士兵虐狗與飛彈誤射兩事件談
國軍之軍紀和士氣

先從飛彈誤射事件談起

　　海軍金江艦中士高嘉駿於今（2016）年七月一日上午誤將模擬訓練模式改為作戰攻擊模式，而把一顆殺傷力極大專門對付軍艦的雄風三型反艦飛彈射出，造成彈落澎湖海域擊毀一艘漁船，導致船長死亡、船員受傷的意外慘劇。此一事件的發生，非常不可思議。因為一枚飛彈的射出，原本要經層層審核監控，如今竟只憑一位中士就能發射，說明我們國軍的管理監控程序和作業，完全失效失靈，極為可怕。試想，如果此次發射出去的飛彈越過台灣海峽中線，擊中大陸方面的任何目標，在此兩岸正是溝通和聯絡管道處於完全停止狀態，而中共對蔡英文政府還在「聽其言、觀其行」的階段，中共對對此次飛彈的射出，萬一視作台灣輕啟挑釁的解讀，後果必不堪設想。中共國台辦主任張志軍事後要台灣方面對此有一個負責任的說法，正反映了中共對此一事件的關注和其可能的反應。

　　國軍雖然為此一事件，急急忙忙地一連舉行了多次記者會，向外界說明此次純屬誤射以及誤射的經過，同時也處分了包括海軍司令黃曙光上將等七位軍官和士官。然而，問題一定不會就此打住。因為，這個誤射事件，

再度反映了國軍軍紀渙散和士氣低落的嚴重問題。

對士兵虐狗事件的處理非常不當

其實，今天國軍的軍心渙散、軍紀蕩然，形象不佳，「冰凍三尺非一日之寒」，乃係長期不斷受衝擊和管理不佳所導致。而新政府就任以來，一連所發生的一些事件及軍方的處置失當，尤其是所謂士兵虐狗事件，對於國軍形象的不佳、士氣的低落，實有推波助瀾，極端加碼的負面影響。

上個月底，在高雄壽山海軍陸戰部隊營區發生班長及二位士兵的虐殺小狗的事件。這本來是一件三個士兵違反動物保護法和軍人有關愛護動物的教育和軍紀顯有疏失的問題，也是一個獨立的單一事件。然而，在媒體、網民和一些動物保護團體及人士的推波助瀾、大肆渲染之下，竟成了一個所謂國軍虐殺動物的大新聞、大事件，每天都有「義正辭嚴」對國軍的譴責言論、抗議示威，甚至還有騷擾這些虐狗士兵家人的行為。實在是民粹主義的無限上綱。出訪在外的蔡英文總統講了一句「太殘忍了！」高雄市長也語出恐嚇地說：「不是海軍道歉就了事！」如此發展，真令人匪夷所思。他們兩位政治人物的這些言論，不但無助於事件的平息；平心而論，也是跟著民粹在起舞，對整個事件反而產生了火上加油的作用。「一言興邦」、「一言喪邦」的道理，每一個在位的從政者，應深入瞭解，不要隨興之所至隨便亂講話。

我們的軍方，特別是身為我們這個「軍有軍紀、國有國法」的國家的

國防部，其相關主管人員應該知道，這是一個軍紀事件、軍人教育問題，也是一個軍人違反動物保護法的單一個別事件。他們應做的是要求下屬配合檢警單位將涉案的士兵移送法辦，並在軍中加強愛護動物的教育，和整飭軍紀、加強軍中生活管理；同時，將這些處置、舉措好好向廣大的社會說明。這樣子做，應該就夠了。但是，國防部的主管人員卻屈服於民粹的壓力，竟任由部長兩度率同相關高級軍官向在國防部外抗議示威的一些動物保護團體及人士，以及其他民眾，鞠躬致歉，還獻了花。殊不知，這一做，就把軍人應有的尊嚴和骨氣，做掉了！打趴了！也難怪，有人非常不以為然地批評其為十足的媚俗做法。

在一個講法治、有理性的國家，這樣的一個純屬個案的虐狗事件，只要依法處理就可以了，國防主管當局難道不瞭解嗎？他們有沒有意識到，部長那一鞠躬，傷了多少國軍官兵的心，傷了國軍多大的尊嚴，也打擊了國軍官兵的士氣和形象。難怪近日以來，有不少高級軍官表示一隻狗就打趴國軍，軍人毫無尊嚴，不幹了。也有剛報到入伍的海軍官校新生三十幾位，因國軍在虐狗及飛彈誤射兩事件所受的屈辱，而在入伍僅一週後就要求退訓。網路上甚至也瘋傳，只要一隻小狗就可以把國軍打敗、打垮。相信軍方的主事者，當初在處理此一虐狗事件時對其可能發生的效應一定沒有深思熟慮過，現在應有始料未及之感吧。

軍人被迫爬跪，情何以堪？

飛彈誤射事件又引發了一起有關軍人尊嚴和士氣的事件。原來，涉及飛彈誤射事件的金江艦少校艦長林伯澤、中尉兵器長許博為、射控士官長陳銘修和飛彈中士高嘉駿，於前往弔祭罹難的船長黃文忠時，被要求跪爬進入靈堂並行跪拜之禮，前後長達 40 分鐘。此一情景透過媒體向全國傳播，絕大多數的人都深感震驚，尤其對於跪爬的做法，不以為然。認為這是對軍人的一種差辱，而軍人的尊嚴和士氣，也在這四位軍官、士官的爬跪之下，又再一次被打趴和踐踏了。

黃文忠船長無端被飛彈意外射死而且屍體不全，其家屬之悲痛，是完全可以理解的，也應加以同情。四位涉及誤射的軍人前往弔祭，在人情與道義上，都是應該。黃文中家屬對軍方所提之要求，縱然有不完全合理之處，也是應加包容。但是，軍方應站在國軍全軍之尊嚴及「國有國法、軍有軍紀」的立場，與黃船長之家人好好解釋、溝通，絕不可以為化解一時的僵局或歧見，而完全曲從對方的要求。須知，這一個誤射事件中，涉案的軍官士官已依軍紀處置、並被依法送檢察官偵辦按法律規定處理，將來如被判有罪，這些軍官士官也須負起應負的刑責。至於黃家的人員傷亡和財產損失，也可以循國家賠償的途徑去尋求賠償，而且軍方也早就應允要協助去辦理國賠的事宜。換言之，依法該辦的事情都辦了。如果，私下再有其他不合情理的要求，像要軍人爬跪，就如同「私刑」。是法治國家所不允許之事。軍方有關主管人員應有此認知，應很有耐心而很詳細地向黃

家人作溝通、作解釋。相信，應會得到諒解的。顯然，在未作好此種溝通之下，就帶著林艦長等一行前往，結果是被要求跪爬。軍方這樣的處置又是一種有欠妥適、有所不當的表現。要知道，軍方常常要進行作戰演習，絕對無法完全避免誤射、誤傷甚或誤殺的情事，軍人駕駛軍車造成民眾傷亡的意外，也無法完全避免，難道今後軍人都要對受害死者爬跪嗎？

我們也要知道，國人的習俗是「跪天、跪地、跪父母、跪長上、跪神明」；其他只有在蒙冤循求申冤，或犯有重大傷風敗俗之行為受長上處罰時才會下跪。可見一般人是不會隨便向人下跪的，何況是講氣節、講骨氣、講忠勇的軍人。我以為從洪仲丘事件以來，軍人一再被迫下跪，受羞辱，對於提振軍人士氣，重振軍人武德是很有傷害的。軍方今後應避免類似情事的發生。

整頓軍紀提升士氣刻不容緩

國軍從洪仲丘案發生以來，一直到飛彈誤射事件，負面消息不斷，也一直飽受社會的批評指責。固然有些批判和指責，有失公允甚至於還流於民粹。但國軍的士氣已嚴重受損；而軍紀的鬆弛，也是不爭的事實。

所以，為今之計，蔡英文總統的政府應從此次的飛彈誤射事件下手，有決心、有魄力、有方法、有步驟地對軍紀、軍風作一徹底的整頓，並要研擬可行方案和措施，以維護國軍的尊嚴和提振軍人的士氣。我們看到，身為三軍統帥的蔡總統，迄今所做的是，責成國防部去檢討並提出改進方

案。我認為，這樣子做，並沒有跳脫傳統思維，也對現狀難有突破。因為，由國防部自己檢討自己的問題，一方面無法超然客觀；另一方面軍方為自己之顏面很可能會流於避重就輕，對解決問題毫無幫助。再者，眾所周知，軍中長期以來已形成自己獨特的傳統和文化，國防部自己調查、檢討和提出改進意見，實難於跳脫此種傳統及文化的制約與影響。所以，我認為可以馬上成立一個包含社會公正人士和專家學者在內的總統府專案委員會來調查處理誤射事件，並提出改善建議及措施；另外也應針對軍紀之加強、士氣之提振，延請社會公正人士、專家學者會同相關政府首長，由總統府成立一個專案小組或委員會來對軍紀、士氣之現況，作一番全面的檢視、檢討，並提出改進方案與意見。必要時，應可考慮恢復於洪仲丘事件中被匆促裁撤的軍法體系。如果，只是要求行政院或國防部本身去做檢討及提出可行的改進方案，是不會有所突破的，也難獲社會的認同的。

我以為國軍中，絕大數的軍官和士兵，都是忠貞愛國、潔身自愛、堅守崗位努力奉獻的好軍人，應該受到國人的肯定和尊重。我們絕不允許讓少數不知自愛的官兵的行為，或一些個別的不幸事件，來損傷甚或打垮國軍的紀律或士氣。我衷心希望，國軍的軍譽、形象、軍紀和士氣，能夠因為飛彈誤射事件所引發的切實檢視、檢討與改革，而能重振、重整及重新獲得民眾的支持和信任。（**原發表於 2016 年 7 月 21 日財團法人國家政策研究基金會國政評論電子報**）

第 30 篇

台北捷運大學生隨機殺人事件之省思及因應建議

　　2014 年 5 月 21 日，東海大學環境工程系二年級學生鄭捷於台北捷運板南線無故隨機殺人，造成 4 死 24 傷，震驚社會，也使台北捷運的良好形象，受到嚴重而負面的打擊。

　　此一事件，有幾個面向值得省思與檢討。

（一）青少年的道德意識、價值觀念及輔導問題：

　　鄭捷之殺人事件以及事後竟有一萬多人在網路上予以認同，甚有人揚言將模仿其行為。而鄭捷之所以殺人，只是為了「幹一件大事」，且於殺人之後毫無悔意，顯見今天之青少年有些人在價值觀念和道德意識上相當有偏差。鄭捷於殺人後應訊時表現正常，但其行為確實極為反常，也就是鄭捷之心理已不正常。何以一個受過正常教育且在大學就讀之學生，在心理及行為上竟有如此之反常與偏差，非常值得大家去省思。

　　又鄭捷據其自稱自小學起就有殺人之意，何以其家庭及學校在如此漫長之時間內均未察覺。而就在鄭捷殺人之同一天，台中有一個國立體育大學的學生，因追求女友不順登門理論而刺死女方之祖父；其後在北部又有

一個大學休學生也因感情問題殺死了女友的父親。這些不幸事例，說明青少年之輔導工作實實在在出了問題，亮了紅燈。

（二）大眾傳播媒體及社群媒體（Social Media）的相關問題：

長期以來，台灣之大眾傳播媒體為了競爭，已陷入一味追求譁眾取寵，且於報導與評論上走上了濃厚之「煽腥主義（Sensationalism）」路線，對犯罪情節之報導往往無微不至，有時還多方捕風追影；而於評論時，更常常信口開河、無的放矢，加油添醋，隨意誇大危言聳聽。對社會之善良風俗、敦厚風氣，造成極大之負面影響。而社群媒體（Social Media，或譯為社會媒體）上之評論和各種相關言詞，因多係匿名，已到了肆無忌憚嬉笑怒罵，不顧他人名譽與尊嚴的地步。這些當然助長了是非不明、價值觀念倒錯，「只要我喜歡有什麼不可以」的 一切放縱而不受制約的風氣和習慣。如何透過相關的自律和法律機制，對上述現象作有效之改正，也值得我們去省思。

（三）社會暴戾之氣日益滋長：

我們的社會暴戾之氣似乎愈來愈滋長，從不少民意代表問政態度之粗暴，到媒體上一些評論性節目一些所謂名嘴發言之專事於攻擊他人隱私、之一味對主政者批評指責、之誇大社會黑暗面等等現象看來，我們的社會相互指責、互相批判的風氣實在相當之盛，以至於社會的暴戾之氣日熾，的確令人憂心。

（四）大眾運輸系統乘客的安全問題：

大眾運輸系統之乘客動輒成千上萬，稍有問題，即造成極大之社會衝擊。鄭捷殺人事件使我們不得不關注我們台灣的大眾運輸系統在維護乘客安全上，是否做好足夠的部署與措施。政府實在應切實檢討台灣各地各種大眾運輸系統的乘客安全維護問題，如有不足者應即予加強。

基於上述的分析，特在此提出下列幾項建議：

（一）加強青少年之品德和倫理教育暨強化對學生之輔導工作：

台灣之教育，經過幾次所謂「改革」，還是無法擺脫過去受人詬病之升學主義。所謂減輕學生課業負擔之改革目標是否真的達成，非常有值得商榷之餘地，因為很多人還是對此抱持相當否定的看法。但在強調所謂民主、自由的大帽子之下，以及學校教育仍然籠罩在強烈的升學主義之下，對青少年的品德和倫理教育，不問在學校或家庭，似乎都不那麼重視了。我要強調，在一個健全的民主自由社會裡，倫理與品德，還是十分重要。因此，希望教育及相關主管當局，為台灣的未來、為青少年的健全發展，以及為台灣民主的真正茁壯，應加強重視、倡導和落實青少年的倫理和品德教育。

至於學校對學生的輔導工作，應從加強與學生的互動，關心和注意學生的異常行為，以及多聘用受過輔導專業訓練的人員擔任輔導工作著手，使學生輔導工作在學校不會只是聊備一格、虛有其名。

（二）加強依相關法令及道德勸說強化大眾媒體之健全發展、良性競

爭，增強其社會責任感和落實其自律機制：對於日益普及和無遠弗屆、影響漸形深遠的社會媒體，如何在不影響言論及傳播自由的前提下，使每一位使用者都有尊重他人，重視公益的責任心，並受一定而合理的規範，政府主管當局應請加以重視和採行必要措施。

（三）加強推廣童軍運動，協助青少年健全德、智、體、群、美五育之發展：童軍運動為一國際青少年教育運動，自發起成立至今已達一百零七年，全世界除少數共產極權國家外，均有童軍運動。

童軍運動強調「對上蒼負責、對他人負責、對自己負責」的責任觀念；推動「日行一善、服務社會」的利他精神；並透過團體生活、野外探索、露營活動以及小隊和榮譽制度等來培養團隊精神、對自然和環境的愛護暨生活力的提升，是一個有助於青少年發展德、智、體、群、美五育並重的運動和活動。

國內目前新北市、嘉義市、桃園市、台中市、彰化縣、高雄市、台北市等地方政府或要求各國中小學應至少有一童軍團隊、或要求凡欲任國中小學校長者均應接受童軍木章訓練、或大力推動學校及社區童軍組織，對於童軍運動均大力予以支持和推動。希望在教育部及相關有關機關之領導、倡導下，童軍運動可更加普及於學校和社區，尤請於學生「綜合領域」之課程中加重童軍活動，使更多的青少年可以參與此種有助其五育均衡發展的教育性活動，一方面預防和減少青少年的偏差行為，一方面使青少年可以更加健全地成長。

（四）多培養祥和之氣以化除社會的暴戾之風

建請總統、各級政府首長、各界人士、各種民間團體多鼓勵好人好事，多嘉許獎勵基層民眾和公教人員之有優良表現者，多與各種宗教團體和寺廟合作鼓勵祥和、助人和欣賞他人的風氣，以使「君子之道長、小人之道消」，而讓我們的社會呈現祥和、互助，和諧團結的良好風氣。

（五）強化大眾運輸體系的安全維護措施

所謂大眾運輸體系之安全，應包括運輸設備和運轉之安全，以及乘客之安全。因此建請有關主管機關應加強適時透過檢查機制確保設備和運轉之安全。而對於乘客安全之維護，應注意配備合宜之警力，不可過份依賴民間之保全人員，以發揮公權力應有之威嚇歹徒和保護一般善良民眾之作用。

是否應將現行之鐵、公路警察加以整合，並予以必要之擴增以設置專業專屬的大眾運輸警察體系，建請政府相關主管單位加以認真檢討、研究和考慮。

總之，我希望我們社會能真正從此一不幸事件中，痛定思痛，得到教訓，下定決心，採取必要之補救措施，一方面預防類似事件之重演，一方面使我們所有青少年都能非常健全地成長。（2014 年 6 月 5 日作者在總統府「資政座談會」的發言要點之一；後經增修改寫，於 2014 年 7 月 10 日發表於財團法人國家政策研究基金會國政評論電子報）

第31篇

太陽花學運所反映之問題及省思後的建議

今年（2014）三月間所爆發的學生佔領立法院長達二十多天的太陽花學運，顯然反映部分青年學生對現狀的不滿、對未來的迷惘、對施政的失望，以及對兩岸關係的憂慮，這些都值得政府和社會各界的省思、檢討以及謀求有效的因應之道。

但是在此一事件中，也使我們深深瞭解到有些青年和民眾對民主自由、政黨政治和法治精神以及公權力等抱有一些與眾不同的看法。此一現象，也非常值得重視；更有一些學者和青年學生大談所謂「公民不服從」理念，也是一個不容忽視的課題。

因此，特就幾個相關問題提出一些看法和建議：

一、 民主自由與法治的真諦

今天的台灣，很多人都在高談闊論地大談民主自由，並且以民主自由的維護者自居。愛民主愛自由本來就是好事。不過，談到民主，大家都應該會想到幾個有關民主的不可或缺的重要原則：

（一）、少數服從多數，多數尊重少數；（二）、民眾透過民意代表來

行使政權，也就是代議制度；（三）、政府首長由人民選舉之；（四）、民主必須依賴法治，即人民所選出的代表（代表民意）所制訂的法律，是社會和國家運轉的規範；（五）、政府必須依法行政；（六）、人民的自由和權利由法律保障；（七）守法是人民應有的義務，違反者應受法律的制裁。

可是，今天的台灣，有些人雖口談民主，但卻違反民主；有些人自己認為自己高於法律，不受法律的規範；有些人在民意機關因為自己的主張不為多數人所接受，或不同意、不喜歡經多數民意代表所通過的法案時，就指責這是「多數暴力」。類似上述的言行，實在不是舉世所公認的民主和法治。

提到言論自由，大家一定會想到英國一位寫過一本有關法國 18 世紀大思想家伏爾泰（原名為 François-Marie Arouet， 以筆名 Voltaire 伏爾泰而名揚於世）叫做《伏爾泰之友》(The Friends of Voltaire) 之名著的女作家霍爾 (Evelyn Beatrice Hall)，在描寫言論自由時，曾創下了這樣一句名言：「我雖然不同意你講的話，但我誓死維護你講這話的權利！」（"I disapprove of what you say, but I will defend to the death your right to say it.")。然而，今天我們台灣，有些人自己可以隨便地發言、批評他人，但對於和他們意見相異、主張不同的人要發言的時候，就百般地干擾阻撓。這樣的現象，顯然不符言論自由的基本原則。

所以，我建議，政府相關主管機關和首長，應拿出勇氣和擔當來捍衛真正的民主、自由和法治，使我們的國民大家均能在立足點平等的前提

下，享有應有的民主、自由與法治。

二、 公權力威信的維護

公權力是在於保護人民的，服務人民的。一個國家如果公權力不彰，公權力受踐踏，那麼人民就會得不到應有的保護和服務，就可能法紀蕩然，人人自危了。

當然，公權力的行使，必須一切符合法律的規範。

但最近台灣發生幾個事件中，有人刻意挑戰公權力，侮辱執法人員，攻擊執法員警，有人佔領、破壞公署；而有些身為政府首長者卻對此視若無睹，或選擇明哲保身、一味保持緘默，或一味屈從於民粹，一味討好攻擊侮辱公署及公務人員的少數群眾。這些顯然不是在維護公權力，也不是身為首長者所當為。

所謂公權力的威信，是指公權力有良好的誠信，有良好的尊嚴，有良好的行使和發揮的力量和空間。因此，要維護公權力，所有在政府服務的人，不論首長也好，一般公務員也好，都應潔身自愛、奉公守法，如此才能贏得絕大多數國民的信賴和尊重。其次，就是公權力一旦受到非法的挑戰和踐踏，就要依法適當而合理地加以維護。

希望各機關和各首長，要知道人民對公權力的期望和依賴之殷，好好行使公權力，好好維護公權力。

三、 公民不服從理論的探討

最近台灣有人大談「公民不服從」的理論，並藉以合理化其攻擊政府公署、反對政府施政、不遵守國家法律的行為。有人甚至以印度的甘地 (Mahatma Gandhi) 和美國的金恩博士 (Dr. Martin Luther King, Jr.) 為例，來說明其抱持和行使「公民不服從」的合理性。

「公民不服從 (Civil disobedience)」，主要起源於 19 世紀中葉美國作家梭羅 (Henry David Thoreau) 的主張，認為為了不公不義的現象，可以有權對抗國家的法律。不過，其手段必須是非暴力的，而且也願承擔挑戰、違反國家法律應接受處罰的後果。

今天的台灣，並無類似當年甘地所領導反對的統治印度的英國殖民主義，也沒有金恩博士在美國南方所領導抗爭的白人對黑人的種族歧視。換言之，應無可以運用公民不服從理念來抗爭的不公不義的情事。

而且，台灣已實行民主憲政，一切主張可以透過民主選舉、民主議會來落實，似乎沒有運用公民不服從的必要。

因此，政府面對此種「公民不服從」理念，實應有所澄清、有所因應。否則，凡是不喜歡政府某些施政或某些法律規定者，人人都可以用「公民不服從」來加以合理化，那就會形成有人有不必遵守法律的特權了。

我懇切希望我們台灣的民主、自由和法治可以真正健全而生生不息地發展。（2014 年 6 月 5 日作者在總統府「資政座談會」的發言要點之一；後經增修改寫，於 2014 年 7 月 10 日發表於財團法人國家政策研究基金會國政評論電子報）

第 32 篇

從越南在排華事件中台商受害談
加強對海外台商之保護及輔導

　　2014 年 5 月 13 日越南因南海島嶼主權之爭爆發之排華示威，在越台商無端遭受池魚之殃，不但人身安全飽受威脅，而且辛苦經營之事業所屬廠房，不少遭受搗毀搶奪，甚至有被縱火焚毀情事，不少在越投資之台商及其家屬和我國籍員工，紛紛倉促逃離越南。而越方竟未於第一時間出動治安機構有效制止暴亂，實令人震驚與憤怒。關於此一事件，特提出以下之省思與建議：

　　一、政府反應處置之檢討：我國民眾對於政府此次就此一事件之反應，頗有微詞。一般認為，相較於去年五月廣大興 28 號漁船船長被菲律賓海巡公務船所射殺而死之不幸事件政府之舉措，此次政府有關方面就在越台商之遭難事件的處置和反應措施，就顯得不夠快速、明確和有力。

　　廣大興 28 號漁船事件，僅涉及一人不幸被射殺而死，而我政府當時態度即非常強硬，立即召集相關高層開會研商並要求菲方應限期道歉、懲凶和賠償，且於菲方未依限作適當回應後，召回我駐菲代表及停止自菲國引進勞工以示報復。

然而，不少國人認為此次受害之在越我國台商、人數眾多，數百我國國民之安全深受威脅、億萬台商財產化為烏有。而我國為越南之第四大投資國，投資金額累計已達 280 億美元，為越南人提供數十萬工作機會；另越南在台工作之勞工已逾 12 萬，越籍新娘在台者也達 8 萬 4 千多人，每年越南自台灣所賺取之外匯相當可觀。亦即在與越南之談判交涉中，我方居於相當有利之地位，越南有求於我方、仰賴於我方者甚多，政府絕對有對越南作出強而有力之要求的條件。可是，政府並未如此，因而引發不少國民之誤會、誤解和不滿。希望以後遇有類似情事，政府相關主管當局，要有非常快速、具體而有力之反應。

　　二、目前對越南政府，我政府應善用前述我方之有利地位和條件：(1) 要求越南政府切切實實依國際法及台越雙方投資保障協定，百分之一百地賠償台商之損失，不能以息事寧人之態度隨隨便便地接受越方所提之賠償方案，應確保越方之所提賠償方案可完全彌補台商所受損害；(2) 要求越方應明確而具體地保證今後不會再有類似情事發生；(3) 應利用此一契機在與越南就重簽雙方投資保障協定之談判中，依最新國際法有關保障外國投資之原則和精神，充實台越投資保障協定之內容，強化對我台商之保護，並將現行投資保障協定所未涵蓋之自第三地前往越南投資之台商也包括在內。

　　三、請重視在越台商能否獲得合理之賠償，對在其他國家投資之台商將有相當大之影響效應：我國台商在世界各地幾乎均有投資設廠或進行貿

易之情事。如果,此次台商在越南損害能夠得到完全而合理之賠償,則台商如在其他國家不幸而遭受類似之損害時,即可援例辦理求償。反之,如此次未能獲得合理而完全之賠償,則台商如遇有類似情事,其投資所在國極可能援引越南之事例而不給予應有之賠償。所以,自越南獲得合理而完全之賠償事關重大,政府應全力而為。

四、請輔導台商分散投資之國家:目前歡迎外商投資之國家,比比皆是。就以亞洲地區而言,印尼、印度、馬來西亞、緬甸、柬埔寨、孟加拉等國均積極爭取外商之投資,而且條件還不錯。鑒於越南事件之教訓,政府應可輔導台商分散投資地區,亦前往上述國家地區投資,並與各該國家簽訂合理而有效之雙方投資保障協定。

五、建請加強輔導在外投資之台商遵守相關國際規範,樹立台商優良形象:我國台商在外國投資者日多,不少已屬跨國或多國企業。國際上,為使跨國或多國企業之投資使投資之企業體本身及其投資所在國雙方均蒙受其利,並建立良好之跨國投資的營運作為,訂有不少規範,如經濟合作發展組織 (OECD) 就訂有一個《跨國企業指導綱領》(OECD Guidelines for Multinational Enterprises),國際勞工組織 (ILO) 也有一個《關於跨國企業及社會政策的規範原則之三方性宣言》(Tripartite Declaration of Principles Concerning Multinational Enterprises and Social Policy)。這些都在於要求跨國或多國企業在投資所在地營運時,應於勞資關係、環保和社會保障等方面遵守法定規範,並應致力於協助被投資國在此等方面有所提升和改善。希

望政府輔導在外台商也能注意恪守前述有關規範，尤其應注意不去違背和牴觸投資所在國的相關法律規定，同時鼓勵在外台商在勞資關係、環境保護和社會保障等方面，能主動改善對當地員工的待遇和強化環保措施，以確立台商在國際上的良好形象。

　　越南台商此次遭受越南排華事件的池魚之殃而蒙受嚴重之損失，政府固應主動而積極地協助受害台商得到應有之賠償，更應從此一事件中檢討、研究與改進，有效強化對海外台商的保護與輔導。（2014 年 6 月 5 日在總統府「資政座談會」的發言要點之一；後經增修改寫，於 2014 年 7 月 10 日發表於財團法人國家政策研究基金會國政評論電子報）

第 33 篇

談首投族及青年關心憂慮的問題暨
因應解決之道

　　2014 年 11 月 29 日全國性地方選舉結果，顯示出首投族及青年，對政府施政不滿，對社會現狀失望，對自己的生活和未來前途憂慮和不安，非常值得政府相關主管部門的重視，並採有效的措施，儘速處理因應。

一、　青年關心及憂慮的問題

　　茲就觀察和與青年接觸之體會，提出下列青年憂心的問題加以探討：

（一）、失業及低度就業問題

　　臺灣總體而言，失業率還算低；可是，青年族群失業率卻相當之高，例如，2014 年 11 月，整體失業率為 3.89%，而 15 至 24 歲年齡群者之失業率卻高達 12.79%。此種現象非常值得政府重視。其實，青年族群除了有嚴重的失業現象之外，更面對著低度就業 (Underemployment) 的困擾。

　　所謂低度就業者，指薪資偏低、工時不足和教育程度與職業不相稱（即高教育低職位）等而言。我們年輕的一代，有人雖有工作，但卻屬於「低度就業」的族群。

　　不論失業或低度就業，都使青年存有嚴重的挫折感，也很難不使彼等

對社會、對政府心生不滿。

（二）、物價上漲而薪資多年不漲問題

臺灣的物價，自油電雙漲之後，一直就是呈現什麼都水漲船高跟著油電價上漲而上漲。雖然政府的統計顯示，物價儘管上漲，但漲幅不大；然而，不少學者及媒體之分析報導的結論，更重要的是，一般中小階層民眾普遍的感受，尤其是年輕人從生活上的體會認知，卻有物價不斷上漲而漲幅又不小的印象。

另一方面，台灣的薪資卻是多年不漲。從行政院主計處的資料可以看出，自 2002 年到 2013 年前七個月，台灣的實質薪資增長率均遠低於經濟成長的增加率。換言之，受薪者並未受惠於雇主利潤的增長，也就是並未分享到經濟成長的果實。

最近，行政院主計處又公布，台灣之就業人口中，有高達 40% 的人，即 348 萬 3 千多人，其月收入未滿新台幣三萬元，這其中大多是年輕人。

此種薪資偏低而多年不漲、但物價又持續上漲所形成的現實生活壓力，自然使青年們對政府產生不滿的情緒。

（三）購屋困難及養兒不易問題

今天在台灣，房價飆漲，已是眾所周知的事實。統計資料顯示，從 2001 年以來，台灣的房價平均至少漲幅一倍，而台北市平均漲幅更高達 150% 的水準。

事實上，今天在都會區的青年，買得起自住房屋者，可說寥寥無幾。

偏偏我們的文化，強調「有恒產者有恒心」、「有土斯有財」，也認為只有自己擁有自住的房子，才能算是成家立業，才能算是可在社會上立足。

近年來政府統計，常常強調，台灣空屋率高，房屋自有率高。但這些無感冷感的數字，卻反映不出青年人所面對的有感的現實。茲舉一例來說明，我認識一對年輕夫婦，雙雙均在台北市工作，月入加起來約有 12 萬左右。他們兩個，男方來自雲林鄉下，在家鄉有自己名下的一棟房子，可是因在鄉下租不出去，只好空著；女方來自花蓮，同樣是農村出身，在老家也擁有一棟房子，同樣也租不出去而空著。在統計上，他們都屬於擁有自有房屋者，他們的房子也都算是沒有使用的空屋。我想，政府的房屋自有率及空屋率，他們兩位都有貢獻。但問題來了，他們在台北工作，也需要房子，以他們兩人的薪水要在台北或新北市購買房子自住，就連以分期付款方式購買，因每月需背負房貸，都相當之困難吃力。如果，他們有了孩子，光孩子的保姆費及其他相關費用，他們就會感到不小的負擔，如何還敢奢望去買房子呢？像他們此種遭遇的例子，可說不在少數，比比皆是。

所以，千萬不要忘掉：政府的統計數字人民常常無感，而生活的現實卻讓人民時時有感。

因此，我建議，政府如要瞭解青年購屋及生活困難的實際狀況，不妨針對在都會區工作的青年，問問他們在都會區工作需不需要房子供作居住之用？問問他們以目前所得在都會區生活是否夠用？面對著又是那些現實生活的問題？我認為只有這樣的調查，才能瞭解青年生活問題的真相，才

可以瞭解為何現在很多青年不敢、不願結婚，而結婚之後又不敢或不願意生小孩？

（四）對社會財富分配不均心生不滿及相對剝奪感的問題

台灣的貧富差距，以全世界的觀點來看，實在並不嚴重。我曾於去(民國 103) 年 10 月訪問沙烏地阿拉伯時，看到當地報紙報導說，根據世界銀行在 2013 年的統計，台灣擁有全世界最低的貧窮率（Poverty Rate），即每天生活費在美金 1.25 元以下者，佔總人口的百分比，台灣只有 1.5%，為世界最低。可是，我們的社會大眾，尤其是青年，為何總覺得台灣貧富差距的問題相當嚴重，並有極大的「相對剝奪感」呢？

因為，在事實上，我們社會的財富越來越向少數人集中。依財政資訊中心最近統計，以綜所稅申報所得來分析，過去三十五年來，台灣收入佔前 0.1% 的家戶，其所得佔總收得的比例，已從 2.5% 上升至 5%；而收入佔前 1% 的家戶，其所得佔台灣社會總所得的比例，更從 10% 上升至 14%，顯見財富過分集中於少數人之中。另一方面，薪資所得，自 2000 年以來，佔所得稅的比例越來越高，而證券交易和土地增值稅佔綜合所得之比率卻依然很低。可見，我們的稅制對受薪階級所加稅負相當不低，而對以資本利得佔其收入最大比例的富人，卻相當傾斜。而談了相當一段時間的富人稅，還是毫無蹤影。2009 年降低遺贈稅率的做法，也被人批評為在照顧有錢人。

凡此，均被認為做為所得分配公平化的「租稅正義」，還是有待加強。

有位知名資深會計事務所負責人曾說：「在台灣，薪水族一毛（稅）都少不了，但不少有錢人，政府是一毛（稅）都課不到！」這樣的評論，實值得當政者、為政者之三思。

（五）、台灣成為 M 型化社會的憂慮

M 型化社會是美籍日裔企管學者威廉大內（William Ouchi）所指的「M-Form Society」，及日本趨勢專家大前研一所提出的「M-shaped Society」。大前研一特別描述日本社會已經 M 型化，也就是中產階級逐漸貧窮化，而財富日漸向少數人集中，形成中產階級日益沉淪消失，社會財富結構和分配就像個 M 字母一樣。

其實，社會的 M 型化不僅出現在日本；美國也刻在遭逢此種現象。2011 年發生的於紐約的佔領華爾街（Occupy Wall Street) 運動，就是針對美國貧富差距拉大，中產階級生活日益辛苦的一項抗議。

美國社會目前出現了幾種使他們的受薪階級，即中產階級，引以為憂的現象：2013 年的平均薪資較 2000 年還低 6%(通貨膨漲計算在內)，而三分之二的美國人，其目前所得，比他們 2002 年的所得要少 15% 至 35%。難怪有意於 2016 年角逐美國總統大位的希拉蕊（Hillary Clinton）最近大談要使中產階級向上提升（Upward Mobility for the Middle Class）。她強調：「如果你努力工作，盡了你的本分，你和你的家庭就應該有一個好的生活！」

上述美國和日本社會的 M 型化，現在也正在台灣發生。從在前面所

提及的台灣財富過於集中於少數有錢人之手，而且受薪者其薪資卻長期不漲，以及薪資水準倒退到上個世紀或 10 年前的水平等等現象來看，就可以說明，我們台灣的社會的確正快速 M 型化之中。

面對社會 M 型化、青年貧窮化、中產階級貧窮化、以及不少青年成為「工作貧窮」族（Working Poor, 有工作但收入不足維持一合理生活水準者）等現象，怎能不使青年對他們自己的前途有茫茫然之感呢？

二、 解決青年困境的因應之道

面對前述當前青年所處的困境，並使廣大的青年可以擺脫挫折感、「相對剝奪感」，以及對前途的茫然感，我建議政府應該劍及履及地儘速至少採取下列的因應措施：

（一）加強公共投資刺激經濟生長，為青年創造更多就業及創業機會：

一個馬上可以做並且會產生立即和極大效果的，就是擴大辦理一全國性的都市更新，不但可以發揮營建業的經濟發展火車頭的功能，帶動百業復甦成長，而且可以改善民眾之居住品質與安全。

（二）強化技能教育，提升青年就業競爭力：

台灣的高等教育改革，導致大學浮濫創設，造就一些低品質的大學畢業生，可說是非常失敗的改革。

為今之計，一方面應及早輔導必須關閉難以為繼的大學儘快退場，並且使能改為工專或高職者輔導其改制，另一方面應再強化技能教育，尤其是加強培訓應用性的理工科和電子科之類的技術人力，使青年可以有一技

之長而得到合理的就業機會;並可確保和提升我國的技術人力資源的水準。

(三)加強於都會區興建只租不賣的社會(合宜)住宅:

這種住宅且應不可集中興建,並保有一定的品質,以免重蹈過去低收入住宅最終淪為貧民窟的覆轍。另一方面應擴大對青年辦理長期低利甚或無息的房屋貸款,償還期可延至三十年,使青年,特別是從來自其他地方而在都會區就業的青年,人人都可以達到「居者有其屋」。

(四)擴大興辦公立的托嬰中心和幼兒園,並鼓勵民間設置平價而質優的社區型托嬰中心和幼兒園,以解決青年夫妻的兒女照顧問題:

年輕人不敢、不願結婚的原因之一,就是無法照顧兒女。政府應擴大廣設公立托嬰中心和幼兒園,尤其可以在減班之小學加以附設。另也可鼓勵民間在社區興辦托嬰中心和幼兒園,但要妥慎輔導,使其不致於收費太高,而且還能保有合理的保育水準。政府之鼓勵,可以用經費補助與獎助方式為之。

(五)健全稅制改革,落實租稅正義:

中華民國非資本主義國家,而是基於三民主義的理想而立國的。

嚴格說來,三民主義與社會主義是比較相近的。因此,我們不可容許財富的過分集中,我們一定要透過合理而健全的稅制,真正使社會財富的分配公平化,而達成社會的均富。所以,稅制改革應該持續進行,切切實實貫徹「租稅正義」的目標。因之,像富人稅,以及對資本利得的合理課稅,都應儘速付諸實施。

我希望政府對上述青年所面對的問題與困境，能積極而嚴肅地重視與看待；而本人所提出的因應之道，亦能加以落實。俾為青年開創一個充滿希望的未來，為他們營造一個「只要肯努力、肯上進，就可以享有一個不虞匱乏的生活」的環境；使青年們可以透過自己的努力，合理而公平地分享國家經濟發展的果實；使青年們認識到、感受到「只要肯打拼、肯奮鬥，就有前途，就可以安心成家立業，就可以享有幸福與美好的生活。」

　　（2014 年 12 月 12 日作者在總統府「資政座談會」的發言重點之一；後經增修改寫，於 2015 年 1 月 28 日發表於財團法人國家政策研究基金會國政評論電子報）

【附記】

貧富差距與青年問題仍須重視

　　上面建言所提到的青年所面對之問題，以及貧富差距日大之現象，多年來中央及地方政府均曾採取若干因應措施，惟迄今並未完全解決，依然或大或小地影響著我們的社會和青年；例如，行政院主計總處於今年 8 月中旬公布的「2019 年家庭收支調查結果」，顯示去 (2019) 年全台灣家庭所得最高的 20% 家庭，每戶平均所得為 213.8 萬元，與所得最低的 20% 家庭每戶所得的 35.0 萬元，差距 6.10 倍，較 2018 年的 6.09 倍微增 0.01 倍，不但連續三年增加，也是七年來差距最大，顯見貧富差距持續擴大之中。相關政府主管當局和社會有關各界，仍應繼續加以關注並謀求解決。（2020 年 8 月）

第 34 篇

關於憲政、修憲、內閣制及降低 投票年齡之我見

2014(民國 103)年 11 月 29 日的地方選舉，執政的國民黨遭到極大的挫敗。雖然，憲政及修憲議題，並非此次選舉爭論的焦點，也幾乎看不到有任何候選人提出有關此類議題的政見。然而，因為執政黨大敗，有人就提出馬英九總統應該辭去總統職位的意見；有人甚至建議應該將現行中央政府體制改為內閣制；也有人主張應將有權投票的年齡，從目前的 20 歲降為 18 歲。更已有立法委員展開連署發動進行修憲的工作。

因地方性選舉而提議修憲實在過於「無限上綱」。

憑心而論，在一個成熟的民主國家裡，政黨在選舉中的輸或贏，乃是極為正常的現象。一個執政的政黨，於全國範圍的選舉遭逢挫敗，在內閣制的國家，如果是屬於國會議員的選舉，當然內閣必須總辭走路；假定不是國會議員的選舉，則內閣不一定要辭職，可能只是改組或黨魁換人而已。至於在非內閣制的國家，執政黨即使在國會議員選舉或地方選舉大敗，總統也不必辭職；像不久以前美國期中選舉，歐巴馬總統所屬的民主黨大敗，而且大勝的共和黨於競選活動中，集中火力攻擊歐巴馬的施政，把歐巴馬當作選舉的主題，但選後並沒有人要歐巴馬辭職；何以故？制度

使然。

　　我們此次的選舉，是一地方選舉，無關中央政制，雖涉及馬總統的施政，但選後馬總統已辭去國民黨黨主席的職務，而行政院也已總辭改組，以示負責。可是，有人卻要馬總統亦辭去總統之職，實在不符合我們的政治制度；而且還有人大推修憲之議並且要把我國的中央政制改為內閣制。上述這些現象，說實在的，令人不無借題發揮之感；也讓人覺得太過於「無限上綱」了！

　　歐巴馬在前述美國期中選舉民主黨選敗大家要他負責之時，講了一句半開玩笑的話說：「我負什麼責啊？我的名字又不在選票上！」而且選後不久，他就做了一件在美國外交上可說是大突破也極具歷史意義的大事，即宣布美國與其斷交超過六十年的古巴恢復邦交。意在提醒大家：「我的黨雖然選敗了，但我還是美國總統！」這就是美國總統制的特徵。他的這種作風，值得包括馬英九總統在內的國內各朝野人士的省思。

總統對修憲不宜置身事外

　　不過，以目前國內的政治氣氛和政治發展來判斷，修憲勢將成為當前的重要政治議題之一。依據憲法增修條文的規定，立法院完全可以自行啟動修憲的工程，因為增修條文明文表示，只要有立法委員四分之一之連署發起，四分之三委員之出席，出席委員四分之三之同意，就可以提出憲法修正案，提請民眾來表決。以現在的政治氛圍來看，立法院自行提出並主

導憲法的修正，並非不可能。

　　回想過去我國在台灣的進行修憲，完全由執政黨及總統所主導。事實上，總統身為國家元首及三軍統帥，又直接肩負國家安全之責，依法依理，對於修憲如此重大之政治改革，似乎不能置身事外。因此，建議總統依過去之憲政慣例召開一容納社會各階層、各政黨代表的類似國是會議的會談，來聽取各方意見並且凝聚共識。就應否修憲；以及如共認應修憲，則應如何去修，修改那些規定；大家廣泛地交換意見，深入去探討。使攸關國家大計及國家政治制度的修憲，可以非常周延、縝密和有效的推動與落實。使國家可以因為良好的憲法設計，真正享受長治久安的安定與發展的局面。

是否改採內閣制的探討

　　最近有人認為目前的雙首長制，容易造成總統有權無責，而必須面對立法院的行政院長則有責無權。其實，依現行憲法，立法院認有必要時，得請總統做國情諮文報告並聽取建言，另對總統亦有可彈劾及罷免之規定，均顯示總統並非完全可為所欲為，而是受有一定之制衡的。而且，依多數學者之研究，總統制之優點在於較能維持政治之安定，確保施政之延續性及效率性。並可避免內閣制之往往在政黨之間，或同一政黨之內各不同派系之間，做各種利益交換的妥協，以獲致對內閣之支持。此種利益交換的妥協，以台灣現行的政治文化來看，非常可能變成骯髒的政治分贓，

對國家和人民，都沒有好處。

放眼當今世界，大概實施君主立憲之國家，即設有皇帝或國王之國家，或民主憲政傳統、政黨政治較悠久、較成熟之國家，大多實施內閣制。

但事實上，不少實施內閣制之國家，常因政黨之紛爭而陷入政治不安定之局面。例如 2006 至 2012 年，短短六年之間，日本即換了六個內閣，不但政局難獲安定，政府亦難有大作為。

而當年法國戴高樂總統之所以修憲建立第五共和，即鑑於第四共和期間內閣更替頻繁，政局極度不安而不得不做的改革。不少曾經實施內閣制之國家，後來又改採總統制，即由於內閣制實施之後帶來政局不夠安定所致。

台灣之政黨政治，嚴格說來，還不能說是成熟，黨同伐異、政黨對立、為反對而反對的現象，還是經常可見。 此種對立的政治文化，如果不加改變，則採行必須講究妥協及健全之政黨政治的內閣制，就只會增加政治的不安定，對社會和國家，均毫無助益。

內閣制的一個特點，就是內閣閣員必須由國會議員擔任。現在的立法委員中，固然有不少優秀的人才，足可肩負閣員之重任；但是也有不少委員，不問其歷練、學養、操守及形象，如果出任行政院長或內閣部長，都將成為天大的笑話，原因是現行立法委員產生的方式，往往難於選出學驗俱優足可擔當行政院長或國家部長職務的委員；所選出者，不少純粹是勤於參加地方上之婚喪喜慶，一直在「跑攤」，努力在選區建立各種人脈

的候選人。更不用說，民間還盛傳有些人是靠黑金力量當選的。因此，如果要改採內閣制，一定也要將立法委員的選出方式做配套式的改革，使政黨可以推出優秀而足可擔任國家政務職務的候選人，來角逐立法委員的職位。

問題是，要改變現行立法委員的產生的方式，以台灣現行的政治文化及政治現實來看，難度可說非常之高。

又依據政府最近所做民意調查，多數民眾還是不贊成採內閣制。顯見國人在心理上還是難於接受內閣制的政府。

所以，內閣制在台灣，還是不能貿然去採行。

如果一定要修憲改革現行中央政制，則可將行政院院長之產生，由現行之總統提名任命即可，改為經總統提名並經立法院同意後任命。如此，可實際推動雙首長制，並使政府之施政，更能貼近民意，更需向代表民意的立法院負責。

立法院應否變革之問題

立法院從過去之萬年國會，改為立法委員全面在台灣地區直選，是一個很重大而成功的變革。

但是，近年來，國人對立法院的效率與表現，多數非常不滿意。所以，改革國會的呼聲，始終不斷。

例如，對於現行立法院黨團協商的實際操作，很多人就認為是一種反民主的做法。因為，民主的基本原則是「少數服從多數，多數尊重少數」。可是，在黨團協商中，幾乎從來沒有訴諸表決，而且往往是少數黨挾持、裹脅多數黨，與民主政治的基本原則完全牴觸。

而現行單一選區兩票制的立委選舉制度，使立法委員的選舉，等同縣市議員的選舉。在目前台灣的選舉文化中，凡是勤於在基層去「跑攤」的，即勤於奔走於選區民眾的婚喪喜慶聚會或廟會之類的活動的，在選舉中常常容易獲勝，也因而影響立法品質，更難培養出專注於立法及相關議事工作的優質國會議員。是否應維持這種小選舉區制，實在也值得去探討。

在議事效率上，立法委員和立法院議事紀律的維持，也是一個值得重視的問題。立法院有職權行使法，也有一套議事紀律，但事實上，對於諸如佔用主席台或以暴力妨礙議事進行之行為，主持議事者，幾乎從未動用相關之紀律維護的權力，也因而，使議事程序常常陷於癱瘓，議事效率自然十分不彰。

以上，都是立法院所應立即變革的重點。

投票年齡應否降至 18 歲的問題

投票年齡應降至 18 歲，這些年來，一直有人倡議，但也有持反對意見者。事實上，內政部就此所做民意調查，也顯示台灣多數民眾還是不贊成將行使選舉權的年齡降為 18 歲。當然，也有人說，如果將調查對象降

為 18 歲至 30 歲之間，那結果可能就不一樣了。

最近，由於去 (2014) 年 11 月 29 日九合一選舉，青年人投票者相當踴躍，投票率大增，加上去年三月間又有所謂「太陽花」的學運，不少青年學生走出校園去投入、去參與。因而，使投票年齡降低的問題，又再次引發了社會的注意，甚至有立法委員已開始進行降低投票年齡為 18 歲的修憲連署。

事實上，大多數的國家，都允許滿十八歲者可參加投票。美國早在 1971 年就通過憲法第 26 號修正案，降低投票年齡為 18 歲。英國則從 1969 年開始，就規定 18 歲為最低投票年齡。美國現在還有人主張應將投票年齡降為 16 歲，而有些州已有若干地方將地方性選舉的投票年齡改為 17 歲。英國則已有不少政治人物呼籲將投票年齡降為 16 歲。

降低投票年齡既為世界趨勢，則我們不妨也認真再考慮將投票年齡改為 18 歲。不過，行使投票權固然是一種權利，但也是一種義務和責任。所以，我們應在學校教育中，加強公民的教育，使將「投票視為一種神聖權利應審慎而理性地行使」的觀念，從小注入青少年的腦海之中，使他們於真正享受投票權時，知道應不受脅迫，不受利誘而負責任地完成其選舉權的行使。

去年十一月九合一的選舉本身，並無任何問題。選舉的結果，反映民眾，特別是青年，對於政府施政，尤其是在油電價格和食安風暴等民生問題的處置和措施上的嚴重不滿；也暴露社會對長期以來的藍綠對抗、統獨

對立的厭惡;同時,也顯現大家對社會財富分配日趨不均的恐慌與積怨。這些都與政治制度無關。所以,為今之計,就是政府應努力就民怨之所在,積極快速地尋求解決之道,並加以落實推動;而另一方面,朝野各界應努力改造台灣目前這種為反對而反對、「只問藍綠,不問對錯」、「只問顏色,不問是非」的處處講對立、講衝突的政治文化。

　　至於修憲問題,既然在情勢上似已無法避免,則應審慎去面對。特別是宜由總統出面召集類似國是會議的會談,廣邀各階層、各行業、各黨派之代表,大家心平氣和而嚴肅地、廣泛地、深入地交換意見,凝聚共識。對現行中央政制,可以小修,不宜大改;尤其不可貿然就採行內閣制。

　　至於立法院,不問其委員產生方式、職權之行使,或議事效率之提升,及紀律之建立,則應加改革,以使其確能發揮對人民有益的國會應有的功能。(2014 年 12 月 12 日在總統府「資政座談會」的發言重點之一;後經增修改寫,於 2015 年 1 月 21 日發表於財團法人國家政策研究基金會國政評論電子報)

【附記】

內閣制不可行,行政院長之任命應恢復須經立法院之表決同意

　　台灣近年來在政治上有一怪現象,凡是某一政黨未能於總統大選中獲勝取得中央執政權,但卻贏得立法院過半數之席位,這個政黨就會高喊修憲,將總統制改為內閣制。而如某一政黨同時控制中央執政權和立法院過半數之席位,則該黨就會主張維持總統制。本人仍主張

依本文之論述，不採內閣制而續採總統制，惟應修憲增加總統任命之行政院長應經立法院表決同意，以強化行政院長之民意基礎。另本文所提及之降低投票年齡至 18 歲一節，現朝野已有共識，應儘速實施。蔡英文總統已表示將進行修憲，希望行政院長任命應經立法院表決同意及投票年齡降為 18 歲二項納入修憲優先落實之範圍。又本文所提之立法院的改革，鑒於最近立委集體收賄弊案及立法院議事之亂象，我還是認為有其必要，應加積極推動。(2020 年 8 月)

第 35 篇

建請重視並改革職業教育以為國家培植應有之高品質的技術人力

　　當前我國職業教育在技術人力的培育上，面臨以下幾個值得重視的問題：

（一）**科技大學的資源不足**：我國現行教育體制，一般普通大學屬教育部高教司主管，科技大學則由教育部技職司主政；我國目前高等教育資源的分配，科技大學和普通大學相較，為 3 與 7 之比，如果將高教體系之五年五百億經費計算在內，則為 2 與 8 之比。因而，科技大學有經費與資源不足之苦，而科技大學之學生大多來自社經背景相對較弱之家庭，更需政府之照顧。因此，希望政府合理提高對科技校院的各種經費和資源的補助比重。

（二）**科技大學之教育逐漸走向學術化，而偏離應有之實用性**：其結果是科技大學之畢業生，其所學在職場上無法應用，或嚴重缺乏職場所需之技能。

（三）**高職教育已淪為科技大學的先修教育**。而非如以前之以就業為目標之所謂「終結教育」(terminal education)。

由於上述現象之存在，我國目前在中高級人力供應上，已有青黃不接之情形。所以建議：

（一）、**應針對當前技職教育之現況，進行改革。**使高職教育、科技大學確能培養職場所需之技術人力。特別是在國家經費之分配上，應增加科技大學應得之比例，俾充實其設備及具實務經驗之師資。

（二）、**應加強科技大學之產學合作，並強化科技大學之實習。**使其學生畢業後即具有職場可應用之技能：教育部應輔導科技大學加重學生實習課程之份量，要求科技大學應有與產業合作之學生實習、實作安排，使學生至少於大學四年級時可在產業之生產線上服務，一方面學習職場上之實務技能，另一方面將所學與實務相結合；如能取得產業合作，將實習生於畢業後即在該產業工作，當屬更佳。

（三）、**應糾正科技大學過於偏重學術與理論研究之傾向。**多鼓勵、輔導科技大學重視實務操作及就業技能之培訓。

（四）、**為因應少子化所帶來學生來源遽減之衝擊，宜開放大陸之高職和專科畢業生來台就讀科技大學。**且名額不宜太少，並允許彼等在台畢業後可從事適當時間之實習（非受僱就業），以協助解決台灣之缺工問題，並強化台灣職業教育對大陸之影響。

（五）、**應充實高職之設備，並鼓勵高職生先行就業，以後有機會再升學。**

（六）、應加強公辦職業訓練機構之功能

1、公辦職業訓練機構應在設備、師資上再力求充實，以負起為產業培養中級技術人力，並擔負因為缺少技術而難就業之大學畢業生的轉業訓練與輔導之責任。

2、應多注意培育焊接、翻砂、研磨、拋工等青年比較不願意從事之技術人力；如有必要，可考慮與大陸合作，引進大陸青年就此職類加以培訓必要技能，並仿日本之「中國實習生」辦法，於大陸青年受訓完成後，許其從事實習一段期間，以補充我國在此方面技術人力之不足。（2012 年 12 月 6 日於總統府資政座談的發言重點之一）

第 36 篇

我對實施募兵制的看法

馬英九總統興致勃勃地推動募兵制，國防部因而也草擬了如何來落實這個名叫志願役實質就是募兵制的兵役變革。

然而，本人對於此募兵制卻始終持著相當保留的態度與看法，並建請馬總統和政府再深思熟慮不要貿然去推動此一我認為不符合我們國情也不切合社會實際的制度。我的理由如下：

一、 目前的徵兵制是一個已經為全社會全體國民所接受並公認是十分公平的制度，這樣的制度沒有理由輕易加以廢棄

徵兵制一方面體現憲法所規定國民有服兵役的義務的規定，而從開始實施以來，此一制度真正落實了法律之前人人平等的理想，也已經和我們的考試制度一樣普遍被民眾認定係我們社會上十分公平的制度。

此一徵兵制還有一些好處，即強化年輕人的愛國心，有助於全民共同防衛家園的觀念之建立；也是幫助年輕人成長的一項措施，台灣的男孩子對於服兵役的經驗絕大多數都津津樂道，而社會上也往往把服兵役當過兵視為男孩子身心健全正常是個真男人的象徵。更由於徵兵制的實施，使來自各個不同地區、各個不同家庭背景、各個不同職業背景、教育背景的年輕男孩可以生活在一起，訓練在一起，從而加強彼此的認識，並建立一種

一起生死與共的兄弟情誼，對於促進社會團結，強化社會的凝聚力量是非常有幫助的。

二、 募兵制勢必增加國家預算的支出

這是個非常嚴肅而又不可不重視同時也是大家都想得到的問題。為了達成募兵也就是軍隊志願役化，當然必須將當兵當作一種職業、一種可以養家活口的工作，一個必須在青壯期間在軍中長期服務而不能在一般社會裡再有任何工作的職業。因而其報酬一定要達到某一種水準。徵兵制則不同，在徵兵制服役者服的是義務役，不能要求報酬，頂多是國家每月給予一些零用錢的津貼，而不可有待遇。據了解，一個服義務役的士兵目前一個月，大概可以領到五、六千元而已（一兵是 5890 元，上兵為 6435 元），服役期滿就得回歸社會自己找工作，國家不必再擔負任何的責任。而志願役則不同，為了使當兵變成一種職業，也為了吸引和留住人才，現在國防部的規劃，是一個志願役士兵最起碼要有三至四萬元的月薪；據瞭解，軍中的規劃是每個士兵每月待遇是 34340 元起跳；而且還必須負擔其眷屬的相關福利、房舍及退休的保障等等。平均起來，每位士兵國家至少要負擔四萬元以上。這與徵兵制的義務役相比起來，用一個士兵在募兵制國家就要增加負擔三萬多元，未來國防預算光人數費用每年起碼就要增加數百億元（如以兵員二十萬人計算，就高達七百多億），如此的負擔增加，不能不算沉重，而其對國家其他建設所發生的排擠作用，更不能小看。

三、 兵員難於招足，所要兵員的素質也難於達成

台灣社會已經是愈來愈有極為嚴重的少子化問題，這只要從很多地方的國小班數和學生數不斷急遽減少就可以看出來。在少子化的社會裡，會願意讓子女去從事不少人心目中屬於艱苦而危險的行業即軍人職業的家庭不會很多。而且，依台灣社會目前的社經發展而言，當兵並以其為職業，並不是大多數人的首選，而一般社經地位在中等以上的家庭的青年男女，會去選擇當職業軍人的也不會很多。因而募兵制一旦擴大及最終全面實施，能否募到足夠的兵員和素質符合要求的士兵，是有很大的疑問的。我擔心將來可能無法招足所需員額，而所需的兵員條件可能可被迫會一再降低標準。這對我們國家的國防戰力有幫助嗎？

四、 馬總統喜歡說，有美國學者告訴他台灣現行的徵兵制會埋沒、浪費優秀的科技人才

意思是說一個具科技長才的青年在軍中服役一、二年就會浪費、犧牲他的科技專長的發展。這是個值得探討但不一定正確也並非無法解決的問題。我們所有台灣出去國外深造或在國內有很好的成就的理工科技人才，他們幾乎百分之百都服過兵役，並沒有因此而阻礙他們在科技方面的發展。再說，如真有那些一刻都不能耽誤的科技人才，則可以用國防科技替代役的方式安排他們到國防科技部門去服役，讓他們繼續去研究，問題不就可以解決了嗎！

五、 有人喜歡拿美國的志願役來做為台灣也應實施募兵制的辯護及立論基礎，這是完全忽視兩國國情不同的看法

美國人口多，沒有少子化的問題，新移民又不斷地湧入，招募兵員不會有台灣所面臨的困難。而且美國經濟體大，資源多，有能力承擔龐大的國防預算，這也是我們台灣所望塵而莫及的。拿美國來比，根本是錯誤的。

六、 事實上，就我個人接觸所及，不少國軍現役或退役的高級將領在私底下聊天、交換意見時，都不贊成實施募兵制，其中有人還認為募兵制根本違反我們台灣國防大戰略的需求；足見募兵制還是應再加斟酌

【附記】

監察院認募兵制有五大缺失　大家仍應務實檢討募兵制問題

以上是我於 2013 年 12 月 13 日在總統府資政座談會的發言。我的建議並未被採納，募兵制也大張旗鼓地推廣，但我所擔心的問題也一一浮現。社會上也不時聽到反募兵制的呼聲。監察院幾乎每年不斷地對募兵制有所檢討與批評；其在 2018 年元月所發表的關於募兵制的調查報告，就直指此一制度至少存有五大缺失，即「招募兵員不易」、「養兵代價過高」、「動員作戰能力降低」、「兵員素質堪慮」和「不易建立全民防衛國家責任觀念」等。可惜，軍方仍一再堅持募兵制之可行。有一些曾表態要參加 2020 年總統大選的人士，也表示要重新檢討募兵制。看來我們還必須實事求是地來面對和檢討募兵制的問題，才能符合國家的利益。（2020 年 6 月）

第 37 篇

政府對於任何決策或施政作為均應「三思而後行」、「謀定而後動」

未經深思貿然提出外勞與本勞基本工資脫鉤

最近政府行政團隊,飽受媒體及有關各界之批評、指責,其中不少自然是基於立場之不同而來。但憑心而論,若干則是由於行政團隊之作為,令人感到思慮欠周,或匆促因應而起。

例如,前此行政院高層,未經與社會各界,特別是勞方代表充分溝通,也未對問題做深入研究,即在聽取少數資方代表之建言後,就貿然提出所謂外勞與本勞基本工資脫鉤之想法,結果招致勞工團體之強力反對,且引致關心人權和我國對外貿易發展之各界人士之批判、撻伐,最後只好被迫表示政府並無此決策構想。但此也突顯出政府團隊決策過程似乎不夠細緻和有欠周延。

無端造成可能領不到勞保給付的恐慌

其次,今 (2012) 年十月十日國慶,馬總統於國慶祝辭中提到要加強發展經濟,提升勞工薪資水準。行政院唯恐社會特別是勞工誤以為總統有意

調升基本工資，當天下午就安排好幾位有關部會首長在行政院排排坐，對媒體加以澄清。可是，當十月九日傳出勞保老年給付準備金不足，可能破產的消息的時候，只要行政院負責人在第一時間就站出來表示，政府絕對要負最後保證責任，不會使勞保老年給付破產，則所有參加勞保準備領老年給付之受僱者，便會安心而不會心生恐慌，更不會發生以後所發生的擠兌現象。事實上，一直到現在，不少參加勞保者，還是憂心忡忡，生怕自己將來領不到應有的老年給付，來維持退休後的生活。但事實是，行政院高層拖了將近一個禮拜，才公開表示政府一定負起最後的保證責任。雖然其間，有政府官員說不會使勞保倒閉，但行政院高層就是遲遲不肯具體表示要負最後保證責任，民眾才會恐慌，也才會延燒至軍公教的退撫問題，而使整個社會至今似仍為此陷入極大的不安和紛擾之中，實令人遺憾。

這種迫不及待的澄清馬總統國慶講話所謂提升薪資水準，並非意指調高基本工資，而當需政府立即出面提供勞保老年給付的最後保證責任時，政府卻遲遲不肯如此表態。此種對比，使不少勞工朋友覺得非常地憤憤不平，認為政府有怕勞工得到應有好處的心態。

草率倉促取消退休軍公教人員年終慰問金

再如，最近的所謂軍公教退休人員的年終慰問金問題，是由於一位在野立委的質詢而起，如何因應，似乎不必急在一時，應該先博採周諮，考慮深遠之後，才提出對應做法。可是，行政院卻很快地提出只有兩類人員，

即支領退休金在二萬元以下，及因作戰或因公成殘、死亡的退伍軍人及其遺族才可領取年終慰問金的辦法，但馬上引發不少執政黨籍立法委員和相關民眾的質疑和反彈，以致產生了今天有執政黨立法委員的共識版和行政院版兩個版本，而在野的民進黨卻堅定支持行政院版的怪異現象。如果，行政團隊在提出因應辦法之前，先多方面去徵詢意見，先考慮各方面的影響，就不會出現此一怪異局面。

老農津貼宣布要減卻被迫又增

又如，去年在總統選舉期間，行政部門提出老農津貼要制度化，因而只能提高 316 元，但隨著選情之激化，行政部門又把此一津貼增加至 1,000 元，而增加 1,000 元本為在野黨之主張；行政部門最初極為堅持應只能提高 316 元，最後雖增至 1,000 元，但老農並不感激，認係由於在野黨之壓力而來。如果，當初定為增加 316 元，是對的，則後來改為 1,000 元，就有問題；如果增至 1,000 元才對，則最初決定為 316 元就有欠考慮。不管如何，此一案例，顯示整個決策過程似乎不夠周延，也影響了政府在民間的信用度。

政府和首長應注意誠信

所以，為了維護政府和相關政府首長應有的誠信及威望，行政團隊在做決策或推出施政作為時，千萬一定要做到「三思而後行」、「謀定而後

動」，千萬不要閉門造車，要多去瞭解民意趨向、人民需求，多去博取眾議，多去溝通說明，多去凝聚共識。更不可一再反覆令人不知適從，致使民眾對政府及相關首長失去信心。（2012 年 12 月 6 日作者於總統府資政座談的發言重點之一）

【附記】

藍綠政府均有決策之缺失

上面之建言，係針對馬英九總統主政時期若干施政決策的疏失和有欠周延而提的。其實，決策之有時流於草率、過於考量選票、思慮不夠周密、顧此失彼，藍綠政府都曾犯過。蔡英文總統第一個任期所倉促推動的一例一休工時制，就是一個讓人很難忘掉的例子。我相信，只要大家一切為公，一切為國為民，凡事多傾聽民意、多做研究和必要之評估，三思而後行，就不會做出錯誤的決策。（2020 年 8 月）

第 38 篇

談加強政府之政策辯護能力暨防止行政院組織再造與五都一準改制之脫軌

最近政府相關機關及首長在政策及重大施政措施之辯護力及說明力上，都非常之不足，在在表現出有很大之加強空間，以至於在不少媒體「只問立場、不論是非」之報導和評論的影響下，民眾對於很多政策及施政措施不僅無法真正瞭解而有無所適從之感，甚且產生誤解與誤會。另一方面，行政院組織再造方案業已啟動，而五都一準之改制，也早已進行，然兩者都衍生出不少問題，並令人擔憂。是以，本人針對此兩問題，提出若干看法，希望為政者，特別是馬英九總統及相關政府首長能加以參考。

壹、 應強化政府發言人制度暨政府首長和主管之政策辯護能力

鑒於不少媒體（尤其是電子媒體），「只問立場，不問是非」、「只論顏色（政治），不論對錯」，及部分媒體只一味從事批評和攻擊，建請：

一、 政府應強化各機關發言人制度之功能，隨時隨地闡明各項重大政策及施政措施之內涵，更正各種不正確之歪曲及指

責，釋明社會及民眾之疑惑。

要強化政府發言人制度，必須確實做到：

(1) 慎選發言人，應挑選具有一定之專業知識，瞭解政府之運作，知道媒體環境及勇於為政府辯護之人員擔任；其以副首長兼任發言人者，於挑選決定副首長人選時，應特別留意上述特質。

(2) 發言人應能隨時與首長溝通並參與機關重大決策之各項會議，俾確實掌握機關之政策立場和方向。

(3) 發言人應為首長、機關之有關媒體公關業務之主要幕僚，隨時向首長及機關提供相關建言。

(4) 發言人應能隨時將首長和機關意圖予社會各界瞭解之事項，及時、具體而主動地向外發布。

(5) 對於外界有關機關重要政策和施政措施之批評、疑慮及疑惑，發言人應及時加以說明、解惑或更正。

談到更正，我就想起馬英九總統當年在行政院擔任部會首長及台北市長時期，凡碰到媒體對其主管業務或其個人在報導或評論上有扭曲不實之處時，常會去函更正，以致新聞界給他一個「馬更正」的綽號。我以為，政府機關對於不實或歪曲之評論或報導，均必須及時加以更正，不管媒體登大、登小或不登，有此更正之舉就會把不實或歪曲之事實留下了紀錄，「立此存照」；也表示了所評論或所報導者，並非事實，是一種刻意的扭曲。政府發言人和相關政府首長或主管，我覺得，應以「馬更正」為榜樣。

二、 政府應要求各有關首長、政務官及主管人員充實政策之辯護能力。

對各項重要政策及行政措施，不僅應能隨時隨處對民眾及社會做明確、具體而易懂之說明，更應於面對質疑、責難之時能堅定而有利地做辯護，俾強化民眾對重大政策及行政措施之認同及支持，並化除不必要之誤解和疑慮。

關於強化政府發言功能及加強政府首長和主管之政策辯護能力，特以最近有關年金改革爭議為例子，提出兩個看法，以供參考：

（一）「繳多、拿少、延後退」，何不再加上一句「一定領得到」或「保證一定領得到」？

年金改革方案推出以來，不論勞工也好、軍人也好，或公教人員也好，沒有一個人滿意，幾乎都是抱怨與不滿。而我們政府相關首長在說明改革之必要和方向時，差不多每一個人都強調「繳多、拿少、延後退」；這三樣，每一樣聽起來都對被保險人沒有好處，與現況比起來，也都令人有處處要犧牲、要減少好處的感覺。這樣子，當然，到處都會遭到不滿和反對之聲了。事實上，政府之所以要改革公勞保老年年金制度，目的無非是使這些社會保險能不被財務所拖垮，而能永續經營，讓所有被保險人不管現在或將來，都可以領得到老年給付。這個使每個人「一定領得到」的改革目的，很遺憾地，沒有很有效地加以強調；相關政府首長也似乎只注

意說明改革應走的方向，而沒有不厭其煩、不厭其詳地在談了改革必經之方向之後，特別去強調「一定領得到」的改革目的。所以，我希望今後每一相關機關和首長暨業務主管，在談年金改革時，一定要完整地表明，改革在於「繳多，拿少，延後退，但一定領得到」或「繳多，拿少，延後退，保證一定領得到」。加上了「一定領得到」或「保證一定領得到」，大家的感受就不一樣，也必然會紓緩、化解不滿與反對的態度和情緒。

（二）軍公教保險，政府是以「社會保險之推動者即政府」和「雇主」兩個身份繳交保費，應不可謂有獨厚軍公教而薄勞工之情事

這一次勞工保險和軍公教保險有關老年給付的改革，由於政府未能及時化解社會部分人士的疑惑和一些媒體的刻意扭曲及挑撥，致形成勞工與軍公教人員之間不幸產生了對立的情緒，實令人遺憾。

如果，政府主管機關和有關首長能及早說明清楚，一定不會出現此種不同職業從業者，尤其是公私部門從業人員，彼此之間的誤解和對立。有些工會領袖和勞工朋友認為，依現制，有關保費的分擔比例，在勞保為：政府 10%、勞工 20%、雇主 70%；而軍公教之軍保和公保則為：公教人員或軍人 35%、政府 65%。兩相比較，看起來好像政府厚待軍公教人員，而薄待勞工。其實，在軍公教的保險中，政府有兩種身分，一為擔負為民眾提供社會保險的政府，一為雇主，假如將此兩種身分釐清並分開計算且比照勞保之負擔比例辦理，則應改為被保險人（即軍公教人員，也就是受僱人）20%，政府（做為社會保險之提供者）10%，雇主（此處為政

府)70%，較為合理，也可以和民間企業之保費分擔比例相同，並合乎公平原則。換言之，軍公教保險的受雇者即軍公教人員，其保費負擔百分比應從現行的 35%，降為 20%，而政府實際負擔則應從現在的 65% 提高到 10%+70%=80%。也因此，我之前曾向負責年金改革總召集的江宜樺先生建議，今後要講究公平原則，一定要把在各種社會保險中政府以純政府身分 (而非雇主身分) 所應負擔的保費比例，加以一致化、平等化。然而，江宜樺先生當時答覆我，如果照此平等一致的原則去改變，則在軍公教保險中，政府以政府加雇主雙重身份的負擔總數，一定遠超過現行規定政府的實際負擔比例，必然大為增加政府的支出，並非當前政府財力所能負擔得起。不過，我還是希望將來有關老年給付或相關社會保險再進一步改革時，應將各種社會保險中政府以純政府身分 (非雇主身分) 所應負擔的保費比例一致化，以符公平。

　　根據上面的分析，軍公教的保險，政府其實並沒有對軍公教人員有什麼特別的優惠。如果一開始，相關主管機關及有關主管和首長，能將上述軍公教保險中政府之雙重身分的事實，說明解釋清楚，就不會造成社會部分人士以及有些勞工以為政府厚軍公教而薄勞工的誤會，而在這一次改革中所出現的勞工與軍公教逐漸形成職業對立、隔閡的情事，就不會發生了。可見及時說明真相的重要性。

貳、請正視行政院組織再造及五都改制所衍生之問題

一、 行政院組織再造方面

行政院組織再造,目的無非在於:(一)提高政府效能,(二)增加政府組織和運作之彈性,(三)明確各部門之權責,使每一政務皆有應負責之單位,(四)提升對人民服務之品質,以及(五)為政府縮身、避免中央政府組織之膨脹並杜絕人員經費之浪費,(六)強化國家之競爭力。

最近行政院之組織再造已經啟動,然不斷發生相關機關互爭權限、互搶業務單位,並在立法院審查相關組織法案時,私下相互角力,暗中爭取立法委員為自己之機關護航,完全無視行政院所提組織再造原案之本意。據報載,行政院長曾為此嚴屬要求各部會應停止此種爭權、爭單位之現象。令人不解的是,何以會有此種現象之發生?如果,當初在行政院協調審議此一組織再造法案時,已經充分溝通並達成共識,則在立法院審議時,就不應有行政院部會企圖加以翻案;而且,依理,行政院既已定案,則屬於行政院之部會就應發揮團隊精神一起全力予以維護,怎可於立法院企圖加以改變?這些現象,是不是反映當年在行政院研擬方案時,溝通不足,協調不周?抑或行政院各部會嚴重缺乏團隊精神,也不知有義務遵守和維護經行政院院會通過之組織再造法案?或者行政院所提出於立法院之各有關組織再造方案確有必須再加審慎考慮修改之必要和所在?凡此等等,實均應予以深刻檢討改進。

事實上，任何組織再造之方案都無法做到「一次就到位」，就百分之一百令人滿意。因此，建議行政院及相關部門，應隨時就行政院組織再造之推動情形及其效應，定期予以檢討，其應再加改進者，尤其對於其與再造之原意和目標有違者，應立即著手加以改正改進；如此，方可保持政府組織之有彈性和有效率，並確實達成組織再造所追求之目標。

　　再者，雖然現行之行政院組織再造已經決定設置「衛生福利部」，並已完成立法程序，本人仍認為衛生保健、社會福利及環境保護、勞工行政此四項業務之調整合併應仿照歐洲之做法，即社會福利與勞工行政合併（我國此兩業務原本屬於同一主管機關，如原台灣省政府社會處），衛生保健與環境保護業務結合（此兩業務在我國原係屬於同一機關負責，如原台灣省政府衛生處），因為如此方可達成業務相近者合併於同一個部會以提升效能之目的。此一構想，希望以後再檢討行政院組織改造時，能認真予以參考。

　　衛生保健行政與社會福利業務合併成一個部，現既已定案，目前要翻案已極為困難；不過，對於合併後之名稱「衛生福利部」，本人仍有不同看法。須知，從廣義之角度而言，衛生福利，如同勞工福利、退伍軍人福利、老人福利等，均屬廣義之社會福利之一環；稱之為衛生福利，易使人誤以為其主管業務，僅屬衛生保健之業務而已，而事實並非如此。本人因此建議，現行「衛生福利部」將來修法時應改名為「衛生暨福利部」，就如同當年美國之「衛生、教育暨福利部」(Department of Health, Education and Welfare) 一樣，使人一望即知其既主管衛生保健業務，也主管社會福利業務，亦方可突顯國家之重視應予重視之社會福利工作。

不少人擔心，現在既名為「衛生福利部」，將來可能只有出身於醫療保健體系之人員方可擔任其部長，而從事社會福利工作者，將永無擔任「衛生福利部」部長之機會，此對於從事社會福利工作之人員而言，不但不公平且形同歧視；又因名之為「衛生福利部」而非「衛生暨福利部」，也易使人有社會福利僅係衛生保健業務之附屬業務而已的感覺。對前述這些疑慮，應請加以重視並妥為因應改進。

又台灣已成為「少子化、高齡化」之社會，老人人口日漸增加，其福利工作，愈來愈重要，建請政府於適當時候應於相關之政府機關內成立老人福利之專責單位，如老人福利局，俾更為有效地落實老人福利工作。

二、 五都一準改制方面

五都一準 (即桃園縣改制為準院轄市) 改制之最大目標，眾所周知，應為：(一) 提升地方建設、加強地方之繁榮發展，(二) 強化政府對人民服務之品質及效率，另外，當然也在於 (1) 精簡政府，(2) 提高行政效能，(3) 節省人事及相關行政費用。

但是，根據相關資料顯示，五都一準改制以來，五都一準一共已增加了 2,154 個薦任八職等以上職務，人事經費至少已增加了 99 億元，而所謂強化地方建設及繁榮之效果，則仍未具體顯現出來。似此情形，很容易使人覺得五都一準之改制只在於增加大官和員額而已，也與改制之根本原意

背道而馳。因此，建請政府應即針對五都一準之改制所衍生之各項問題，通盤予以檢討，並採取必要之因應措施。

　　以上有關政府的政策辯護力及說明力的有待加強，以及行政院組織再造和五都一準改制所衍生出的脫軌情形，事關政府之效能和為民服務的品質，更關係到民眾對政府施政的評價和是否會給予必要的支持與認同。實在不容忽視。願政府相關負責首長特別加以注意，並立即予設法改進。

（2013 年 6 月 6 日作者於總統府資政座談的發言要點之一）

【附記】

政府應有堅強之發言團隊　台灣應改為二級制行政體系

　　不管任何政黨主政的政府，都必須有堅強的發言團隊及政策辯護能力，本篇當年對馬英九政府的建言，照樣適用於目前的蔡英文政府。有關政府再造現已大致完成，只有少數部會如農委會和環保署仍有待改制；本人至盼經再造重組的行政院能發揮更大的施政績效。至於有關衛生福利部以及勞工行政和社會福利行政應如何歸屬，本人立場及建議並未改變，仍盼將來能被採行。五都一準現已變成六都了。不過，關於行政區劃，我仍是主張將目前台灣這種既有院轄市又有省轄的縣市的架構，全部改為中央與地方二級制；即行政院之下，全台灣全部劃成屬於其直轄的市或都，把目前的所有省轄縣市全部合併成直轄市或都；但全部數量不要超過十至十二個，使全台灣各地均只有中央與地方二級的行政架構。（2020 年 8 月）

第 39 篇
發揚宗親倫理價值 增進社會和諧發展

壹、前言

很高興能應邀前來參加「彰化縣譜學研究與黃姓宗親史研討會」。先母出自鹿港鎮草港地區的黃家，所以，我也有一半黃姓的血脈，可以受邀來參加此一探討黃姓宗親史的研討會，感到特別親切；也可算是參與與個人有關的一項溯源尋根的探討活動，非常有意義。

我今天想以「發揚宗親倫理價值，增進社會和諧發展」為題，向大家報告。因為，我深深以為當前我們台灣的社會充滿著對立與分歧，非常有必要發揚宗親組織的倫理和孝道觀念與價值，來導正社會的發展方向，強化社會的和諧與團結。

貳、譜學研究與宗親組織

在這裡，先來談談我對譜學研究、宗親組織的一些看法。

一、譜學研究在於尋根究源強化宗親認同增進宗親情誼

譜學已成為一門學問，目的是在於研究各種族譜與宗譜。我們宗親組織研究譜學，當然不是僅僅在做學問，而是要探討我們之所來自，我們從

哪裡來，也就是在於找我們的根，尋我們共同的根源，目的自然是強化宗親們的相互認同感，來增進宗親的情誼。

譜學源於族譜、宗譜。由於中國的傳統文化很重視孝道、很重視家庭和家族，也因而一直倡導慎終追遠。也因此編家譜、編族譜長久以來就是華人世界的一項極重要的盛事，差不多每一個家族都會編有族譜、家譜。外國人也有很多人非常重視族譜、家譜，也都編有家譜和族譜，所以他們常常會講家族之樹、家庭之樹 (Family Tree)。

中國的皇家更編有叫做玉牒的家譜。

（一）黃姓郡望、堂號、族譜

今天我們是在黃姓宗親會的研討會，所以，我就先來探討黃姓的郡望、堂號及族譜。

郡望是中國人各個姓氏用來表明他們的主要發祥地之所在的稱號；堂號則是各個宗族、家族的祠堂的名稱或稱號，主要以他們家族的來源地或與他們有密切關係的歷史事實或典故為取名的依據。例如，楊姓很多家族用「四知堂」作為堂號，這是來自東漢時代一位擔任太守的名士楊震的故事而來。楊震有一位姓王的老部屬曾半夜向他送金條作為禮物意在討好，楊震拒收，那位王姓送禮者便說沒有關係嘛，反正沒人看到，沒人知道。楊震嚴肅地說，怎麼沒人知道看到呢？他說：「天知，神知，我知，子知，何謂無知？」那位送禮的王姓官員乃羞愧而退。這個典故，便成了楊家的一個光榮事蹟，「四知」也成了楊姓的堂號。

黃姓的郡望，在閩台一帶大多為江夏，所以，常常會看到寫著江夏衍派、江夏堂等等的祠堂。江夏在今天的湖北，說明福建台灣的黃姓人家的祖先大多來自湖北的江夏。

在我們鹿港鎮草港地區和線西鄉一帶，很多黃姓的人家都用「蘗谷」作為堂號。因為在草港，黃姓的開基祖黃知規係於清乾隆年間從福建泉州的蘗谷庄遷來。

黃姓有一個堂號在閩台一帶相當有名，即紫雲堂。這個堂號與黃姓的一位祖先黃守恭有關。

據傳，唐睿宗垂拱二年（西元 686 年），有僧人匡護大師雲遊至福建清源郡 (今福建泉州)，請助於當地的巨富黃守恭捨地建寺，並稱只需「袈裟」般大小的面積即可。黃守恭慷慨答應。和尚便以竹竿將袈裟撐起，但陰影卻覆蓋整個黃家宅院。黃守恭見狀又與和尚相約，如果他的三百餘株桑樹能開蓮花，即將住宅連同三百六十庄田地都捐給和尚。和尚乃向黃守恭要水喝，並將嘴裡的水噴向桑樹後離去。隔天早上，所有的桑樹都開出蓮花。黃守恭於是依約慨然將全部宅第土地施捨建寺，命名為「白蓮寺」，又因有紫雲蓋頂的祥瑞，也稱之為「紫雲寺」，開元年間朝廷賜名「開元寺」。因而，黃守恭派下子孫就用紫雲作堂號。今天在福建、台灣，很多地方都可看到「紫雲衍派」、「紫雲堂」或「江夏紫雲堂」的黃姓祠堂。江夏紫雲堂，是將郡望與堂號連在一起。

至於黃姓的族譜，全台各地黃家編有家譜、族譜者不少，如能加以好

好整理典藏並用電子存檔，相信對大家的尋根溯源，非常有幫助。

（二）趙匡胤玉牒、玉牒序及皇家玉牒

1. 趙匡胤的玉牒、玉牒序

我在前面提到，中國的帝王都會編有叫做玉牒的族譜和家譜。

我們趙家當皇帝的宋朝，就於宋太祖趙匡胤時編了玉牒，宋太祖並為玉牒作序。他的序文有一段非常有意義，這一段說：「我族無親疏、世世為緦麻。…各以玉牒自重。…到處相會，合符者，當以昭穆分別。勿恃富而驕貧，勿恃貴而輕賤。若有家貧無依者，富盛之家宜加撫卹，勿致使流離失所，有玷祖宗。敬之哉！」

宋朝趙氏皇族的玉牒並創設了三組譜字分別適用於宋太祖及其二個弟弟宋太宗（趙光義，匡義）和魏王（趙光美，匡美）三個支系。宋太祖一系的譜字為「德維（惟）守（從）世令子伯，師希與孟由宜順（學）」。我們鹿港鎮澎湖厝及草港九甲就是用宋太祖系的譜字命名的，說明我們是趙匡胤的嫡系子孫。

2. 清代皇家玉牒

清朝皇室也修了一個玉牒，是在清順治九年 (1652) 開始編修的。以後每十年重修一次，至 1921 年最後一次編修，共計 1070 冊。為中國最完整之皇族族譜，也是世界最大的家譜。

（三）美國黑人的族譜和尋根熱

大家知道，今天的美國黑人主要為當年黑奴的後代。這些黑奴是歐

美人士從非洲硬抓硬買過來的，他們絕大多數都是文盲，也都很年輕。到了美國後，他們對自己的家鄉與父母能清楚記憶的恐怕不多。就算能記得的，也只能口耳相傳。

1976 年美國有一位叫哈里 (Alex Haley) 的黑人作家，出了一本歷史小說《根》(Roots--A Saga of An American Family)，就在於探討黑奴的非洲之根，非常暢銷；也拍成電視連續劇，創下有一億三千多萬人收視的空前紀錄。這也造成了美國黑人的尋根熱。足見，大家都想知道自己的根。這也說明家譜、族譜的重要性。

(四) 美國摩門教家譜圖書館 (Family History Library)

在美國猶他州鹽湖城 (Salt Lake City. Utah) 有個由摩門教所創設的家譜圖書館。這個圖書館一共收藏了 27 萬 4 千多冊的各種族譜與家譜，其中有中國華人的家譜一萬七千多種。大家在尋根中，如果碰到困難，說不定可以在這個圖書館中找到所要的資料。

二、宗親組織源於慎終追遠飲水思源

孔子學生中以孝聞名於世的曾子曾說：「慎終追遠，民德歸厚矣！」慎終追遠一直是中華民族的一項傳統美德和大家所奉行的價值觀念。所以，在華人世界，清明掃墓和對先人喪事的重視，已成為文化與生活中極為重要的一部分。

宗親組織，主要的目的就是要發揚光大此種慎終追遠的傳統美德，並

且要大家從家族宗族的認同和互動中，懂得飲水思源，不忘自己之所以成為自己的根源，不忘祖宗父母的生育、養育、培育和教育的恩澤。

三、從黃姓宗親認祖詩到龍岡親義

宗親組織除了強化宗親彼此認同，增進宗誼之外，通常也要發揚光大祖訓、祖德。因為華人的家庭、家族通常都有其家訓、祖訓，或者代表其上代祖先對後代子孫小輩的期勉；或者代表一姓一族所秉持的處世哲學或道德規律。

在此，我當然要談談黃姓的祖訓。另外，我也想談一談多年來我參與的龍岡親義組織的祖訓。

(一) 黃姓宗親的認祖詩

黃姓宗親有一首非常有名的認祖詩，詩文如下：

駿馬登程往異方，任從隨地立綱常；

年深外境猶吾境，日久他鄉即故鄉；

朝夕莫忘親命語，晨昏須薦祖宗香；

但願蒼天垂庇佑，三七男兒總熾昌。

這首認祖詩有幾個文字稍有不同的版本。不過，意思都是一樣的，那就是期勉子孫要有往外發展打天下的志氣，不過在外打拼千萬不要忘掉父母長上的叮嚀和勉勵，也不要忘掉對祖先的祭拜和尊崇。至於誰是這首詩的作者呢？有三種說法，一認為是戰國時代楚國的春申君(四大公子之一)

黃歇。一認為是前面提到的捐建福建泉州開元寺的唐代黃守恭；這位黃守恭有一段「五子分五安」的佳話，即他的五個兒子分別在福建的南安、惠安、安溪、同安及詔安去發展去開枝散葉。也有一說是指五代十國時期的黃嶠山。雖然到底作者是誰並沒有定論，不過，這總是為大家所公認的黃家祖先所留下的祖訓。

黃姓在福建地區，繁衍甚盛，所以，福建(包括台灣)有「陳林半天下，黃鄭滿街排」的說法。

(二) 龍岡親義的核心價值

龍岡親義組織，是以中國東漢末年劉備、關羽、張飛桃園三結義的故事為基礎，後來加上與他們三位共同為三國蜀漢之建立及發展一起打拼的名將趙雲的英勇史實，由劉、關、張、趙四姓人士在廣東開平龍岡於清康熙初年所發起組成的四姓宗親團體；標榜「四姓聯宗」並以發揚劉備、關羽、張飛和趙雲四位四姓先祖所表現的「忠義仁勇」精神為宗旨。到了清光緒年間隨著華僑向東南亞及北美發展，目前在美國、加拿大及香港、馬來西亞和新加坡已成為一個非常活躍的宗親團體。現在組有一個世界性的世界龍岡親義組織，名為「世界龍岡親義總會」；總部就設在台灣。我曾擔任第 12 屆 (2003-2006) 世界龍岡親義總會的主席。

這個龍岡親義團體，也非常重視祖訓的發揚。所以，我們在活動中都會相互提醒勿忘四位龍岡先祖他們所代表的「忠義仁勇」的精神，每一次重要集會中都要由主席率同大家朗誦劉先祖 (劉備) 的遺訓：「勉之！勉

之！勿以惡小而為之，勿以善小而不為；惟德惟賢，可以服人。」

　　所以，所有宗親團體組織，都不可忘掉自己家族、宗族的祖訓、族訓與家訓，也都要以發揚光大落實踐行這些祖訓、族訓與家訓為使命。如此，宗親組織才有意義。

四、強化宗親倫理有助於社會之和諧

　　社會要和諧，必須要有規範，也應該要社會成員能相互扶持，彼此認同。宗親組織或宗親關係重視的是敦親睦族，強調的是互相扶持。宗親組織或宗親關係非常重視倫理。倫理是什麼，是使宗親之內長幼有序、父子有親、夫婦有別、兄友弟恭的一種秩序、規矩和規範。

　　所以，如果把宗親組織或宗親關係的倫理觀念和互助精神，擴而大之，一定可以使社會更為和諧。

參、宗親組織之基本理念

　　宗親有血脈的關係，有同根同源的特性，有彼此相處講究倫理的人際規範。所以，宗親組織一定是本於不同於一般民間社團之宗旨的理念。我以為，宗親組織之所以成立、存在，是基於下列四個基本理念而來：（一）慎終追遠飲水思源，（二）發揚倫理落實孝道，（三）長幼有序落實倫常，（四）相互扶持貢獻社會。

　　現在說明如下：

一、慎終追遠，飲水思源

前面我已提到，宗親組織是從同一根源的人所組成的。譬如，黃姓之人士之組成黃姓宗親會之由於大家都姓黃，都能追溯到同一個血脈來源。也因此，在宗親組織中非常重視祭祖的儀式。這種祭拜祖先的做法，就是慎終追遠飲水思源的具體表現。

慎終追遠飲水思源，其根本精神就是不忘根本，就是重視祖先崇拜。宗親組織之成立，即在於落實和推廣此種精神。

二、發揚倫理，落實孝道

宗族與家庭之中，講究的是倫理關係和對長上父母的孝順。宗親組織就在於強化此種倫理關係和孝順的美德。

我們是一個非常重視和講究孝順的民族。也因此，古聖先賢闡釋講述孝順的言論和著作不少。今天就以孔子，曾子和孟子對孝順、孝道的闡述來說明孝的意義和內涵。

孔子在孝經中對於孝有如下的講述和解說：

（一）夫孝，天之經也，地之義也，民之行也。

（二）夫孝，德之本也，教之所由生也。

（三）夫孝，始於事親，中於事君，終於立身。

（四）身體髮膚，受之父母，不敢毀傷，孝之始也；立身行道，揚父母，孝之終也。

（五）罪莫大於不孝。

　　依孔子的論點，孝順乃天地之間的根本大道，是一切道德的根本；對於自己的身體要懂得愛護保養，因為它得自於父母，這是孝順的起點，而孝的終極目標，則是自己的為人處世要有好的表現，使父母可以得到好的名聲。

　　以孝子而在歷史上出名的曾子，對於孝道在禮記中有如下的說明：

（一）大孝尊親，其次弗辱，其下能養。（意思是說最大的孝順，是尊敬父母，使父母因我們而驕傲而受人尊敬；次一點的孝順，是不使父母親因我們而蒙受屈辱；最起碼的孝順，則是要能對父母奉養）。

（二）居處不莊，非孝也；事君不忠，非孝也；蒞官不敬，非孝也；朋友不信，非孝也；戰陣無勇，非孝也。五者不遂，災及乎親，敢不敬乎？

　　依曾子的見解，平常的起居處世不夠莊重，對君主（用現在的說法，應指國家）不忠誠，做官（即在職場工作上）不認真，對朋友不講信義，在對敵人的戰鬥中不勇敢，是五個會使父母蒙羞受辱的大不孝，所以一定要注意警惕！

　　孟子在離婁篇也提到五個大不孝。他說：「世俗所謂不孝者有五：惰其四肢，不顧父母之養（即好吃懶做，不事生產，而不奉養父母），一

不孝也；博奕好飲酒，不顧父母之養（即一天到晚只知賭博到處酗酒，而不奉養父母），二不孝也；好貨財，私妻子，不顧父母之養（只知累積財富，照顧自己的妻兒，不知奉養父母），三不孝也；從（縱）耳目之欲，以為父母戮，（也就是從事不當的娛樂，放縱自己的慾望，使父母受辱），四不孝也；好勇鬥狠，以危父母（一天到晚打架鬧事，惹事生非和人衝突，使父母受到牽累身陷危險），五不孝也。

我們參加宗親會，要知道，目的就是要維護倫理關係，並且要發揚傳統的孝順美德。

三、長幼有序，落實倫常

在宗親組織中，講究家族倫理輩分，注重五倫關係。所謂五倫即君臣、父子、夫婦、兄弟和朋友。也就是五種人際關係所應遵循的道德規範。孟子對五倫的要求和闡釋是：「父子有親，君臣有義、夫婦有別、長幼有序，朋友有信」。簡單地說，父子相處，要講究親情，要做到父慈子孝；長官部屬之間要懂得分際，注意義理，知道彼此的權利義務關係；夫婦之間，要注意內外有別，相敬相愛；兄弟長幼之間，要知道尊敬長輩，愛護後進，彼此以禮相處，相互扶持；而朋友之間，則要講究信用信義。

在宗親組織中，倫理倫常的重視，乃宗親組織的一個基本理念。因為宗親是重視和講究倫理的。

四、相互扶持，貢獻社會

宗親組織不同於一般民間社團，它是一種基於血緣關係而組成的團體，特別講究家庭與家族的認同與同宗同源的感情。但是，它不是僅僅在促進宗誼而已，而是要進一步發揮組織和社團的功能與作用，做到成員之間的相互砥礪、相互扶持，進而個別和集體地對社會做貢獻。能如此，才能達成宗親組織的宗旨。

肆、和諧而發展進步的社會

我一開始就提到，當前我們的社會，還是充滿著對立和分歧。我很希望我們的社會是和諧的，進步的。那麼什麼是和諧而發展的進步的社會呢？

我以為，一個社會要能做到下列幾點，才能算是和諧而又發展進步的社會：

一、法治的理念完全落實

什麼是法治？就是法律成為政府與人民共同切實遵守的行為規範。法治的理念的完全落實，就是要建立法治的社會。法治社會要能真正建立，至少要做到：（一）有進步合理的立法，（二）有一切遵守法律和法治精神的政府，（三）執法及司法人員完全依法行事，（四）人人守法，法律之前人人平等。

二、社會呈現均富而非均貧

社會如果存在著貧富不均，貧富差距很大，社會一定會存在著對立、

不滿、矛盾和衝突。要使社會和諧，使社會進步，就要努力消除貧窮，就要使社會呈現均富的狀態和榮景。

三、人人享有平等的社會權、經濟權與文化權

聯合國於 1966 年 12 月通過一個《經濟、社會和文化權利國際公約》(International Covenant on Economic, Social and Cultural Rights)，並於 1976 年 1 月生效。這個公約在於保障每個人可以平等地在經濟發展與享受、社會保障及參與和文化生活與活動中，享有應有的權益。我們台灣於 2009 年 4 月公布兩公約施行法，並於 2009 年 10 月施行，使此一公約也成為我們國家的法律。

我們要使這個公約完全落實，才能做到社會的和諧。

四、不同的族群相互尊重和睦相處

我們的社會，從族裔、來源、職業、地域、收入等等的不同，而有不同的族群，如勞工、產業主、原住民、新住民、外籍勞工、貧與富、本省外省、閩南客家等族群就是。社會要進步、和諧，必須這些不同的族群彼此能相互尊重、和睦共處。

例如，勞資之間原本關係還算不錯，但最近一年來，為了一例一休的問題，彼此出現了分立與互不信任的現象；又如，由於年金改革，主事者的過分操弄，又造成了軍公教與勞工，退休世代與年輕世代等的相互指責和對立。這些都是非常不好，對和諧社會之建立和強化，是極為有害的。

五、不同意見、主張的人相互尊重包容

　　和諧與發展進步的社會，另一個很重要的特徵和條件，就是不同意見和主張的人，可以彼此包容，相互尊重。

　　英國一位寫過一本有關法國 18 世紀大思想家伏爾泰 (原名為 François-Marie Arouet，以筆名 Voltaire 伏爾泰而名揚於世) 叫做《伏爾泰之友》(The Friends of Voltaire) 之名著的女作家霍爾 (Evelyn Beatrice Hall)，在描寫言論自由時，曾創下了這樣一句名言：「我雖然不同意你講的話，但我誓死維護你講這話的權利！」(" I disapprove of what you say, but I will defend to the death your right to say it.")。

　　我們就需要這樣的態度；也就是我們對不同意見要能包容、尊重。1958 年，有名的中國新文學新思想運動領導人、時任中央研究院院長的胡適博士，曾提出「容忍比自由更重要」的忠告，說明包容是非常之重要的。

　　我們要使社會進步、發展與和諧，真的要做好對不同主張、意見的人的包容與尊重。

伍、發揮宗親倫理增進社會和諧發展

　　宗親團體是講倫理、談認同、重孝道、促情誼的組織。我希望大家能發揚光大此種價值理念，使我們的社會真正保持和諧不斷發展。如何做

呢？我以為要有下列的做法：

一、認識社會之分歧與對立的根源

　　前面我多次提到，我們社會目前存在著各種不同的對立與分歧，例如藍綠對抗、統獨分歧、勞資互鬥、老少互責、職業對立、社會分裂等等。是非常不好的。

　　我們必須努力消弭這些對立，但要先找出這些分歧與對立的根源，才能對症下藥，把這些紛紛擾擾的現象逐漸地消除掉。

二、以宗親的基本理念強化認同

　　宗親講的是同根同源，重視此種基於血緣所產生的相互認同感。如果我們能將此種追求同源、追求認同的理念，擴而大之，使大家不問姓氏、族群都能有很大很大的共同性、共同根源，例如大家都住在台灣這個島上，大家都有共同的文化和語言，大家都屬於同一種民族，大家都愛中華民國這個國家，那麼相互的共同性、認同感，必然增強，也一定會使社會消弭無謂的紛爭和對立，也一定會使我們的社會真正和諧而有發展、有進步。

三、發揚宗親的孝道價值加強對社會的自我貢獻

　　宗親理念和宗親組織，基本上是由孝道而來的，而孝的最高境界是，自己要在工作上、事業上有好的表現，對家庭社會和國家有所貢獻，使自己的父母親和祖先，可以享有好的名聲，也就是「光宗耀祖」。

假定，大家能把此種「光宗耀祖」的理念，加以發揚光大，使自己能對社會、國家更有貢獻，那麼我們的社會一定會更加進步和諧、更有發展。

四、發揚宗親組織的相互扶持精神

宗親組織一個重要的理念，就是宗親之間要彼此相互扶持。我們應可以將此種相互扶持的精神與作為，擴大到整個社會，使社會的成員相互之間，可以互重互助。這樣子，社會一定會在互重互助之中，更加進步與和諧。

五、發揚宗親的倫常觀念落實社會的法治精神

宗親和宗親團體是重視倫理、倫常觀念的，也就是講究人與人之間的相處互動，要謹守一定的分際，遵守一定的秩序，依循一定的規範。

此種重視分際、秩序與規範的精神與做法，應該加以發揚光大，使社會的各個階層、各個族群、各個互動，都能遵循應有的分寸、法度與規矩，這樣子，我們就能真正落實法治的社會。我在前面提到，法治社會要實現，應有一定的條件，我再於此重覆一次，俾大家加深印象，一起努力來建立法治社會。我所主張的法治社會基本條件為：（一）合理可行的立法，（二）公平公正的執法，（三）政府徹底的守法，（四）民眾誠心的守法。

六、擴大宗親的團結力量促進社會的發展進步

宗親在求最大的相同，即同宗、同祖、同根、同源，也就是要「同心協力」；宗親也在強調大家都是自己人，自己人何必多計較，也就是要「不

分彼此」。

　　能「同心協力」「不分彼此」，就能團結一致、為共同的目標一起奮進努力。此種「同心協力」「不分彼此」的理念及做法，就應加以擴而大之，使整個社會大家都能「同心協力」、「不分彼此」。那麼，社會就能「同舟共濟」、「精誠團結」，社會自然而然地會在大家團結打拼一起奮進的情況之下，和諧進步不斷發展。

陸、結 語

　　譜學研究也好，宗親史的探討也好，就是在於尋根，在於追本溯源。目的是要使宗親更能強化彼此的認同，也更能瞭解歷代祖宗奮鬥打拼的史實，也要更加努力來光宗耀祖。

　　這樣子的宗親理念和精神，應該加以擴大應用於整個社會和國家，使我們的社會更加和諧與進步。（2017 年 10 月 13 日講於彰化縣譜學研究與黃姓宗親史研討會）

第 40 篇

有關氣候變遷及地球暖化問題之建言

　　氣候變遷已經對於地球和人類的未來，產生不少具有高度警訊意義的危機，例如冰山之融化，各地發生之森林大火以及氣候之極端變化等等。所以，各國政府和國際上有識之士不斷努力奔走呼籲大家應關注並設法紓解氣候變遷問題。2016 年 11 月生效的《巴黎氣候變遷協議》(Paris Agreement under the United Nations Framework Convention on Climate Change)，就是此種努力的結果之一。2019 年發生於澳洲的森林大火，又再一次告訴我們氣候變遷問題已是關係人類命運和存亡的大問題。澳洲的森林大火，自 2019 年 9 月延燒以來，已波及澳洲七個省，被燒的面積高達 1 千 8 百 62 萬 6 千多公頃，毀掉的住宅超過 2600 棟，被燒毀的各種建築物在 8000 棟以上，被燒死的各種動物超過 10 億隻，財產損失更是難以估計。災情極為慘重。此一森林大火已被證實乃氣候變遷所致。所以，我們台灣對此一問題，也應格外加以關注和重視。下面幾個面向，應請政府相關主管機關特別注意努力：

（一）、　應將氣候暖化問題列為國安問題

　　　　政府應將有關氣候變遷及暖化所已形成或可能形成之自然災害列為國家安全會議應注意之重大變故事項；並將氣候變遷及地

球暖化問題之因應處理，應提升為國家安全層次；同時並應積極爭取參與國際節能減碳防止暖化之機制。

2009 年 12 月，於丹麥哥本哈根舉行之第 15 屆聯合國氣候變化綱要公約 (United Nations Framework Convention on Climate Change, UNFCCC) 會議，已決定今後全球暖化應控制在 2°C 以內，並且將成立在 2020 年以前每年由已開發國家捐助 1000 億美元之氣候基金，以協助開發中及貧窮國家進行節能減碳、發展綠色能源等防止暖化之措施。此一今後透過降低二氧化碳排量以使全球暖化控制在 2°C 以內的目標，關係人類之未來，我國雖非聯合國之會員國，亦非聯合國氣候變化綱要公約 (UNFCCC) 之締約國，不但不能置身事外，更應努力促其實現。

（二）、 **完善並落實我國目前關於節能減碳及相關能源有效管理以防止氣候暖化的法律**

我們在此方面，已訂有《再生能源發展條例》、《能源管理法》、《溫室氣體減量及管理法》，應加強貫徹切實執行；另有至關重要的能源稅條例，迄未完成立法，應儘快完成立法程序付諸實行，俾以全面有效的法律機制來做好節能減碳、防止氣候暖化的工作。

（三）、 **建請爭取參加世界氣象組織 (World Meteorological Organization, WMO)、政府間氣候變遷研討會 (Intergovernmental Panel on Climate**

Change, IPCC)，暨相關國際組織會議，或至少應爭取參加世界氣象大會（World Meteorological Congress）

　　使我們台灣能有效地成為世界防止氣候暖化及節能減碳的一環，一方面有所貢獻，另一方面也能有所受惠。自 2013（民國 102）年起，我國外交部每年均辦理聯合國氣候變化綱要公約非政府組織論壇「UNFCCC NGO Forum」的國際研討會，邀請國內外專家擔任講座討論氣候變遷相關議題，並同與會人士交換意見，推動氣候外交，藉此累積我推動參與《聯合國氣候變化綱要公約》（UNFCCC）及參加世界氣象組織和世界氣象大會等之動能，希繼續加強辦理。

（四）、　碳權交易的積極推動與早日實施

　　由京都議定書衍生出來的碳權交易理念，有助於降低溫室氣體的排放，政府應趕快建立碳交易制度，鼓勵國內相關重要企業如台電、台塑、中鋼等進行以國內為主、國外為輔的碳權交易，俾對全球防止暖化有貢獻，也可對國內節能減碳發揮積極促進的功能。

（原 2009 年 12 月 25 日於總統府國策顧問座談會發言之一部分，2020 年 8 月增修）

第 41 篇

建議加強發展綠能與高級精密醫療器材產業暨注意產業發展與環保之合理平衡問題

壹、請更加積極加強推展綠能產業

政府刻正推動六大新興產業，其中之一為綠色能源產業，即綠能產業。在全人類一致重視氣候變遷、節能減碳之今天，發展綠能產業為應走可走而必走之經濟發展之路。為加強我國產業競爭能力，因應兩岸無可避免之既合作又競爭之經貿關係新局，並先行搶佔國際商機，政府應以建立綠色能源產業大國為國家經建目標之一。

目前我國在綠色能源產業發展上已具下列優勢：（1）資訊產業（IT）在我國已有相當厚實之基礎，可以此基礎及在 IT 產業中所擁有之製造和管理經驗，來推動綠能產業，（2）在薄膜平面顯示器及半導體方面，我國已有相當優秀之人才優勢，而此一優勢容易移轉作為發展綠能產業之用，（3）與綠能產業相關之電子控制、機電、金屬及複合材料等產業，我國具有充裕之人力及製造能量。

是以建議政府大幅編列必要之預算投入綠能產業之研發，建立關鍵技

術，同時加強關於發展綠能產業之相關資訊的蒐集分析與應用，並設置應有的產業發展服務機制，提供廠商投資及開拓國際市場的服務，也應該努力建立自有品牌。特別是在電動車的發展及 LED 照明和太陽能板等我國已具相當基礎的綠能產業上，尤應更加積極的推動。

貳、建請積極發展高級精密醫療器材

我國醫療器材，即可用於診斷、治療、減緩疾病，或直接用於預防疾病、促進健康，或改善身體結構及機能之有關儀器、器材、用具及其附件、配件、零件等的出口值年有增加，目前已超過了新台幣二百多億元。所以我國醫療器材產業，也是一個值得重視和拓展的產業。

醫療產業不受經濟景氣的影響，而全球性人口老化，更使醫療產業尤其是醫療器材產業的重要性與日俱增。台灣醫學研究及醫院產業相當發達，而電子、機械和資訊及金屬工業又有很好的發展基礎，且在人才和研發上也有相當的績效，為醫療器材產業的提升，建構了不錯的優勢。因此政府應重視和積極推動精密高級的醫療器材產業。

為發展高科技精密醫療器材產業，政府應 (1) 投入充足的研發經費，運用台灣的醫療人才、醫學研究結合資訊產業的人力和技術，從事高級精密醫療器材的研發，(2) 輔導現有醫療器材產業升級，(3) 吸引國外先進醫療器材產業來台投資設廠並且爭取高級技術的移轉。

台灣的醫療器材，已從以往生產出口塑膠製檢驗手套、手動輪椅、助

聽器、理療按摩器具等為主，轉化為出口隱形眼鏡、糖尿病試紙、手術檯、手術燈、電動輪椅、血糖計、治療用呼吸器具等佔大宗。不過，我們在上述器材中，很多關鍵性零件還是要仰賴進口。而且絕大多數產品均出售給專賣醫療器材的商店，而非直接出售給醫院。顯見我們醫療器材還未打通國外的醫院通路，也未能生產比較高級的如手術用的精密器材；而此等器材又均頗昂貴，獲利較大，實應努力去開發拓展，為我國產業發展開闢另一個有發展基礎且具高競爭力的產業。

參、應請切時注意產業發展與環保之合理平衡問題

最近發生的高等行政法院關於中科三期、四期開發案的裁定、彰化國光石化園區的開發爭議，以及中研院擬在原台北 202 兵工廠舊址設置生技園區所引發環保人士的抗爭等，再度突顯產業發展與環保要求如何求取平衡的重要性。

環保非常重要。馬總統提到「環保救國」，並強調經濟發展如對環保有重大不利影響或危害，則應以環保為優先。因之，本人以為面對時有所聞的環保爭議，我們應在下列各方面特別注意：

（一）對當前的環評制度應加檢討：

每一次重大的開發案發生環評爭議之後，正反雙方對於政府的環評工作都有不少意見，反映出環評工作之內在困難性、爭議性，但也說明環評制度仍有檢討空間。因此，對於目前社會上若干學者專家所提到的現制第

一 階段環評是否資訊不足、公開不夠及民眾參與有待加強等問題，以及有人建議環評似可交給目的事業主管機關去做，暨預審制度應否加強運用等等，相關主管單位實應虛心加以檢討，如有必須改進改變之處，就應儘速加以改進改變；如無必要就應主動出擊、強力明確說明，以確立環評應有之權威和可信度。

（二）對於易引起環保爭議的重大開發案，政府應把握機先主動明確宣導、釋疑、協調、溝通；政府在決定從事重大開發案於宣布和確定地點前應做好初步環評工作：

台灣多年來重大開發案常遭遇到不少環保團體的反對抵制，有些開發案如原訂在彰濱工業區設廠的杜邦案和本擬設於台中縣的拜耳公司案，都因環保團體的反對而作罷。最近彰化國光石化園區案更形成了正反兩方面的對峙和抗爭。而中研院之使用原台北 202 兵工廠設置生技園區的開發案，也引發了極大的爭議。因此環評如何做到避免無謂的爭議極為重要。

本人建議政府在從事重大開發案於決策之前應透過諸如預審等的制度先行初步做一可信的環評，以事先防止造成情緒化的環保爭議事件；本人也建議凡是事先已做好環評工作的開發案，相關政府主管單位應把握機先主動積極明確地做好應有的環保及開發說明和溝通，俾避免在經濟發展上應推動而對環保事實上不會造成危害的開發案，遭到不必要的阻礙和延宕。

（本文為作者於 2010 年月 4 月 30 日總統府國策顧問座談之部分建言及於 10 月 15 日總統府產業領域座談會所提建言之 3-1）

【附記】

應續加強推動綠能和醫療科技產業，並求環保與經社發展之切實平衡

　　2020 年年初所爆發的新冠肺炎之全球肆虐，以及氣候變遷所帶來之日益嚴重的威脅，再度突顯出本建言所提之發展高級精密醫療器材科技和綠能產業的重要性。多年來政府在此一方面已有所致力。蔡英文總統於今（2020）年五月二十日之連任就職演說中，已把發展生物及醫療科技產業和綠電及再生能源產業，列為其要特別重視推動的六大核心戰略產業之中，至盼能切實加以貫徹推動。至於本建言所提及的關於 202 兵工廠原址設置國家生技研究園區，中部科學園區之中科三期（即台中后里園區開發案，該園區以發展光電、半導體及精密機械產業為主）和中科四期（即彰化二林園區開發案，該園區定位為精密機械園區）以及彰化國光石化工業區的環保爭議，其中有關國家生技研究園區及中科三期和四期的開發案，已順利解決，分別進行開設營運或即將啟動開設，對國家產業之創新發展和經濟力量之厚植，一定會發生很大之助力。惟彰化國光石化工業區，卻因環保團體之一再杯葛而被迫放棄，勢將影響我國石化工業及相關能源產業之發展，令人遺憾。環保很重要，但還是要與經濟社會之發展取得適當合理之平衡，方屬上策。（2020 年 8 月）

第 42 篇

關於工業安全工作之加強及澈底落實的建言

　　工業安全工作，在於為從業人員建立一個安全而衛生的工作環境，亦即使從業員工不致於因工作而罹患職業病或遭受職業災害。政府多年來對此固已訂有可循法制及推動相關措施，但是我國之職災問題依然不容忽視，即以 2009 年為例，因職災而領取勞保相關給付者，即達 3 萬 8206 人次，而勞保局在職災給付方面，同一時期即給付新台幣近 39 億元，如以外國職災專家之估計，因職災所造成之間接損失約為勞保給付之五、六倍而論，則去年我國之職災所造成之間接損失即達二百四十億元左右 (即包括因職災所造成之工時損失、生產損失、社會福利救濟支出及商譽損失等等)。而今 (2010) 年七月間雲林六輕兩次發生場區大火、十月間南亞嘉義二廠又發生引起社會重視之火災，而九月三十日在南投國道六號之公共工程又有造成七位工人 (其中六名為非法外勞，其所暴露之問題也應檢討改進) 不幸死亡和三名工人受傷之工安事件；凡此皆使我們對於工業安全及勞工之安全衛生工作不得不應加特別予以重視。本人希望類似 1984 年 12 月發生於印度波帕省 (Bhopal) 死亡人數超過一千人的 Union Carbide 農藥工廠毒氣外洩案，永遠不會再發生，更不會在我們台灣這個化工產業相當發

達的地方出現。

因此，建議政府相關主關單位應在下列方面格外重視加強：

(一)、 對於特別具危險性之行業應即做一全面性、深入性之工業安全及衛生普查

化工業、營造業為目前在國內發生職災較多之行業，而其他如放射性等較具危險性之行業，所具發生職災及職業病之潛在危險也較大。從六輕和南亞嘉義二廠及國道六號之工安事件可以看出，危險性行業之工安問題已出現了紅燈。因此建議政府相關單位應即就全台灣所有具高危險性之行業作一全面性之澈底檢查，其有問題及缺失者應立即督導改進。

(二)、 應督促事業單位切實做好工安的自我檢查、自我管理

職災之發生不外由於(1)、不安全之設施，(2)、不安全之動作，或(3)、不安全之設施及動作。要預防職災，就應該要求事業單位做好勞工安全衛生的自我管理和自動檢查。荷蘭向以環保和工安成績優良而著名於世，其國土面積及經濟環境與台灣相差無幾，該國化工產業雖特別發達，然幾乎很少聽說荷蘭之化工業發生過重大工安事件。原因就是荷蘭的化工業業者非常重視 HSE 的工作。HSE 的 H 即 Health，健康也；S 就是 Safety，即安全之意；而 E 即 Environment，就是環境。亦即事業單位在工安、衛生和環保工作上極其嚴謹地做好自動檢查、自我管理。

（三）、 應再擴大推動安全衛生的宣導和教育工作並應強化推動 5 S 和零災害運動之類的工作

　　工安問題、職災的預防，必須從業員工、事業主、社會和政府一起來全力推動，方能達事半功倍的效果。要如此，就應做好此一方面的教育和宣導工作。日本在這個面向上，有一個頗受國際重視和認可的 5 S 運動，即整理（Sorting，日語叫 Seiri）、整頓 (Setting on order，日語叫 Seiton)、清掃 (Sweeping，日語叫 Seiso)、清潔 (Standardizing Clean-up，日語叫 Seiketsu) 和修身 (Self-discipline 日語叫 Shitsuke)。台灣在工安方面一向也注意到 5 S 以及類似零災害的運動。希望 5 S 的推動和相關職業災害預防及工業安全方面的宣導及教育工作，今後要更加積極全面而持續地進行和落實。

（四）、 應增加政府的勞動檢查人力

　　台灣的產業一直在成長，亦即事業單位不斷在增加，但是負責擔任工安檢查的勞動檢查人力並未相對增加；而且目前的勞動檢查除了工安檢查外，也必須作相關勞動條件、勞保和外勞僱用等的檢查，所以顯然當前政府所擁有的勞動檢查人力已不足以負荷確保工安所應擔負的責任。因之，建議政府應設法儘快充實所需的勞動檢查人力。（2010 年 10 月 15 日作者於總統府產業領域座談會發言全文之 3-2）

【附記】

工安問題應隨時注意

　　工安事故所造成的職業災害問題，還是一個應特別加以關注重視的問題。根據勞工保險局的統計，民國 108 年（2019），因職業災害而申請給付的案件高達 199 萬 5857 件，給付金額高達新台幣 69 億 2424 萬 4776 元。這些年來所發生震驚社會的工安事故不少，其中 2014 年 7 月的高雄氣爆案（造成 32 死，321 傷，並使高雄市區許多主要道路嚴重受損），2015 年 4 月台中捷運綠線鋼樑墜落事故（造成外勞 4 死 4 傷），2019 年 4 月雲林六輕氣爆案（雖無人員傷亡，但附近村落居民一萬餘人被迫緊急撤離），以及 2019 年 10 月因宜蘭南方澳斷橋所造成之橋樑附近作業之漁船漁工 6 死 12 傷（大多為外勞，即現在所稱之移工）的事故，都引起社會極大的重視。如何強化職業安全與衛生，乃片刻都不能鬆懈的要務。（2020 年 8 月）

第 43 篇

建請重視貧窮問題、非典型就業者權益
和貧富差距拉大之現象

　　貧富差距拉大以及貧窮問題，又再度引起了社會的廣大關注。依據行政院主計處及內政部公布的資料，台灣總人口中，最高收入的 5%，較最低收入的 5%，已從 1998 年的相差 32 倍，增加到 2009 年的 66 倍；而如將國民所得五等分，則最上一層（即佔人口總數 20% 之最高所得者）較最低一層（即總人口數的 20% 而所得佔最低者）的比例，已從 2008 年的 7.73 倍（扣掉社會救助所得），增為 2009 年的 8.22 倍。另低收入戶數和人數，也從民國 81 年的 4 萬 3780 戶、11 萬 5284 人，增為民國 90 年 (2001) 的 6 萬 7191 戶、16 萬 2699 人，再增為民國 98 年 (2009) 的 10 萬 5269 戶、25 萬 6342 人（佔總人口數的 1.11%）。凡此均說明台灣社會的 M 型化及貧窮問題的不容忽視。因此，本人建議：

（一）儘快提前完成修訂社會救助法並付諸實施：

　　政府已決定修訂社會救助法，將可享受低收入戶救助之人數、戶數增加，亦即降低收入戶之門檻，此一做法頗為適當。惟政府決定明 (2011) 年始完成修法，並訂在 2012 年實施。建請修法及實施期限提前儘快完成，

俾使必須接受救助的民眾可早日獲得救助。

（二）前內政部於 2008 年所推出的「工作所得補助方案」可考慮再實施：

此一方案對於近貧族及所謂「勤貧族(或窮忙族，即英文所謂 Working Poor)，也就是有工作但收入仍偏低難於維持正常生活者，頗有助益。目前此種人口為數仍不少。建請政府考慮再予推動實施，以減緩貧窮所帶給社會的壓力。

（三）請政府就全國之貧戶、貧民辦理一清查普查工作，俾不少仍處於貧窮死角的民眾可以得到應有的照顧與救助：

台灣之貧窮並非已到了無法控制的地步，只是不少貧戶和貧民自己本身不能確知和運用社會及政府所提供的救助管道，而又處在不易被外界察覺的社會死角，故貧窮問題不能有效全面解決。建請政府即運用社工人員、村里幹事全面而深入地進行清查工作，使社會不存在和出現貧窮和貧民的死角，並使貧窮問題全面地得到應有之關注和解決。

（四）請重視非典型就業之日益普及和經濟成長未相對地降低失業率之現象：

工時不足、部分工時制以及勞動派遣等非典型就業 (Non-standard Employment 或 Atypical Employment) 之現象，近年來在台灣有日增及漸形普及之情事；而政府為因應金融海嘯之若干短期就業方案於方案期限屆滿

後，不少依此等方案暫時就業者立刻又回復失業之事實，又時有所聞；政府亟應謀求對策，以免引發失業者之生活問題。例如政府前曾為獲高學位（博碩士）而未能找到工作者，辦理一年為期之暫時安置方案，使彼等免於失業之苦。但此等方案屆滿後，多數原受安置者仍未能獲得正式之就業機會，以致又面臨失業危機。建請政府繼續再辦理此類對高學歷者之短期安置方案，並努力設法為彼等找到正式長期性之工作，以免社會產生「高學歷無工作」的不幸現象。

今年以來，我國經濟發展漸入佳境，經濟並有良好之成長，實為可喜。但如細加分析，可以發現經濟之成長並未相對地降低失業率，也就是經濟成長並未適當地、合理地創造和增加就業機會。此為我國產業結構，以及製造業的發展方向，有待改進的結果。本人深信無人希望經濟成長只是造就了財團，和只增加企業主的財富，而無法使平民百姓也能分享其成果。此一現象，務請政府重視並提出對應良策。

（五）加強進行實施資本利得所得稅制的改革，落實社會財富分配的合理化：

社會輿情對政府之稅制改革仍存有「向富人傾斜」之反映和說法；一般民眾亦存有稅制不盡公平之印象。政府為消除民怨，並求社會財富之分配公平化，應加強進行稅制改革，使資本利得負其應有之稅負，對一般薪水階級的稅負亦應力求其合理化。（2010 年 10 月 15 日於總統府產業領域座談會發言全文之 3-3）

【附記】

應續落實非典型就業者權益之增進及貧富差距之縮短

　　上面建言所提到的貧富差距日大及非典型就業者日多之現象，現在更為嚴重。根據行政院主計總處於今(2020)年8月中旬公布的「2019年家庭收支調查結果」，顯示去(2019)年我國全部家庭中收入最高之20%的家庭每戶平均所得為213.8萬元，與收入最低的20%之家庭每戶的35.0萬元，差距6.10倍，較2018年的6.09倍微增0.01倍，不但連續三年增加，也是七年來差距最大，顯見貧富差距持續擴大之中。又非典型就業者已越來越多，尤其部分工時工作者和勞動派遣工作者，近年來顯著增加，政府實應多注意加強對他們權益的保障。至於貧富差距加大問題，相關政府主管當局和社會有關各界，仍應繼續加以關注並謀求解決。社會救助法已在2015年12月完成必要之修正，盼社會救助工作能更為全面地落實。再者，目前的新冠肺炎全球肆虐疫情，非典型就業者所受衝擊甚大，政府應特別關注並好好給予必要之救助。（2020年8月）

第 44 篇

有關長照問題、BOT、網路霸凌及網路犯罪之防範，暨公共紀念建築物（如銅像）的建與拆之法制化的建議

一、長期照護服務法通過後之相關準備工作和問題（如長照人力、經費財源暨長照機構之管理等），應請妥為落實並因應；並請就長期照護保險制度所牽涉之各個層面如保費之合理分擔、保險給付內涵以及國人對此一制度之看法等，審慎而深入探討以獲能為多數民眾接受之結論並儘速完成立法，以利長期照護制度之可長久並健全其發展。

二、應請注意網路濫用、網路霸凌及網路犯罪之嚴重現象，對其所反映之網路亂象、社會及教育問題，應加重視；並請建立應有之可行而合理的網路規範。

同時，宜大力強化專業專屬之網路警察，以加強對網路上之犯罪行為及其犯罪人之防制和偵查能力；另亦應探討對利用網路從事賭博、販毒、詐欺、色情等犯罪者之加重其刑罰的可行性；也應考慮在網路所犯之誹謗罪，其情節重大者改為公訴罪且加重其刑，並宜研究於網路開戶時採實名制之措施，以遏阻網路霸凌及網路犯罪之蔓延。

三、請重視 BOT（即民間興建營運後移轉政府之建設模式，也就是 Build-Operate-Transfer）之鼓勵民間參與重大國家公共建設的精神與價值，不可由於一些爭議而因噎廢食不再推動；政府相關主管機關尤應適時加強向民眾說明 BOT 對吸引民間投資興建公共建設之貢獻和意義，以使民眾對 BOT 有正確之認識；而《促進民間參與公共建設法》，施行已超過十年，其立法效益如何？有無必須加強或修改之處，也應切實加以檢討，如有應予修正者亦應及時修正，以發揮 BOT 原有和應有之積極和正面的功能。

　　四、請就公共紀念建築物（如銅像、紀念館）之興建、維護、管理（含命名、改名）及拆遷等建立明確之法律規範，凡其建、遷與拆，均應有一定之法律規範和程序，以維護此類建築物之尊嚴，並防杜目前不少人常常藉口政治理念而隨意拆除或破壞紀念銅像而引發不必要之政治 操作和爭議的現象。（2015 年 6 月 4 日在總統府「資政座談會」的發言要點）

第 45 篇

關於防止「低智商社會」現象、加強與緬甸之關係、青年失業問題及尼特族現象、暨國家大戰略等方面的建言

壹、應防止「低智商社會」在台灣出現

日本趨勢專家大前研一曾基於日本媒體之亂象及社會呈現之若干弊病，而認為日本社會已淪為「低智商社會」，並具體指出其有「集體不思考」、「集體不學習」和「集體不負責」之表徵。台灣目前不少媒體根本不報導、評論國際大事，而喜歡報導可以「譁眾取寵」、「驚爆聳動」甚至「羶腥媚俗」之雞毛蒜皮小事，或藝人名人私生活之奢華、濫情和各種爭執，以及無關國計民生之無聊訊息。而許多人又喜利用簡訊、電子郵件和臉書傳播各種未經證實之傳言，甚或散佈自己捏造之謠言（如前此喧騰一時的所謂對菲律賓外勞拒賣便當之偽造網路文章便是），而一些談名牌用品、貴婦生活及藝人戀情、名人隱私之電子媒體節目，卻都大受歡迎。其主持人並因而坐擁令人羨慕之收入；凡此種種都顯示台灣很可能也已漸漸進入「低智商社會」了。政府不是口口聲聲要加強台灣的國際化、要提升台灣的世界競爭力嗎？對於此等使台灣社會逐漸低智商化的現象，能坐

視不管嗎？因此建請相關教育、文化及媒體主管機關應加注意並研擬標本兼治之對策，使我們的社會可以不必步日本之後塵而成為低智商的社會。

前此，國際名導演李安先生返台參加活動時，就批評台灣媒體極少報導國內外真正之大事。談到此處，我不禁想到海峽對岸之中央電視台，其所製作播報之節目，不論國際新聞、國內新聞、文化或體育新聞等，均極有深度，且相當有分量；我們一向自以為在軟體建設方面，我們台灣大大領先大陸，但事實上，現在大陸不僅硬體建設突飛猛進，其軟體建設也急起直追，在許多方面已遠遠超過我們。不久以前，一位交通大學學生在一篇題為「我們已經輸了」的網路文章，即很感嘆地談他在中國大陸的見聞和感受，認為在文化教育方面，也就是在國民知識和競爭力的提升上，大陸早已超越我們，而我們「已經輸了」。這些都在在顯示，我們如果不從現在這種趨向低智商的媒體表現和社會不求進步的現象中醒過來，我們真的會陷入非常嚴重的「低智商」狀態。

貳、建請儘速設法在緬甸設立辦事處與該國強化實質關係

緬甸人口超過 6000 萬、面積達 67 萬平方公里，而自然資源豐富，人民勤勞，工資便宜，經濟有待開發，其未來極具發展潛力。目前緬甸正進行改革開放及推動民主化措施。本人最近曾訪問緬甸，除與包括該國國會副議長、教育部副部長在內之政府高級官員會見及交換意見外，並實地

考察其社經及政治情勢之改變（本人曾於十年前訪問過緬甸），發現緬甸確正朝改革發展之道路大步邁進之中，而歐美及亞太地區各相關國家現無不正想方設法爭相進入緬甸以搶商機，故建請政府應妥適運用緬甸此一民主開放之趨勢和契機，儘速建立對緬甸之實質關係，爭取在緬甸設置辦事處，俾緬甸可成為：（一）台商對外拓展投資之新對象；（二）我國產品之新市場，（三）我國所需能源之另一來源地，以及（四）外勞之另一新來源國。

參、台灣青年之失業問題及尼特族現象，相當嚴重，不容忽視，應設法解決

根據統計，我國之失業率為 4.07%，但 20 至 25 歲年齡層之青年失業率達 13.6%，而 15 至 20 歲年齡層之失業率更高達 15.5%。又根據國際勞工組織 (ILO) 所發布之「2013 年全球青年就業趨勢」報告，台灣已成為東亞地區青年失業現象惡化程度最為嚴重之地區。再者所謂尼特族 (NEET)（即 Not in Education, Employment, or Training) 現象，在台灣已相當嚴重，根據行政院主計處之統計，台灣大約有 4 萬多尼特族，勞工行政單位則認為台灣應有 8 萬多尼特族，然有些學者則認為台灣之尼特族應有 18 萬多人。不管如何，尼特族現象在台灣已屬不容忽視。

因此，建請政府立即對青年失業及尼特族現象嚴重之情事，以標本兼治之方案，提出因應之措施。尤應請特別注意：（一）從學生時代即培

養青年正確之就業倫理與態度，(二)強化產(業)、學(校)、訓(練)三方面之結合，(三)加強對高中職學生有關升學選系及就業選擇之輔導(據統計，有高達70%以上之我國大學畢業生認為自己選錯行，讀錯系)，(四)強化各大學之畢業生就業輔導工作，(五)強化公設職訓機構之培訓功能，以有效輔導改行之大專畢業生獲得有效之就業技能，(六)加強輔導民間設置符合國家經濟、社會發展所需之職業訓練機構。

肆、國家之大戰略應適時予以調整並針對相關問題妥為規劃

此次因我國手無寸鐵毫無自衛能力之漁民，於我國與菲律賓重疊之經濟海域內被菲律賓武裝公務船濫射而死所造成之我國與菲律賓之爭執，以及中美洲有某一邦交國對我國似有不友好之表現，已顯示我國之大戰略實有檢討調整之必要。因此建請政府應對下列有關國家大戰略之問題加以檢討調整並妥為規劃：(一)強化國軍對我國漁船在我國經濟海域及公海之護漁功能，(二)對所謂兩岸「外交休兵」所已發生或可能衍生之問題，要立即設法預防並處理，(三)假想敵不能只以中共為對象，凡可能傷及我國人民安全及我國利益之鄰近國家，亦應視為我國之假想敵而妥擬因應措施。（2013年6月6日於總統府資政座談的部分發言要點）

【附記】

台緬關係應再加強，並續努力消除低智商社會之現象

　　為加強與緬甸之經貿關係，2013 年 11 月中華民國對外貿易發展協會（外貿協會）在緬甸仰光設立「台灣貿易中心」。2014 年受我國外交部指導的財團法人國際合作發展基金會於仰光開設辦事處，此一辦事處於 2016 年 3 月改制為「駐緬甸台北經濟文化辦事處」(Taipei Economic & Cultural Office in Myanmar)，成了我政府的派駐單位。緬甸方面，於 2015 年在台北設立「緬甸聯邦共和國駐台北貿易辦事處」(Myanmar Trade Office, The Republic of the Union of Myanmar)。我們與緬甸的貿易目前還不大，據統計，2018 年，我們台灣向緬甸輸出貿易額為 2.71 億美元，自緬甸輸入則為 7123 萬美元。不過，台商在緬甸投資者已呈大幅增長趨勢，現並有被稱為「蕾絲王國打造者」的台商王明祥先生在緬甸創設台商工業區。所以，與緬甸之關係，如本建言之所指，有很大之加強發展空間。至於本建言所提之其他問題，如青年失業，低智商社會現象之出現等，問題仍在，大家還是要共同注意、關心，努力去改善改進。（2020 年 8 月）

第 46 篇

建請加強都更、重視勞工低薪現象和建置網路安全防禦部隊及善用網際網路探求民意並積極防治網路犯罪

壹、加強推動都市更新以振興經濟並落實國民「居住正義」

都市更新（都更）有助於改善國民居住品質，提高居住之安全性並可改善市容，為一使都市不斷成長、進步之之措施。故世界不少主要國家，均大力推動都更，美國早在西元五十年代，就開始重視並大力加以推動。

台灣目前各大都市屬於老舊社區或老舊住宅者，為數不少，其中不少在安全性已成問題。台灣屬於地震帶，如再有大地震發生，不少老舊住宅可能就會倒塌，而造成財產與人員之損失。所以，不問問題多大、挑戰多大，都更還是要加強推動。

都更涉及拆與建，事屬營造與建築業之範疇。一般而言，營造和建築業是經濟發展的火車頭，如營造和建築業興盛，將帶動不少相關產業之發展，也能提供相當多之就業機會。

因此，建請中央政府應帶頭規劃一全國性的都市更新方案，以振興經濟，並大幅大量改善國民居住環境，以真正落實「居住正義」。

當然，也建議就都更在各地推動以來所發生之問題，儘快檢討修正現行之「都市更新條例」，以使都更工作得以有效、快速而大量的推動。

另亦請設法妥善處理農村廢棄住宅，並有計畫地整建農村社區，以維護農民在農村之良好居住和生活環境。

貳、請重視勞工低薪現象

我國勞工所得偏低，已引起國人及國際人士之重視。

根據美國國務院於今 (2014) 年二月所發布的 2013 年全球人權報告，台灣存在有多項勞工權益問題，其中之一便是超時工作及薪資偏低。

行政院主計處於二月底所公布的 2013 年全年薪資及生產力的報告指出，受僱者經常性及非經常性薪資全年所得合計月平均薪資為 4 萬 5965 元，年增率為 0.17%，但如扣除去 (2013) 年全年消費者物價指數上升 0.71%，以民國 100 年 (2011) 價格衡量的 102 年 (2013) 實質薪資平均為每月 4 萬 4739 元，較 101 年 (2012) 減少 0.62%，不及 15 年前的水準。上述這些現象應請政府妥為重視因應。

參、 建請設置保護網路安全（Cyber Security）之網路防禦部隊（Cyber Warfare Force）及善用網際網路探求民意並請積極防治網路犯罪

為強化我國國防，並防堵國外具敵意者對我國網路進行非法入侵和破壞，確保我國網路之安全，建請研究設置類似美國網路司令部 (US Cyber Command) 及中國大陸之人民解放軍網路系統部的網路戰爭防衛部隊，以在愈來愈不可避免的網路戰爭（Cyber War）中，攻防自如，維護我國網路的全面安全。另也請重視網路之傳播及影響效力，注意網民之動向，加強運用網路探求民意、民癮、民怨、民瘼，宣導政令及政策，強化政府與民眾之溝通，並凝聚共識；同時，也應採取有效措施防治網路霸凌及其他利用網路妨害公共利益、善良風俗及侵害他人權益之不法情事。（本文為 2014 年 6 月 5 日及 12 月 12 日作者於總統府資政座談會發言的一部分）

【附記】

資通電軍指揮部之建置及加強都更和改善勞工低薪問題

我的建置網路防禦部隊的建言，並未為馬英九政府所採行；所幸蔡英文政府終於在 2017 年 7 月正式在國防部成立參謀本部資通電軍指揮部，使我國關於網路戰爭有專責的主管單位，相信有助於我們網路安全的維護。另本建言所提的都市更新，仍有待中央及各地方政府之加強、加大、加速地推動落實。有關勞工低薪現象，迄並無顯著之改善，政府及產業界實應再加倍努力，以求有所改進。（2020 年 8 月）

第 47 篇

落實文化及運動創意產業的生根與
發展之我見

一、 發展文化創意產業，應將藝文、影視及運動產業的工作
　　 者之保障，列在振興經濟創造就業的措施之中：

　　目前政府正致力於振興經濟，有不少刺激消費、擴大內需、活絡經濟
的政策性措施，紛紛出籠。一般談振興經濟，大多著重於具有形經濟價值
的產業，所以，像增加就業機會、加強融資以及強化對就業者之保障及對
失業者之輔助，也大多以此種產業為對象。今天，我們談文化創意產業，
我要特別建議政府應仿效當年美國羅斯福總統實施新政 (New Deal) 以解救
美國經濟大恐慌的做法，也對藝文工作者，包括演員、運動員等，採取為
他們創造就業機會、保障他們生活並使他們即使在經濟大蕭條的環境下，
也得以繼續為文化、藝術、運動產業效力的措施和政策作為。我認為當此
全球性金融海嘯帶來經濟發展停滯，甚或負成長，而人民之工作及就業岌
岌可危之際，千萬不要忘掉其對文化創意產業，尤其是藝文影視和職業運
動員的衝擊，要為這些從業人員，確立增強就業與生活的輔導與保障。

二、 應利用台灣自然及人文特色，發展有國際性而有台灣特
　　 色的競賽和節慶活動：

台灣四面環海，又是一個四季如春的所在，同時又是自行車生產王國，復有不少極具文化底蘊和特色的節慶，我們應把握這些特點，發展相關文化創意產業，我想到可先在下列幾方面努力：

（一）以台灣為自行車生產王國為號召，開辦一個類似「環法自行車賽的「台灣環島自行車國際大賽」：

　　由政府、自行車生產業者與自行車運動愛好者共同合作，初期政府負經費及宣導之大部分責任，將此一大賽辦成另一個可吸引國際頂尖自行車賽好手一起來參與的大競技活動，並配合辦理自行車賽業餘愛好者的國際比賽。相信一定可使台灣在自行車生產的王國地位確保，並提高台灣的國際能見度，也會帶動國內此種既可健身、休閒並可減炭節能之作用的運動和產業。

（二）發展近海國際性龍舟競賽、潛水和海釣產業：

　　台灣近海沿岸風光美麗，不少地區且有很優良之海灘，我們應善用此一自然資源，發展國際性龍舟年度大賽，爭取確立龍舟王國之地位；另應好好利用近海海域及海灘發展潛水、海釣等相關休閒產業。

（三）將台灣燈會辦成與北海道及哈爾濱冰雕一樣舉世聞名並極具引力的國際觀光盛事：

　　日本北海道以及中國東北哈爾濱的冰雕節，每年固定舉行，而且一年勝過一年。我們每年元宵前後所辦的台灣燈會以及平溪天燈和鹽水蜂炮，均極具特色而且很富觀光及文化價值。政府應與民間相關

團體和廟宇，共同研究予以精益求精，並且擴大國際宣傳，邀請重要國際媒體及各國觀光事業主管前來觀賞，使其成為可與北海道及哈爾濱之冰雕節齊名的文化觀光大節慶，將其產業化、國際化。也是當前發展文化創意產業不可忽視的一個努力方向。

三、　應研訂相關法律促進文化創意產業之興盛發展：

　　文化創意產業，包括運動產業在內，目前在國內都還不是有利可圖的事業；而文化創意產業要能生根、發展，不能只靠政府在經費上之投入，更應有民間之參與。所以，本人要藉此機會再度呼籲政府，應訂定相關的法律，採取有效的稅負優惠及其他贊助措施，來鼓勵民間人士和企業對文化創意產業（包括運動產業）的投資、贊助和經營。在目前台灣的文化創意和運動產業的生存和營運環境下，民間人士和企業有能力者，實在找不到可使他們投入參與此等產業之經營或予以資助的誘因。政府應正視此一現象，對症下藥，立即著手立法，來推動此等產業在台灣之發展。

四、　在職業棒球運動產業方面，依本人在中華職棒之體會，如要真正振興此一被公認為台灣之國球的棒球的職業運動，則政府在下列等方面上應劍及履及地拿出具體辦法並切實去執行：

（一）修改有關刑法規定，切實發揮公權力，掃蕩和防止黑道及不法簽賭之介入職棒賽事：

台灣職棒目前所遭遇到的困境，最重要的就是簽賭打假球事件之發生。球員之所以會打假球，主要是受黑道之脅迫和利誘；而介入職棒不法簽賭之黑道人物，很多不是本身為民意代表，就是有民意代表在背後支持、撐腰。而現行法令，對不法簽賭之處罰過輕，不足以發生遏阻功能；同時有些執法人員對於防止、取締不法職棒簽賭或者敷衍了事，或者不很積極，而法院對不法簽賭者又不速審速決，以致不法之徒有恃無恐。因之，政府如要振興職棒，就應馬上修法，並且切實執法，來清除不法黑道對職棒的介入。

（二）**研訂鼓勵和資助職棒產業發展的法律和制度，及研訂保障職棒選手退休後的就業及生活：**

如何透過法律鼓勵包括職棒在內的運動產業之發展，前已詳述，茲不再重複。

目前國內職棒運動員，一旦因退休或其他原因離開職業棒球生涯（此種生涯平均頂多十幾年），其就業和生活，很多人往往就會遭遇困難。所以，政府宜與職棒各有關方面，共同研擬輔導離休職棒選手轉業的辦法，增加他們的生活保障，並可避免他們於職棒工作中受到外界的不當引誘而走入歧途。

（三）**中華職棒之賽事應盡早列為運動彩券之投注標的，而目前之運動彩券應有專法規範；如有贏餘並應本諸「取之於運動、用之於運動」之原則，用以贊助職業運動產業之發展：**

政府早於運動彩券發行之前，就向中華職棒允諾，一旦運動彩券開辦，中華職棒之賽事必同時列為投注標的。然運動彩券發行已近一年，中華職棒始終未列入彩券之投注範圍，此種違背承諾之作為，實令人遺憾，請速加補救。又目前運動彩券之發行，依附於公益彩券之法令，縱有贏餘，亦無法用以支援運動產業，殊不合理。故擬議中之運動彩券發行專法，應早日完成立法，以資發展國內職業運動產業，特別是職業棒球產業。

（四）政府應大力發展三級棒球：

棒球為國球，但基層棒球之發展已遇瓶頸。國小、國中、高中職之棒球運動限於經費，絕大多數之學校無法組成棒球隊，很多缺少棒球運動場、缺少棒球器具。因此，建議政府撥出專款（最少十億）補助地方政府，普設可供中小學生及社區青少年使用的簡易棒球場，並且協助中南部及東部較不發達地區的中小學校成立棒球隊，以使國球的棒球運動可以向下紮根，往上發展。

文化及運動創意產業，關係國家文化及運動體育之發展，亦為強化國力，使國民物質與精神生活可平衡發展、國民之氣度及體能可不斷精進改善的產業。應該要生根、普及和與各主要已開發國家並駕齊驅，至少不可有太大的落差。因之，努力振興生產性、營建性的產業，固然重要，而偏向於精神和休閒與運動層面的文化及創意運動產業，其發展和興盛，也不能忽視。希望政府實事求是，趕快採行具體的措施，與民眾共同發展及提升台灣的文化和運動創意產業。（2009 年 2 月 18 日作者於國家文化總會有關發展文化創意產業及運動產業之座談會發言全文）

【附記】

應續加強推動運動和文化創意產業

　　立法院經我於中華職棒會長任內及體委會和中華職棒聯盟暨各球
團的奔走、呼籲和懇求，已於 2011 年元月完成修正《運動彩券發行
條例》第 21 條，將非法介入簽賭妨害職業運動者（包括操縱主導打
假球及打假球者）之處罰，提高至一年以上七年以下之有期徒刑，並
得併科一千萬元至三千萬元之罰金；而結夥三人以上犯前項行為者，
處三年以上十年以下之有期徒刑，並得併科二千萬元至五千萬元之罰
金；值得慶幸的是，近年來，中華職棒已不再發生打假球的不法事件。
另立法院於民國 100 年（2011）通過《運動產業發展條例》，並經總
統於 2011 年 7 月公布，且自 2012 年 3 月 1 日開始施行；此一條例從
允許政府及公營事業投資運動產業到政府應採各種措施獎助運動產業
及培養運動產業人才暨對營利事業之捐贈運動產業和推動有關運動產
業事項之鼓勵（含稅捐獎勵），均有相當明確之規定；實施以來，已
對運動產業之發展逐漸產生積極的推進功能。又前述本人發言所提中
華職棒賽事列入運動彩券之投注標的一節，業已實施。惟三級棒球仍
應積極推動。再者近年來台灣燈會在國際上已頗具聲譽，實在可喜。
而政府與民間對文化創意產業近七、八年來已加大力道推動，希望繼
續加油。再者，目前的新冠肺炎全球肆虐疫情，文化創意和運動產業
及其從業者所受衝擊甚大，政府應特別關注並好好給予必要之扶助。
（2020 年 7 月 ）

第 48 篇

談善用 NGO 強化我國的實質外交

台灣的外交處境與NGO的興起

台灣的邦交國目前只剩下十五個國家,當然我們必須大力推動實質外交以維護並拓展我國的國際活動空間,而在此一方面應該做的要務之一,就是善用 NGO。在談如何善用 NGO 來強化我國的實質外交之前,先來談一談何為 NGO,NGO 又是如何興起的。

NGO 是 Non-Governmental Organization 的簡稱,即非政府組織。這種組織,顧名思義,指的是不屬於任何政府組織體系之內,也不受政府直接管理且基本上不完全受政府資助的民間團體。它通常具備法人資格,有自治性、自主性和公益性。目前已有愈來愈多的國際性的 NGO,而且發生很大的影響力,世界童軍運動組織 (WOSM) 和國際青年商會 (Junior Chamber International, JCI),就是屬於此類的組織,並且是頗具歷史。現代意義的 NGO 的出現,最早應該是在 19 世紀的歐美地區;那時有不少歐美熱心社會發展和進步的人士,為了反對奴隸制度、爭取婦女平等權 (特別是使婦女享有選舉權),或為了改善勞工的待遇增進勞工的工作權益,或為了促進世界的和平,分別組成這種那種的民間團體,來宣揚並實現它們

的組織宗旨和奮鬥目標。到了二十世紀，NGO，不管是國際層次的、國家層次的或地區或社區性質的，紛紛出籠，而種類更是非常之多；有為增進人權者，有為青少年謀福祉如世界童軍運動組織者，有為加強同一行業、同一學術領域之人士交流聯繫者，有為提升弱勢族群之地位權益者，有為促進不同國家、文化之交流者，有為反對戰爭促進和平者。

至一九四五年聯合國成立時，更有不少國際性的 NGO 參與工作，因此聯合國憲章的第十章明文提到了 NGO 的組織。該憲章第十章第七十一條明白規定，聯合國經濟暨社會理事會 (Economic and Social Council, ECOSOC) 就其管轄之事項，可以透過適當之安排分別與國際性或任何國家之國家級的 NGO 進行諮商 (consultation)。也因此，在聯合國相關事務中，NGO 具有諮商的地位 (consultative status)。NGO 在國際上及世界各國之內，目前之發展有如雨後春筍，相當地昌盛蓬勃。世界童軍運動組織早在 1947 年就取得此一諮商地位。有些國家的國家級 NGO 更高達數千個甚或近萬個；有人更估計，目前組織健全活動積極的國際性 NGO，業已超出四萬個之多。

NGO、WTO、WSF 和 WEF

隨著全球化 (globalization) 的日益強化和深化，不同國家的民間交流愈來愈便捷和頻繁，國際性的 NGO 活動也愈來愈活躍，其重要性也愈來愈顯著、愈來愈受到各方的重視。當世界貿易組織 (World Trade Organization,

WTO) 成立之後，一些國際和國家層次的有關人權、勞工權益和環境保護的 NGO，便不斷地提出反對 WTO 的抗議和舉行各式各樣的示威活動。1999 年 11 月 30 日，在美國西雅圖舉行的世界貿易組織從事新一輪貿易協商的部長級會議，由於來自美國及世界各地的勞工、環保、人權等等 NGO 團體超過四萬人的抗議、包圍而草草收場，沒能達成任何的協議。但此也顯現了 NGO 的影響力。近年來有一個由 NGO 所主辦和參與的「世界社會論壇」(World Social Forum, WSF)，自 2001 年元月在巴西召開以來，參與人數不斷增加，最多時曾達到 15 萬人之多；是一個標榜建立更公平、更團結、更民主的世界的大會，參加者都是屬於 NGO 團體和其成員，也有一般的熱心人士。這個論壇頗有要和在瑞士達弗士 (Davos, Switzerland) 每年元月召開的世界經濟論壇 (World Economic Forum, WEF) 別苗頭、分庭抗禮，以提出從不同角度看世界問題的意見的味道。因此，也愈來愈受到重視和關注。

日本、南韓對 NGO 的善用

當然，並不是所有 NGO 都只是在進行示威、抗議。事實上，有更多的 NGO 正積極地在世界相關國家地區和國際上，從事諸如改善人民生活、協助建設社區、推廣社會福利、改善公共衛生、強化文化教育、改進青少年福祉、幫助弱勢族群，和維護勞工權益等等之類的有意義的工作和服務，而且非常有績效。這也是為何 NGO 在解決人類共同問題、建設更美

好的世界上，其功能、貢獻和重要性，愈來愈受到肯定和重視的原因。

因此，不少國家對於參與國際層級的 NGO，或運用國際或國內 NGO 從事外援的工作以提升其國際參與、聲望和能見度的做法，極為重視也相當積極。在此，我就以我們鄰近的日本和南韓做為例子，來加說明。

我因為以前長期從事與社會福利有關的政府工作，因而自 1980 年代起我就非常積極地參與了國際上一個有關社會福利頗為有名而又有績效的 NGO，即國際社會福利協會 (International Council on Social Welfare, ICSW) 的活動，並且曾任其中華民國總會的理事長和東北亞地區的主席。日本是這個國際組織的最強而有力的支持者、贊助者（自然是日本政府出錢）之一，因而它在此一 NGO 內便非常有發言權；儘管日本的代表（首席代表大多為退休的相關大臣），也許是民族性使然，在公開場合發言不多，但在關鍵時刻，便常發揮了應有、想有的影響力。而其在日本國內的對應組織，更長年受日本政府的委託（當然由日本政府提供所有經費），出面向一些開發中國家提供必要的社會福利方面的協助，也因而為日本贏得了這些國家和人民的感激和友誼，和在必要時於國際場合中給予日本所需的支持。

南韓為提升其國際地位，在國際上更是極高度地運用 NGO。韓國從一九八〇年代以來，就不斷爭取主辦各種國際活動和會議。例如在 1986 年它主辦了漢城亞運，1988 年主辦漢城國際奧運，2002 年辦理釜山亞運，2014 年又主辦仁川亞運。2003 年 8 月韓國在大邱主辦第二十二屆的夏季

世界大學運動大會 (UNIVERSIADE)，於 2015 年 7 月在光州再主辦此一運動大會的第 28 屆。2010 年 11 月，韓國為 G-20 的東道國。我近年來參與較多的國際社會福利和童軍運動的 NGO 活動，韓國就常常爭取擔任主辦國，從而在相關的 NGO 中取得了重要的職位及影響力，使他們國家在國際上獲得非常不小的能見度、知名度和可敬度。

就拿童軍運動來講，在 2008 年夏天，韓國在濟州島辦理了一個不論接待、規模和活動內容都可列為一流也使所有參與者留下相當好感的第 38 屆世界童軍領袖會議。韓國所推出競選世界童軍委員會 (World Scout Committee) 這一個世界童軍組織的最高決策機構的委員的候選人李恆馥，因此不只以最高票當選委員，而且也獲選為此一委員會的副主席。這位韓國人士 2011 年 1 月在巴西舉行的第 39 屆的童軍世界領袖會議中，就當選為世界童軍委員會的主席。又如在 2010 年年 11 月，韓國童軍會又會同韓國的國會在首爾召開世界童軍國會議員聯盟 (World Scout Parliamentary Union ,WSPU) 的第六次大會，一方面為此一幾乎陷於停頓狀態的國際性的國際童軍組織重新注入生命力，另一方面也使韓國在此一組織中取得了主導權。果然，就在此次大會中，韓國的國會副議長鄭義和 (Chung Ui-Hwa) 就當選為新任的世界童軍國會議員聯盟的主席。韓國童軍之能在二次的國際童軍活動中，以大氣魄大手筆主辦了令參與者留下美好而深刻的印象，其背後的最大支持者，就是韓國政府。2017 年 8 月，韓國又在其政府背後的力挺之下，爭取到 2023 年第 25 屆世界童軍大露營的主辦權。

日本與韓國，在國際外交上，沒有我們中華民國所面臨的困境，不存在我們所面臨的無法循正式外交途徑辦外交拓關係的艱困局面。然而，他們還是非常積極、巧妙和有效地運用 NGO 來拓展他們的國際關係，強化他們的國際影響力和能見度。他們這種方式的努力和做法，實在值得我們這個只有 15 個正式邦交國、必須大力依賴以強化實質關係為主軸的「實質外交」來增強國際地位的國家，予以深思和反省。

我國實質外交的強化與 NGO 的善用

所謂「實質外交」(Substantive Diplomacy)，一個重要的意涵，就是跳脫我們在正式外交關係方面的困境，以靈活、機動和務實的思維和做法，來開拓我中華民國在國際社會的活動空間，並提高我們國家和國民的能見度，且增進我們在國際社會應有的尊嚴、地位和權益，也可稱之為活路外交 (Viable Diplomacy) 或彈性外交 (Flexible Diplomacy)。所以，我們以「中華台北」名義參加如國際奧會和亞太經濟合作組織 (APEC) 等的活動；我們雖仍無法參加世界衛生組織 (WHO)，但我們曾於馬英九總統任內參與了世界衛生大會 (WHA) 及國際民航組織 (ICAO) 大會。而我們不少的國家級 NGO，更分別以中華民國、台灣、中華台北等名義積極參加了國際上相關的 NGO 活動和會議。為國家在國際上的尊嚴和地位，做出了不少貢獻。

然而，無可諱言地，有不少國際上的文教、科技、青少年、社會福

利、婦女、青少年和學術類的 NGO 會議和活動，我們國內相對應的 NGO 組織，因為限於經費，而無法經常有計畫而具規模地出國去參加、或出面去角逐相關國際 NGO 的領導性職務，或者邀請他們來台灣參加相關活動，或由我們的 NGO 在台灣主辦有關的活動或會議。這是相當令人感慨的一個現象。我們有正式邦交的國家已經不多，也不必為了維持實無多大意義的正式外交關係而再去投下無謂的巨額開支。這些節省下來的經費，應可用來支持贊助我們國內具國際性質或關係的 NGO 去強化國際關係，相信其所產生的效益一定相當之大。我們的外交部設有一個 NGO 委員會，我認為政府在 NGO 相關的工作，應編列更充裕的預算，讓在國際社會 NGO 活動愈來愈普及、NGO 影響力愈來愈不容小看的今天，我們的 NGO，也能在國家提供足夠資源支持的條件下，代表國家，發揮功能，在國際上能更有氣勢地走出去站起來，而一顯身手，有所作為，有所貢獻，並提升我們國家的國際能見度和可敬度。（原為 2011 年於總統府資政座談之發言，2020 年 8 月增修）

國家圖書館出版品預行編目（CIP）資料

21世紀台灣的問題與對策：我的國是建言暨國家社會重要問
題之我見我思 / 趙守博著．
-- 第一版．-- 臺北市：樂果文化出版：紅螞蟻圖書發行，
2020.10
　面；　公分 --（樂繽紛 ; 46）
ISBN 978-957-9036-29-0(平裝)

1. 臺灣社會 2. 文集

540.933　　　　　　　　　　　109013606

樂繽紛 46

21世紀台灣的問題與對策
我的國是建言暨國家社會重要問題之我見我思

作　　　　者 ／ 趙守博
總　編　輯 ／ 何南輝
行 銷 企 劃 ／ 黃文秀
封 面 設 計 ／ 引子設計
內 頁 設 計 ／ 沙海潛行

出　　　版 ／ 樂果文化事業有限公司
讀 者 服 務 專 線 ／（02）2795-3656
劃 撥 帳 號 ／ 50118837 號 樂果文化事業有限公司
印　　刷　廠 ／ 卡樂彩色製版印刷有限公司
總　經　銷 ／ 紅螞蟻圖書有限公司
地　　　址 ／ 台北市內湖區舊宗路二段121 巷19 號（紅螞蟻資訊大樓）
電　　　話 ／（02）2795-3656
傳　　　眞 ／（02）2795-4100

2020 年 10 月第一版
2020 年 11 月第一版第二刷 定價／ 460 元 ISBN 978-957-9036-29-0